SHAUN ELLIS
MIT PENNY JUNOR

DER MIT DEN WÖLFEN LEBT

Aus dem Englischen
von Gisela Kretzschmar

Weltbild

Die amerikanische Originalausgabe erschien 2009
unter dem Titel *The Man Who Lives with Wolves*
bei Harmony Books, New York, USA.

Besuchen Sie uns im Internet:
www.weltbild.de

Genehmigte Lizenzausgabe für Verlagsgruppe Weltbild GmbH,
Steinerne Furt, 86167 Augsburg

Übersetzung: Gisela Kretzschmar
Umschlaggestaltung: Atelier Seidel – Verlagsgrafik, Teising
Umschlagmotiv: © Simon Frazier
Gesamtherstellung: GGP Media GmbH, Pößneck
Printed in the EU
ISBN 978-3-86800-485-4

2013 2012 2011 2010
Die letzte Jahreszahl gibt die aktuelle Lizenzausgabe an.

In dankbarer Erinnerung widme ich dieses Buch meinem Großvater, Gordon Ellis. Danke, alter Mann, für deine geduldigen Erklärungen. Deine Weisheit und deine Lehren begleiten mich auf allen meinen Wegen. Beim Volk der Nez Percé, dem mein Bruder Levi angehört, sagt man, dass jemand nur dann stirbt, wenn er vergessen wird. Du wirst für immer in meinen Gedanken weiterleben.

Inhalt

Vorbemerkung des Autors

Wenn man mit Wölfen zusammenlebt, zählt nur eins: zu überleben und das Rudel zu schützen. Aus Tagen werden Wochen, und aus Wochen werden Jahre. Die Zeit, wie wir sie kennen, hat keine Bedeutung, und deshalb möchte ich mich im Voraus dafür entschuldigen, dass ich Daten und Zeiten gelegentlich etwas durcheinanderbringe. Ich habe nie ein Tagebuch geführt, war nie ein großer Briefschreiber und habe nie an irgendetwas gehangen. Während der längsten Zeit meines Daseins habe ich aus einem Rucksack gelebt, und deshalb besitze ich nur wenige irdische Güter. Folglich gibt es auch nur wenige Dinge, die mich daran erinnern könnten, wann bestimmte Ereignisse in meinem Leben genau stattgefunden haben. Sehen Sie mir deshalb bitte nach, wenn ich eine falsche Jahreszahl angebe. An die Ereignisse selbst erinnere ich mich so, als sei alles erst gestern geschehen.

Vorwort

Den Nerv getroffen

Ich arbeitete als Aushilfe in einem Wildpark in Hertfordshire, einer der Grafschaften nördlich von London. Eines Tages tauchte vor dem Wolfsgehege ein Mann auf, der ein Kind in einem altmodischen, fast viktorianisch anmutenden Rollstuhl schob. Das Kind hatte ein großes rechteckiges Tablett vor sich, und mir fiel sofort auf, wie deplatziert die ganze Konstruktion wirkte. Der Mann erzählte mir, er und sein Sohn, der vielleicht 13 oder 14 Jahre alt und auf den ersten Blick erkennbar sehr schwer behindert war, seien den weiten Weg aus Schottland hierhergekommen – eine Strecke von ungefähr 800 Kilometern. Er hatte gehört, dass wir Besuchern einen direkten Kontakt mit den Wölfen erlaubten, und eine solche Begegnung wollte er seinem Sohn ermöglichen.

Ich war überrascht, dass dieser Mann so weit gefahren war, um seinem Sohn einen Wolf zu zeigen. Der Junge machte nicht den Eindruck, als ob er mit dieser Begegnung etwas anfangen könnte. Er saß bewegungslos und schweigend da, starrte Löcher in die Luft, und ich bezweifelte, ob er überhaupt in der Lage sein würde, das Tier auch nur zu streicheln. Normalerweise liebte ich diesen Teil meiner Arbeit. Die Kinder kamen mit so vielen Vorurteilen hier an. Sie schreckten zurück und kreischten, wenn sich der Wolf näherte, überzeugt davon, dass all die Geschichten, die sie gelesen, und die Cartoons, die sie gesehen hatten, der Wahrheit entsprachen, dass Wölfe hinterhältige, bösartige Kreaturen waren, die Großmütter auffraßen, die Häuser kleiner Schweine umbliesen und kleinen Mädchen an die Kehle gingen. Mit genau diesen entsetzlichen Geschichten war auch ich aufgewachsen. Erst viele Jahre später hatte ich entdeckt, dass Wölfe in Wirklichkeit scheue, intelligente Tiere sind, die eine hoch entwickelte Sozialstruktur haben und ihren Ruf als blutrünstige Monster absolut nicht verdienen. Nichts befriedigte mich mehr, als zu beobachten, wie die Kinder, die Wölfe berührten, meinen Geschichten über sie zuhörten und dabei ihre Vorurteile und Ignoranz verloren.

Ich empfand diese Arbeit fast als meine Mission. Wenn die Kinder die Tiere streicheln und ihnen in die Augen schauen konnten, dann würden sie sich im Laufe der Zeit hoffentlich selbst ein Urteil bilden, und zukünftige Generationen würden vielleicht bereit sein, den Wölfen wieder ihren rechtmäßigen Platz in der Welt zurückzugeben.

Es gab einmal eine Zeit, da lebten Wölfe und Menschen friedlich nebeneinander, in gegenseitigem Respekt, und der eine profitierte von der Lebensart des anderen. Leider ist diese Zeit längst vergangen, und ich glaube, wir sind dadurch ärmer geworden. Das damals herrschende natürliche Gleichgewicht existiert nicht mehr, und verschiedene Gattungen, darunter unsere eigene, konnten sich ungehemmt und – im wörtlichen Sinne – ungesund ausbreiten.

Das mag jetzt ein wenig überspannt klingen, aber ich glaube, dass die menschliche Gesellschaft nicht nur im

Sinne einer Wiederherstellung des Gleichgewichts und Heilung der Natur davon profitieren könnte, wenn die Wölfe wieder wie ehedem durch die Wälder streifen würden. Wir könnten eine Menge von ihrer Loyalität gegenüber Familienmitgliedern lernen, von der Art, wie sie ihre Jungen erziehen und disziplinieren, wie sie sich um ihre Artgenossen kümmern und auf welche Weise sie ihr tödliches Waffenarsenal einsetzen.

Die Welt ist dafür noch nicht bereit, aber ich hoffe, dass ich durch meine Arbeit in den letzten 20 Jahren ein wenig dazu beigetragen habe, diesen Prozess in Gang zu setzen.

Wann immer ich ein Kind mit den Wölfen bekannt machte, war es lebenswichtig, dass dieses Kind keine Angst bekam. Ich musste die Reaktionen der Kleinen sorgfältig beobachten, damit die Übung am Ende nicht mehr Schaden als Nutzen hervorbrachte.

Dieser Junge sprach kein Wort. Er war unverkennbar sowohl körperlich als auch geistig behindert, und ich hielt ihn für autistisch. Das war eine problematische Konstellation, und ich fragte den Vater so taktvoll wie möglich, ob das Kind uns mitteilen könne, wenn es den Wolf nicht mehr in der Nähe haben wollte, wobei ich ihm erklärte, wie wichtig das war. »Das kann er nicht«, sagte der Mann ganz unverblümt. »Er hat noch nie ein Wort gesprochen und nie auf irgendetwas reagiert. Und er hat noch nie in seinem Leben eine Emotion gezeigt.«

Der gesunde Menschenverstand sagte mir, dass ich diesen Mann mit seinem armen Kind unverrichteter Dinge zurück nach Schottland schicken sollte – aber aus Gründen, die ich nur teilweise erklären kann, ließ ich mich auf das Experiment ein.

Wir hatten einen jungen Wolf namens Zarnesti im Gehege, der während seiner ersten Lebensmonate viel Körperkontakt zu Menschen gehabt hatte und sich deshalb hervorragend für eine Begegnung mit Kindern eignete. Seine Mutter war kurz nach der Geburt auf ihn getreten oder hatte sich auf ihn gerollt und dabei seinen Kiefer zerdrückt. Deshalb war er von Hand aufgezogen worden und Menschen gegenüber nicht so nervös wie die meisten Wölfe. Ich liebte ihn, denn er hatte einen ganz wunderbaren Charakter, aber er sah ein wenig aus wie Goofy, der Hund aus den Mickymaus-Heften.

Obwohl es an Wahnsinn grenzte, ging ich in das Gehege und kam mit Zarnesti auf dem Arm wieder heraus.

Er war damals ungefähr drei Monate alt, so groß wie ein Spaniel und ein sich windendes, strampelndes Energiebündel. Ich konnte ihn kaum halten, und er sprang mir fast aus den Armen, als ich ihn auf dem Tablett des altmodischen Rollstuhls vor dem Jungen absetzte. Ich hielt den Welpen in einem eisernen Griff, aber dann geschah ein kleines Wunder: Sobald er das Kind sah, wurde Zarnesti still. Er schaute dem Jungen in die Augen, und sie starrten einander an. Dann legte der junge Wolf sich hin, die Hinterbeine unter sich gezogen und die Vorderbeine ausgestreckt. Ich nahm eine Hand weg und merkte sehr schnell, dass ich ihn auch mit der zweiten loslassen konnte. Der Welpe schaute dem Kind weiter in die Augen, reckte dann nach einigen Momenten den Hals vor und begann, ihm das Gesicht abzulecken. Ich wollte eingreifen, weil ich Angst hatte, dass Zarnesti den Jungen mit seinen nadelscharfen Zähnen in die Lippen zwicken würde, wie junge Wölfe es bei den erwachsenen Tieren im Rudel tun, wenn sie diese auffordern, Futter auszuwürgen. Aber Zarnesti zwickte nicht, sondern leckte nur ganz sanft.

Die Szene war berührend. Als ich den Jungen anblickte, sah ich eine einzelne Träne in seinem rechten Auge aufsteigen, die dann langsam über seine Wange lief. In der Annahme, dass so etwas noch nie vorgekommen war, wandte ich mich seinem Vater zu. Der große, starke, tatkräftige Schotte stand da und beobachtete, was sich vor seinen Augen abspielte, und dabei strömten ihm die Tränen über das Gesicht.

Innerhalb weniger Sekunden war der kleine Wolf auf eine Weise zu diesem Jungen durchgedrungen, wie es kein einziger Mensch in 14 Jahren geschafft hatte.

1

Eine besondere Beziehung

Es war früh am Morgen. Wie ich es oft als Kind tat, war ich aus meinem Bett gekrochen und in die Scheune geschlichen, wo die Hofhunde schliefen, um mich bei ihnen einzukuscheln – eine Gewohnheit, bei der meine freundlichen Großeltern gerne ein Auge zudrückten. Ich war ein Einzelgänger, und die Hunde waren meine engsten Freunde, fast so etwas wie Geschwister für mich. Als ich aufwachte, stand der älteste Hund über mir, den Blick auf die Tür gerichtet. Sobald ich mich rührte, wandte er mir den Kopf zu, schaute mich an und hob eine Augenbraue. Ich wusste sofort, dass etwas nicht stimmte. Sein Maul stand offen, und von seiner Zunge tropfte Speichel. Die jüngeren Hunde lagen zusammengerollt neben mir, wo auch der alte Bess hätte liegen sollen. Ich hörte draußen im Hof einen großen Tumult, und mein Großvater rief nach mir. Ich kann nicht älter als sechs oder sieben Jahre gewesen sein, aber diese Szene hat sich in mein Gedächtnis eingegraben, und obwohl ich das damals noch nicht ahnen konnte, war sie für mich der Beginn einer sehr langen Reise.

Bess hatte einen der Landarbeiter gebissen. Sein Arm war notdürftig mit einem Taschentuch verbunden, und das Blut sickerte durch den fadenscheinigen Stoff. Der

Mann beklagte sich bitterlich. Er war in die Scheune gekommen, um eine Kettensäge zu holen, die auf einem Regal über meinem Kopf lag, und der Hund, der ihn gut kannte, war ohne Vorwarnung auf ihn losgegangen. Dabei war Bess eigentlich nicht bösartig; er hatte sein gesamtes Leben auf der Farm verbracht und noch nie einen Menschen angegriffen. Der verletzte Arbeiter regte sich furchtbar auf, aber mein Großvater, ein weiser und wunderbarer alter Mann, der nicht zur Hysterie neigte, wusste ihn bald zu beruhigen. Wie schon sein Vater zuvor hatte er sein ganzes Leben mit Tieren auf dem Land verbracht, und ihm war sofort klar, was passiert sein musste. Meine Verbindung mit den Hofhunden war so eng geworden, dass Bess, der älteste und dominanteste von ihnen, mich inzwischen als Rudelmitglied betrachtete, und noch dazu als ein junges. Als der Landarbeiter überraschend in die Scheune kam, wodurch Bess und wahrscheinlich auch die anderen Hunde aufwachten, hatte Bess angenommen, mir drohe Gefahr, und so hatte er mich auf die einzige Weise geschützt, die er kannte – genauso wie seine wilden Verwandten ihre eigenen Jungen schützten.

Mein Großvater hielt es im Interesse der Sicherheit für angezeigt, meine nächtlichen Ausflüge in die Scheune zu verbieten, aber weil er wusste, dass die Hunde eine so wichtige Rolle für mein Lebensglück spielten, sollte ich einen eigenen bekommen, der dann auch mit mir im Haus schlafen durfte.

Die Hündin eines benachbarten Farmers hatte kürzlich geworfen, und nicht lange nach dem Vorfall in der Scheune durfte ich meinen Großvater dorthin begleiten und mir einen Welpen aus dem Wurf aussuchen. Wir besaßen damals kein Auto, denn meine Großeltern waren einfache Leute, die von der Hand in den Mund lebten. Ein großer Teil unserer Nahrung bestand aus dem, was die Wildnis bot: Wir schossen Kaninchen, Hasen, Tauben und Fasanen, aber ich lernte von Anfang an, bei der Jagd maßvoll zu sein, die Natur zu respektieren und nie mehr zu nehmen, als wir brauchten oder die Population verkraften konnte. Wenn ich ein Tier tötete, wusste ich, dass ich es längs aufschneiden und ausnehmen musste; die Innereien warf ich dann ins Gebüsch, wo sie anderen Geschöpfen als Nahrung dienten. Es machte mir nichts aus, Kaninchen und Hasen zu töten oder ihnen das Fell abzuziehen und sie für den Kochtopf vorzubereiten. Leben und Tod gehörten zur natürlichen Welt, und auf der Farm waren wir ebenfalls ein Teil davon.

Der Farmer mit den Welpen war zwar ein Nachbar, aber in unserer Region meinte man damit jemanden, den man zu Fuß innerhalb eines Tages erreichen konnte. Also machten wir uns im ersten Morgengrauen nach dem Frühstück auf den Weg. Es war kalt draußen, und ich konnte meinen Atem in der frostigen Luft sehen. Ich trug einen warmen Mantel und Stiefel, und mein Proviantsack war mit kaltem Tee und dick belegten Käsebroten gefüllt, die meine Großmutter für uns gemacht hatte. An lange Wanderungen war ich gewöhnt – oft begleitete ich meinen Großvater, wenn er Nachbarn einen Freundschaftsbesuch abstattete oder Geschäfte mit ihnen machte –, und ich genoss die Zeit, die ich bei solchen Gelegenheiten mit ihm allein verbrachte. In der Nähe unserer Farm gab es keine anderen Kinder, mit denen ich hätte spielen können, und wir hatten weder einen Fernseher noch Videospiele oder andere Dinge, mit denen sich die Kinder heute vergnügen. Wir lebten meilenweit von allem entfernt; es gab nur mich und meine Großeltern, die Hunde und das Vieh auf dem Hof. Gelegentlich – jedenfalls kam mir das damals so vor – tauchte meine Mutter auf, aber das war selten, und mein Vater wurde nie erwähnt.

Doch ich war nicht unglücklich. Ich vergötterte meine Großeltern und dachte nie auch nur eine Sekunde, dass mir etwas fehlen könnte. Großvater und ich nahmen auf unseren Wanderungen die Hunde mit, und es dauerte nie lange, bevor er irgendwo anhielt, um mir etwas Interessantes zu zeigen. Das konnte beispielsweise ein verlassenes Nest im Gebüsch sein, und dann erzählte er mir alles über die Vögel, die es bewohnt hatten, wie viele Junge sie wahrscheinlich ausgebrütet hatten und wie weit ihr Revier sich erstreckt haben mochte. Er nahm das Nest auseinander, damit ich sehen konnte, wie kunstvoll es konstruiert war. Manchmal fand er auch ein zerbrochenes Vogelei auf dem Boden und erklärte mir, wie es – vielleicht von einem Räuber gestohlen – dort hingekommen sein mochte. Oder er entdeckte das Gewölle einer Eule auf einem hölzernen Torpfosten, zerlegte es und zeigte mir die winzigen Knochenfragmente, die einzigen Überbleibsel der Nagetiere, die der große Räuber in der vergangenen Nacht verspeist hatte.

Manchmal forderte mich Großvater auch auf, die Augen zu schließen und ihm zu sagen, was ich hören konnte. Bevor ich die Augen zumachte, hatte ich gedacht, es sei rundum ganz still gewesen, aber danach hörte ich einen geradezu betäubenden Lärm – das Singen und Zwitschern der Vögel, Insekten, die ihre Beine gegeneinander rieben, kleine Säugetiere, die vorbeihuschten, sogar das Blöken der Schafe in der Ferne oder das Husten einer Kuh, die drei Felder weiter stand. Es gab so viele verschiedene Geräusche und Lieder. Oder wir untersuchten einen Kaninchenbau, um festzustellen, ob er bewohnt war, oder identifizierten die Spuren, die Rehe und andere Tiere auf den schlammigen Wegen hinterlassen hatten. Jeder Ausflug wurde so zum Abenteuer, und jede Entdeckung war spannend. Ich liebte es, meinem Großvater zuzuhören, wenn er in seinem schweren Norfolk-Akzent erklärte, welche Vögel welche Beeren bevorzugten, oder warum Füchse mehr Tiere töteten, als sie fressen oder wegschleppen konnten. Und manchmal, wenn ich fragte, erzählte er auch über sich selbst und seine Kindheit und wie anders das Leben damals gewesen war, als es noch keine modernen Annehmlichkeiten wie Kühlschränke, Traktoren oder elektrischen Strom gab; wie sie mit der Sense gemäht und die Kühe von Hand gemolken hatten.

Wenn wir unser Ziel erreichten, ließ Großvater mich immer mit den Hunden draußen warten, während er sich mit demjenigen unterhielt, den er hatte treffen wollen. Es konnte manchmal einige Stunden dauern, wenn er und sein Freund bei einer Flasche Bier miteinander sprachen, aber ich hatte gelernt, geduldig zu sein. Es wäre mir nie in den Sinn gekommen, mich zu beklagen. Ich liebte diesen Mann über alles, stellte seine Autorität nie in Frage, und nichts war mir wichtiger als seine Anerkennung. Außerdem wusste ich, dass er immer zurückkehrte, egal, wie lange es dauerte. Irgendwann stand er plötzlich vor mir und sagte: »Dann komm, mein Junge!«, und ich schob meine Hand in seine raue Pranke. Wir machten uns auf den Heimweg und entdeckten neue Dinge, die wir anschauten und besprachen.

Ganz ähnlich verlief auch unser Ausflug zu dem Nachbarn, bei dem ich mir einen jungen Hund aussuchen durfte. Großvater und der Farmer begrüßten sich herzlich wie Freunde, die sich lange nicht gesehen hatten, und verschwanden gemeinsam in der Scheune, wo die Hündin mit ihren Welpen untergebracht war, während ich draußen im Hof blieb. »Warte hier, Junge«, sagte er, »es dauert nicht lange.« Trotz meiner Aufregung und meiner Ungeduld, die jungen Hunde zu sehen, suchte ich mir gehorsam einen bequemen Platz, setzte mich hin und wartete.

Plötzlich ließ ein Windstoß das Scheunentor knarren, und durch die schmale Öffnung schoss mit wütendem Gebell ein Hund auf mich zu, die Ohren flach an den Kopf gelegt. Ich kannte mich gut genug aus, um zu wissen, dass dies keine freundliche Begrüßung war. Ich blieb still sitzen, die Hände nah am Körper, und wartete; zur Furcht sah ich keinen Grund. Bess und die Hofhunde waren oft auf mich losgegangen, und so aggressiv sie im Rudel auch klangen, war ich doch nie zurückgewichen, und sobald sie mich abgeschnüffelt hatten, verhielten sie sich immer freundlich. Die Hündin hatte ihr Nackenfell gesträubt, den Schwanz erhoben, und als sie mich erreichte, knurrte sie mich mit gebleckten Zähnen an. Ich rührte mich nicht, sondern ließ sie meine Beine und Füße, die Hände und den Kopf abschnüffeln. Bald hörte das Knurren auf, und ich hielt ihr meine offenen Handflächen hin, die nach dem Käsebrot rochen, das ich unterwegs gegessen hatte. Sie leckte mir die Hände ab und schaute mir mit sanften

Augen ins Gesicht. Ich fing an, das lange Fell unter ihrem Kinn zu kraulen, was ihr offensichtlich gefiel, denn sie setzte sich hin, drückte sich an mich und erlaubte mir, auch den Rest ihres seidigen Fells zu streicheln.

Das Scheunentor knarrte erneut, und während mein Großvater und der Farmer herauskamen, knurrte sie tief, gab ein scharfes Bellen von sich und stürzte auf die beiden Männer zu. Ich nahm an, dass sie die Mutter der Welpen war, und aus ihrem panischen Verhalten schloss ich, dass ihr Besucher nicht willkommen waren. »Ab in die Scheune!«, schrie der Farmer sie wütend an. Die Hündin duckte sich und schlich zu mir zurück. »Halt still, Junge«, warnte mich der Farmer. »Beweg dich nicht, dann tut sie dir auch nichts.« Aber während er auf mich zulief und die Hündin weiterhin anbrüllte, sie solle in der Scheune verschwinden, war mir vollkommen klar, dass er dem Tier nicht über den Weg traute. Als er mich erreichte, presste die Hündin ihren zitternden Körper ängstlich an mich, und entgegen seiner Aufforderung, mich nicht zu bewegen, kraulte ich sie wieder und redete sanft auf sie ein. »Du meine Güte! Nun schau dir das bloß an!«, staunte der Farmer, der seine Mütze in der Hand hielt und sich ungläubig den Kopf kratzte. »So was hab ich ja noch nie gesehen. Sonst lässt dieses Miststück niemanden an sich ran. Ich hätte sie längst nicht mehr, wenn sie nicht so gut mit den Schafen umgehen könnte, aber wenn Fremde kommen, ist sie eine echte Plage.«

»Ma sagt immer, dass der Junge ein besonderes Händchen für Hunde hat«, erwiderte mein Großvater, der in sicherer Entfernung geblieben war. »Sie schwört, dass er ihre Sprache versteht.«

Weil der Farmer sich nicht sicher war, ob die Hündin ruhig bleiben würde, sperrte er sie weg, während wir in die Scheune gingen, damit ich mir einen Welpen aussuchen konnte. Sie wurden eingezäunt hinter Strohballen gehalten, fünf insgesamt – vier Weibchen und ein kleiner Rüde –, die sich zu einem großen schwarz-braun-weißen Fellbündel zusammengekuschelt hatten. Sie waren Lurcher, eine Mischung unter Beteiligung von Windhunden, und würden folglich gute Jäger sein. Ich wusste, dass ich ein Weibchen wollte, denn Großvater hatte mir beigebracht, dass Hündinnen wesentlich besser als Rüden für ihre Familie sorgen, und ich wollte, dass dieser Hund sich sein Futter verdiente.

Der Farmer befestigte einen Kaninchenfuß an einem Stück Kordel und ließ ihn vor dem Bündel hin und her schwingen, während er wie ein aufgeschrecktes Kaninchen quiekte. Sofort waren die Welpen wach, stellten ihre Ohren auf und schauten sich um. Als sie den baumelnden Kaninchenfuß in ihrer Reichweite erblickten, sprangen sie auf, und natürlich waren die Mädchen als Erste bei der Beute, zwei von ihnen fast gleichauf und schneller als alle anderen. Ich entschied mich für eins von diesen beiden, hob es hoch und nahm es auf den Arm. Während mein Großvater dem Farmer einige große Flaschen Leichtbier als Bezahlung reichte und der kleine Hund mich hektisch ableckte, hörte ich den Farmer sagen: »Der Junge hat Recht, weißt du. Die Kleine hätte ich auch genommen.« Dann wandte er sich mir zu und meinte lächelnd: »Dann geh, mein Junge, und pass gut auf sie auf.«

»Keine Sorge, Sir«, antwortete ich mit dem warmen,

zappelnden Welpen auf dem Arm und strahlte über das ganze Gesicht. »Ich werde mich gut um sie kümmern.« Ich nannte sie Whiskey, und in den nächsten 13 Jahren wich sie mir kaum von der Seite.

2
Eine Kindheit im ländlichen Norfolk

Eine ländliche Gegend in England ist auf den ersten Blick sicher nicht der Ort, wo Kinder automatisch eine Leidenschaft für Wölfe entwickeln, und zunächst hatte ich mit ihnen auch gar nichts im Sinn, doch Tiere gehörten zu meinem Leben, solange ich zurückdenken kann.

An einem Sommerabend kam meine Mutter müde von der Arbeit nach Hause. Sie hatte den ganzen Tag Karotten und anderes Gemüse geerntet und war erschöpft. »Da drin wartet noch Arbeit auf dich«, sagte mein Großvater. »Shaun hat mal wieder zugeschlagen.« Als sie die Tür öffnete, schreckte sie entsetzt zurück. Durch das Zimmer hüpften zahllose quakende Frösche, die überall herumkletterten. Ich hatte sie im Laufe des Nachmittags an einem nahe gelegenen Teich gesammelt, war unentwegt mit einem Eimer hin und her gelaufen, und nun sprangen die Frösche munter durch den Raum. Den Abend verbrachte ich damit, wieder mit dem Eimer hin und her zu laufen, um sie alle zum Teich zurückzubringen.

Ein anderes Mal ging meine Mutter nach Einbruch der Dunkelheit in den Kohlenschuppen, um Brennmaterial ins Haus zu holen, und schrie erschrocken auf, als fünf Hühner kreischend zu flattern begannen. Ich hatte sie auf meinen Streifzügen durch die Felder gefunden – und am nächsten Morgen wurde ich losgeschickt, um sie dort wieder freizulassen.

Außerdem war da noch die Moschusente, die ich samt ihrem Nest voller Eier angeschleppt hatte. Meine Mutter hatte Angst, sie anzufassen – sie bezeichnete sie als ein hässliches Vieh –, und so trug ich die Ente unter dem Arm, während sie das Nest mit den Eiern nahm, und wir gingen gemeinsam zum Teich, wo wir alle wieder ins Schilf setzten. Meine arme Mutter: Immer wieder setzte ihr Herz fast aus, wenn ich mit irgendeinem Geschöpf ankam, das ich im Haus unterbringen wollte.

Ich wuchs auf dem Land auf und war fasziniert von der Natur. In meiner Kindheit hatten wir kein Geld für Ausflüge, Vergnügungen oder Spielzeug. Das Gebüsch, die Felder und Wälder waren mein Spielplatz und die Hunde meine Gefährten. Stundenlang streifte ich umher; ich suchte im Dickicht nach Vogelnestern, wusste, wann die Kaninchen Nachwuchs hatten, beobachtete die Feldhasen im Frühjahr bei ihren Boxkämpfen und wusste genau, wo ich nach Fuchs- und Dachsbauten zu suchen hatte. Ich konnte Eulen im Flug erkennen und Falken von Sperbern unterscheiden. Aber ich wäre im Alter von zehn Jahren nicht fähig gewesen, eine belebte Straße in London zu überqueren oder mich in der U-Bahn zurechtzufinden – und wenn ich ehrlich sein soll, fühle ich mich auch heute mit über 40 Jahren in großen Städten nicht wohl. Aber es gab nicht viel, was ich damals über die wild lebenden Tiere vor meiner Haustür nicht gewusst hätte.

Meine Heimat war das nördliche Norfolk, ein entlegener Teil einer entlegenen Grafschaft im äußersten Osten Englands, berühmt für seine Moore, seine Fasanenjagden und sein flaches, fruchtbares Ackerland. Die Eigentümer von Grund und Boden in dieser Gegend gehören zu den Reichsten im Land, die Leute, die diesen Boden bearbeiten, zählen jedoch zu den Ärmsten. So auch meine Familie. Es waren Landarbeiter, die von der Hand in den Mund lebten und ein sehr schlichtes Dasein führten. Wir fingen, was wir aßen, und aßen, was wir fingen. Solange ich noch kein Geld verdienen konnte, gehörte es zu meinen Aufgaben als jüngstes Familienmitglied, unser Fleisch zu besorgen, gemeinsam mit den Hunden, die wir auf der Farm hielten. Sie waren meine Freunde, aber sie waren auch Arbeitshunde. Abgesehen von Whiskey, lebten sie draußen in der Scheune, und ich durfte mir ihnen gegenüber keine Gefühlsduselei gestatten. In unserer Welt hatte jedes Tier seine Aufgabe. Wir konnten es uns nicht erlauben, irgendein Geschöpf durchzufüttern, das sich seinen Lebensunterhalt nicht verdiente – und Whiskey war eine geschickte Jagdhündin.

Unsere Nachbarn lebten nicht anders als wir. Die Landbevölkerung war fürsorglich, aber nicht sentimental. Als ich ungefähr acht Jahre alt war, besuchte ich mit meinem Großvater einen seiner Freunde, der Wildhüter war. Dieser Mann hatte einen wunderschönen schwarzen Labrador, der sein ganzer Stolz und seine Freude war. Sein Fell glänzte, und er setzte sein Maul mit größter Vorsicht ein; er konnte ein Ei oder was er auch sonst apportieren sollte, so behutsam zwischen die Zähne nehmen, dass er nicht die geringste Spur darauf hinterließ. Er war perfekt ausgebildet und schien jeden Gedanken seines Menschen zu kennen. Eines Tages entdeckte dieser Mensch, dass seine beiden Söhne den Hund zur Rattenjagd mit in die

Scheune genommen hatten, und alle Arbeit mit dem Hund, die gesamte sorgfältige Ausbildung ging an einem einzigen Vormittag verloren. Als der Labrador die erste Ratte fangen wollte, biss sie ihn in die Schnauze, und der Hund war so traumatisiert, dass er von diesem Moment an zitterte. Der Labrador war ruiniert, und so erschoss ihn der Wildhüter, und für seine beiden Söhne setzte es Prügel. Der Mann wusste, dass er den Hund im Stich gelassen und nicht vor den Jungen geschützt hatte, aber der Schaden ließ sich nicht wiedergutmachen, und er konnte es sich nicht leisten, den Hund als Haustier durchzufüttern. Ich war entsetzt; es schien mir so sinnlos, dass dieses Tier hatte sterben müssen. Aber das war die Wirklichkeit der Welt, in der ich aufwuchs.

Mein Großvater – Gordon Ellis, der Vater meiner Mutter – brachte mir alles bei, was ich wusste. Bei meiner Geburt war er schon 67 Jahre alt, aber er und meine Großmutter, Rose, zogen mich auf, und obwohl meine Mutter ebenfalls mit im Haus wohnte, kam es mir als Kind so vor, als sei sie niemals da. Deshalb fühlte ich mich meinen Großeltern immer sehr viel näher als meiner Mutter.

Die Wahrheit habe ich erst kürzlich herausgefunden, als ich Norfolk nach vielen Jahren wieder besuchte: Meine Mutter war einfach immer unterwegs, weil sie unseren Lebensunterhalt verdienen musste. Sie verließ das Haus morgens in aller Frühe, um auf den Feldern zu arbeiten. Es waren lange, harte Tage zermürbender Schinderei für wenig Geld. Sie wurde von einem Vorarbeiter abgeholt, der sie und die anderen Frauen aus dem Dorf dorthin fuhr, wo Arbeiterinnen benötigt wurden. Manchmal waren sie ein oder zwei Stunden unterwegs bis zur anderen Seite der Grafschaft, um dort je nach Saison Erbsen oder Kartoffeln oder Beerenobst zu ernten, und wenn sie am Ende des Tages wieder zu Hause abgeliefert wurden, waren sie völlig erschöpft. Meine Mutter ging dann nach dem Essen gleich ins Bett. Wenn sie nicht arbeitete, wurde sie nicht bezahlt – aber ohne das Geld, das sie verdiente, konnten wir kaum überleben. Als ledige Mutter hatte sie keine Wahl.

Als Kind begriff ich nicht, wie erbarmungslos hart ihr Leben war. Ich wusste nicht zu schätzen, was sie für mich tat – und heute wünsche ich mir so sehr, es wäre anders gewesen. Aber ich sah nur, dass sie – im Gegensatz zu meinen Großeltern – nicht da war. Mein Großvater war mein Held. Er war freundlich, weise und wunderbar, und wenn er mich aufgefordert hätte, über glühende Kohlen zu gehen, hätte ich das für ihn getan, ohne auch nur nach dem Grund zu fragen. Er war ein dünner, drahtiger Mann mit einem wettergegerbten Gesicht. Die jahrzehntelange harte Arbeit hatte seine Hände knorrig und ledrig gemacht, aber in seinem Inneren war er ein wahrer Gentleman, und ich genoss jeden Augenblick an seiner Seite.

Er und meine Großmutter hatten elf Kinder gehabt, sechs Mädchen und fünf Jungen. Die meisten von ihnen hatten das Dorf schon verlassen, als ich am 12. Oktober 1964 geboren wurde, und ich habe sie nie kennen gelernt. Einige sind zwar geblieben, aber abgesehen von Leenie, einer Schwester, zu der meine Mutter ein sehr enges Verhältnis hatte, kann ich mich nicht erinnern, jemanden von ihnen gesehen zu haben. Vermutlich hat meine uneheliche Geburt zu einem Zerwürfnis in der Familie geführt.

Als kleiner Junge hatte ich das Gefühl, unser Haus sei

riesig, aber in Wirklichkeit war es sehr bescheiden mit niedrigen Decken, an denen ich mir immer den Kopf stieß, wenn ich auf meinem Bett herumhüpfen wollte. Als typisches Landarbeiterhaus war es aus den in der Gegend üblichen roten Ziegelsteinen gebaut, lag etwas zurückgesetzt an einem schmalen Sträßchen und bot auf der Rückseite einen Blick über Wiesen, die an einen dichten Wald grenzten. Nachts lag ich bei weit geöffnetem Fenster in meinem Bett und lauschte auf die Geräusche von draußen – kaum eins von ihnen war menschlichen Ursprungs. Im Umkreis von mehreren Meilen gab es keine größeren Straßen, Autobahnen oder Eisenbahnlinien. Einzig das Dröhnen der Düsenflieger, die von einem der zahlreichen Militärflugplätze in der Region kamen, durchbrach gelegentlich die Stille. Diese Flugplätze gibt es heute noch, aber auch 40 Jahre später ist Norfolk weiterhin eine der am dünnsten besiedelten Grafschaften in England und eins der unzugänglichsten Gebiete des Landes.

In den Sechzigerjahren wirkte diese Gegend, als sei die Zeit spurlos an ihr vorübergegangen. Während der Rest des Landes den Wohlstand der Nachkriegsjahre genoss, lebten die Menschen in Great Massingham noch genauso wie vor Hunderten von Jahren. Es gab mehrere Bauernhöfe, von denen die meisten nicht spezialisiert waren: Sie hielten Milchvieh, Schafe, Schweine und Rinder, und auf ihren Feldern wuchsen Getreide, Gemüse und Obst. Das Ackerland bestand damals aus kleinen Parzellen, unterteilt durch hohe, dichte Hecken und umgeben von Wäldern, die vor den schlimmsten Auswirkungen des arktischen Wetters schützten. Außerdem bildeten sie einen perfekten Lebensraum für wilde Tiere. Und fast alle

Bauern jagten im Frühjahr Fasanen und versorgten sich auch im Winter mit Wild.

Die Winter waren hart. Die Ostwinde kamen vom Ural und die Nordwinde aus der Arktis, und sie bescherten uns große Mengen Schnee und Eis. Die Hecken verhinderten meist größere Schneewehen, aber manchmal waren die Straßen völlig unpassierbar, die Landschaften wochenlang in Weiß gehüllt, und aus den Teichen im Dorf wurden Schlittschuhbahnen.

Damals gab es nur sehr wenige Landmaschinen, aber das änderte sich, als ich älter wurde. Traktoren hatten bereits die Arbeit der massigen Shire-Pferde übernommen – aber das war noch nicht lange her. Unsere alten Ackergäule verzehrten zufrieden ihr Gnadenbrot auf einer Weide hinter dem Haus. Es gab keine Mähdrescher und keine Chemie auf den Feldern. Alles wurde in Handarbeit erledigt. Jeder Grundbesitzer hatte seine eigenen Landarbeiter – die meisten von ihnen lebten wie wir in bescheidenen Behausungen auf dem Gelände, das zur jeweiligen Farm gehörte, und während der Erntezeit wurden die Arbeitskolonnen von einem Hof zum anderen gekarrt, um zu jäten, zu ernten und zu bündeln.

Mein Großvater arbeitete auf Wards Farm. Ward war einer der größten Grundbesitzer im Dorf, und mein Großvater durfte so lange in dem Haus wohnen, wie er den Job hatte. Drinnen gab es weder Bad noch Toilette, kein heißes Wasser und keine Heizung, und die alten eisernen Fensterrahmen waren verrostet und undicht. Die Toilette befand sich im Garten, und ich erinnere mich noch daran, wie jeden Samstagabend die alte Kupferbadewanne im Wohnzimmer vor den Kamin gestellt und mit Wasser gefüllt wurde, das wir in einem großen Kupfertopf über den Kohlen erhitzt hatten. Wir stiegen nacheinander in die Wanne. Ich als Jüngster kam zuletzt dran.

Manche Leute hatten unser Dorf noch nie verlassen. Es gab keinen Grund dazu, denn wir waren autark. Es gab einen Metzger, bei dem meine Großeltern Gemüse aus dem Garten gegen Fleisch eintauschten, und der Bäcker bot zu jeder Tageszeit köstliches frisches Brot an. Außerdem hatten wir im Dorf eine Molkerei, einen Lebensmittelladen, einen Friseur, eine Grundschule, ein Feuerwehrauto, fünf Kneipen und einen Schmied, der die Pferde beschlug und Maschinen reparierte. Es war durch und durch eine landwirtschaftlich geprägte Gemeinschaft, in der jeder jeden kannte und jeder alles über jeden wusste.

Damals gab es noch keine Touristen, und fremde Leute sah man im Dorf nur, wenn der Zirkus kam. Sogar die Roma, die bei der Ernte halfen, waren jedes Jahr dieselben. Und es gab keine Kriminalität. Wir alle ließen unsere Häuser offen – die Leute kamen herein und setzten bei der Begrüßung schon im Vorbeigehen den Wasserkessel auf den Herd. Es war eine echte Gemeinschaft. Das Schlimmste, was passieren konnte, war, dass jemandem ein Huhn fehlte, was er dann bei Phil, dem Dorfpolizisten, meldete. Der war über alles informiert; er wusste genau, wo der Schuldige zu finden war, stattete ihm in aller Stille einen Besuch ab, und am nächsten Tag war der verärgerte Kläger auf geheimnisvolle Weise um zwei Hühner reicher.

Meine Mutter Shirley war bei meiner Geburt 24 Jahre alt gewesen, und sie hatte gewusst, dass sie mich allein und ohne Unterstützung aufziehen musste. Zur damaligen Zeit und in dieser eng verbundenen Gemeinschaft war es außerordentlich mutig, ein uneheliches Kind zur Welt zu bringen, doch ihre Eltern waren anscheinend sehr verständnisvoll. Leider kenne ich die Geschichte nicht und habe keine Ahnung, ob meine Mutter sich in jemanden verliebt hatte, der aus irgendwelchen Gründen für sie unerreichbar war. Ich weiß nicht mal, ob mein Vater je von meiner Existenz erfahren hat. Aber ich weiß genau, dass meine Mutter nie einen anderen Partner wollte. Ich habe keine Ahnung, wer mein Vater ist. Auch heute, nach 45 Jahren, will meine Mutter nicht darüber sprechen.

Vermutlich war mein Vater ein Roma – nicht zu verwechseln mit den Kesselflickern und dem fahrenden Volk, das den Ruf der Roma im Laufe der Jahre ruiniert hat. Die Roma, die wir kannten, waren wundervolle Menschen, peinlich sauber und ehrlich, mit einem ausgeprägten Familiensinn und strengen moralischen Grundsätzen. Sie reisten in ihren traditionell bunt bemalten schönen Wohnwagen, die von Pferden gezogen wurden, durch die ländlichen Gebiete und blieben, wo immer sie Arbeit fanden. Sie ernteten Hopfen und Obst in Kent und Gemüse oder Beeren in Norfolk. Gelegentlich ließen sie ihre Pferde auf den Dorfwiesen grasen, aber ihr Lager befand sich auf einem Stück Gemeindeland am Dorfrand neben der alten Römerstraße, die Peddars Way genannt wurde.

Ich besuchte sie jeden Sommer und spielte mit ihnen. Während die Landarbeiter bei der Ernte waren, zogen wir mit den Hunden los, um Kaninchen zu jagen. Die Roma hatten jede Menge großer Lurcher. Ich erinnere mich vor allem an einen, der Scruff genannt wurde. Er war eine Kreuzung aus Lurcher und Wolfshund, ein riesiges Tier, und er jagte Kaninchen, bis er zusammenbrach.

Etwas entfernt von den anderen stand ein einzelner Wohnwagen, der einer alten Roma gehörte, von der es hieß, sie könne Krankheiten heilen. Sie war schon sehr alt und verschrumpelt mit langen grauen Haaren. In den Ohren trug sie goldene Kreolen, und sie sah genauso aus wie die altmodischen Zigeunerinnen aus Bilderbüchern. Wer krank war, holte sich bei ihr Rat. Ich weiß nicht, ob sie den Leuten wirklich helfen konnte, aber wenn nicht, hätte das wahrscheinlich niemand zu sagen gewagt, weil es hieß, sie würde jeden, der schlecht über sie sprach, mit einem Fluch belegen.

Ich fühlte mich bei den Roma ganz zu Hause, und obwohl sie nie etwas sagte, habe ich das starke Gefühl, dass meine Mutter sich darüber freute. Rückblickend denke ich, dass sie vielleicht versucht hat, mich mit der Familie meines Vaters bekannt zu machen. Es war nicht üblich, dass sich die Dorfkinder mit den Roma abgaben. Die Dörfler hatten das fahrende Volk nie gemocht und ihm stets deutlich zu verstehen gegeben, dass es in den Geschäften und Kneipen nicht willkommen war. Ich wusste, wie man sich als Außenseiter fühlte.

Ich war ein Einzelgänger. Bis zum Alter von elf Jahren besuchte ich die kleine Grundschule in Great Massingham, aber ich kann mich nicht erinnern, dass ich dort viele Freunde gehabt hätte. Doch zumindest einen muss es gegeben haben, denn ich weiß noch, wie ich auf dem Kirchhof Stöcke in einen Kastanienbaum geworfen habe, um Kastanien herunterzuholen, und wie der Pfarrer mich weggejagt hat – und ich kann mir nicht vorstellen, dass ich dabei allein war. Aber ohne einen Vater sah ich mich wahrscheinlich selbst ein wenig als Außenseiter.

Vielleicht glaubte ich, keine Freunde zu brauchen. Ich hatte Whiskey und die Hofhunde, und in ihrer Gesellschaft fühlte ich mich wohler als im Kreis meiner Altersgenossen. Immerhin provozieren Hunde keinen Streit, schikanieren niemanden und lassen keine unfreundlichen Bemerkungen fallen.

Nicht, dass ich viel Zeit mit irgendwelchen Freunden hätte verbringen können. Nach der Schule musste ich mich immer beeilen heimzukommen, um Holz für das Feuer zu hacken, Kohlen zu holen oder die Tiere zu füttern, und oft ging ich wochenlang überhaupt nicht zur Schule, wenn ich bei der Ernte oder anderen Arbeiten auf dem Hof helfen musste. Die Schule schien das nie zu stören – ich gehörte keineswegs zu den Klassenbesten und war auch nicht das einzige Kind, das zeitweise dem Unterricht fernblieb, wenn seine Arbeitskraft in der Landwirtschaft gebraucht wurde. Die Lehrer konzentrierten sich offenbar auf jene Schüler, die für eine akademische Zukunft geeignet schienen, und kümmerten sich wenig um den Rest. Ich wiederum konzentrierte mich auf die Fächer, die mir Spaß machten: Biologie und Naturwissenschaften, also alles, was mit Tieren zu tun hatte, sowie Sport. Darin war ich wirklich gut, und ich gehörte allen Mannschaften für Fußball, Rugby und Cricket an. Ich liebte sämtliche Ballspiele und alles, was mit Athletik zu tun hatte.

Außerdem angelte ich sehr gerne. Im Dorf gab es drei große Teiche, in denen wir Fische fingen. Einer der Teiche trocknete in einem Sommer aus, und wir sammelten die Fische in Eimern und rannten damit zu den anderen Teichen, um sie dort schnell wieder ins Wasser zu werfen, bevor sie starben. Im Norden von Norfolk gibt es Dutzende kleiner Teiche oder »Pits«, wie sie genannt wurden, oft mitten auf den Feldern gelegen und von hohen Bäumen umgeben. Sie gehören zu den landschaftlichen Besonderheiten in dieser Gegend, und es gab alle möglichen Theorien über ihren Ursprung. Manche Leute hielten sie für Bombenkrater aus dem Zweiten Weltkrieg, andere meinten, die Vertiefungen seien nach dem Schürfen von Mineralien zurückgeblieben. Wie auch immer, in diesen Teichen gab es jede Menge Fische wie Karpfen, Rotaugen, Hechte und Brassen, die Kindern wie mir stundenlang Beschäftigung boten.

Manchmal angelten wir auch weiter vom Dorf entfernt. Ein besonders beliebter Pit lag in einem Feld neben der Straße, ungefähr sechseinhalb Kilometer von Great Massingham entfernt. Er war voller goldfarbener Fische, aber wann immer wir uns dort gerade eingerichtet hatten, kam der Farmer aus seinem Hof über das Feld gerannt, brüllte uns wütend an und schwang drohend einen Knüppel, so dass wir uns schleunigst auf unsere Fahrräder schwangen und davonrasten.

Mein Fahrrad war ein grüner Chopper, der damals als absolut cool galt. Mein Großvater muss das Teil auf irgendeiner Müllhalde gefunden haben. Es sah so aus, als sei eine Dampfwalze darübergefahren, und war total verrostet, aber er reparierte es für mich, lackierte es, fand einen neuen Sattel dafür, und es wurde mein Lieblingsstück.

Was in unserem Dorf fehlte, war eine Arztpraxis. Die nächste befand sich vier Kilometer entfernt in Harpley, wo Dr. Bowden praktizierte. Ich kannte die Strecke gut. Zwar war ich selten krank, aber ich hatte viele Unfälle und musste oft genäht werden, wenn ich unglücklich gestürzt war oder beim Fußball oder Rugby Blessuren davongetragen hatte.

Arztbesuche machten mir nicht viel aus, aber mit dem Zahnarzt wollte ich nichts zu tun haben. Beim Zahnarzt bin ich nur ein einziges Mal in meinem Leben gewesen, zum Nachsehen in einer Praxis in Fakenham, einer rund 20 Kilometer von uns entfernten Stadt. Damals war ich ungefähr elf. Der Zahnarzt sagte, er müsse mir einen Backenzahn ziehen, und obwohl er mir eine örtliche Betäubung gab, hat mir nie wieder etwas so weh getan. Er drückte sein Knie gegen meine Brust, während er mit dem Zahn kämpfte. Es war der reine Horror, einfach unerträglich. Ich hasste den Geruch, ich hasste das Geräusch, ich hasste die Spritze, und ich konnte die Schmerzen nicht aushalten. Ich schwor mir, dass ich nie wieder einem Zahnarzt nahe kommen würde, und daran habe ich mich gehalten. Der positive Effekt bestand darin, dass ich meine Zähne immer gründlich geputzt habe, und die einzigen Zähne, die mir außer dem besagten Backenzahn fehlen, haben mir ungestüme Wölfe ausgeschlagen.

Krankenhäuser ließen sich nicht so leicht meiden. Als Jugendlicher bin ich vom Dach gefallen und habe mir das Handgelenk gebrochen, und kurz nachdem ich Autofahren gelernt hatte, bin ich durch die Windschutzscheibe geschleudert worden. Zum ersten Mal war ich mit neun Jahren im Krankenhaus. Ich hatte in der Schule auf einem Klettergerüst den Halt verloren, war hart auf den Boden aufgeschlagen und hatte mir den Ellbogen zertrümmert. Man brachte mich schleunigst nach King's Lynn ins Krankenhaus, wo ich drei Wochen auf der Kinderstation zubrachte, den Arm über meinem Kopf aufgehängt. Im Bett neben mir lag ein Junge, der ausgerutscht und dabei unter die Räder eines Doppeldecker-Busses geraten war.

Ich kann mich nicht daran erinnern, dass meine Mutter mich damals besucht hat, aber sie behauptet, sie habe ihre Arbeit damals während dieser drei Wochen aufgegeben und sei täglich am frühen Morgen mit dem Bus die 24 Kilometer nach King's Lynn gefahren, um bis zum frühen Abend an meinem Bett zu sitzen, bevor sie mit dem Bus wieder nach Hause fuhr.

Eines Tages kam die Stationsschwester zu ihr und sagte: »Sie sind jetzt seit fast drei Wochen jeden Tag hier, und ich habe nie gesehen, dass Sie etwas zu essen dabei hatten. Heute werden Sie ein Mittagessen bekommen. Ich habe das schon mit der Küche besprochen.« Die Schwester hatte richtig vermutet, dass meine Mutter während der Zeit, in der sie nicht arbeitete, auch keinen Lohn bekam und sich deshalb kein Essen leisten konnte.

Aber zu Hause aßen wir gut. Meine Großmutter war eine ausgezeichnete Köchin. Sonntags war ihr Backtag, und dann zogen köstliche Düfte in den Hof hinaus. Vorher kaufte sie zusätzliche Eier, weil die unserer eigenen Hühner dafür nicht ausreichten. An einem Sonntag konnte sie diese gekauften Eier nirgendwo finden, und nachdem sie überall gesucht hatte, verzichtete sie schließlich auf das Backen. Abends kam mein Großvater ins Haus und sagte: »Ich habe deine Eier gefunden, Ma. Sie lagen unter dem Huhn hinten im Garten.« Ich hatte sie einer Glucke untergelegt, um zu sehen, ob Küken schlüpfen würden.

Meine Großmutter pflegte beim Backen zu singen, und ich werde nie ihr blaues, geblümtes Kleid vergessen. Auf dem Herd stand immer ein großer Kessel mit Eintopf aus dem Gemüse, das mein Großvater im Garten zog, und dem Fleisch von Tieren, die wir geschossen oder auf andere Weise erlegt hatten. Ich lernte schon früh zu schießen und konnte gut mit dem Messer umgehen. Es machte mir nichts aus, die Tiere zu töten, zu häuten und auszunehmen.

Als ich acht oder neun Jahre alt war, gehörte es zu meinen Aufgaben, für unsere Fleischmahlzeiten zu sorgen. Meine Großmutter versah mich mit den üblichen Käsebroten und kaltem Tee als Proviant – aus irgendeinem Grund gab es bei uns nie heiße Getränke –, und dann zog ich los, ausgestattet mit einem Taschenmesser, einem Stück Schnur und einer Zehn-Pence-Münze, deren Sinn und Zweck ich nie verstanden habe, aber Großmutter sagte mir, mit diesen Dingen sei ich gerüstet, die Welt zu erobern. Die Hunde begleiteten mich, und wir kamen nie zurück, bevor ich nicht für uns alle reichlich Fleisch besorgt hatte.

Ich tötete nicht willkürlich. Mein Großvater hatte mir beigebracht, welche Tiere ich erlegen durfte. Ich wusste, dass weibliche Kaninchen, die ihre Jungen säugten, nicht dazu gehörten. Er konnte die »Milchtiere«, wie er sie nannte, aus einer Entfernung von 50 Metern erkennen, denn sie hatten eine schlechte Kondition und kein Fell am Unterbauch. Er wusste, dass die Jungen im Bau sterben würden, wenn er die Mutter tötete, und so brachte er mir bei, stattdessen die jungen Rammler ins Visier zu nehmen, die sonst für eine Überpopulation gesorgt hätten.

Sein ganzes Denken und Trachten war auf Nachhaltigkeit und den Erhalt eines natürlichen Gleichgewichtes angelegt. Jüngere Farmer wollten die Kaninchen ausrotten, weil sie so große Ernteschäden anrichteten, aber ihm war es wichtig, sie zu schützen, denn er wusste, dass drastische Verluste bei einer Tierart eine andere extrem begünstigen würden. Probleme, so behauptete er, würden nur als Folge menschlicher Eingriffe auftreten.

3

Ein Wolf am Fenster

Wenn ich als kleiner Junge nachts im Bett lag, eingehüllt von der Dunkelheit, dann war ich überzeugt, dass ich draußen vor dem Schlafzimmerfenster einen Wolf sehen konnte. Wahrscheinlich waren es einfach Schatten, die durch das Geäst eines Baums erzeugt wurden. Als Erwachsener weiß man natürlich, dass kein Wolf jemals groß genug sein kann, um durch das Fenster im ersten Stock zu schauen, aber als kleines Kind war ich mir sicher, dass es sich nur um einen Wolf handeln konnte – und ich hatte entsetzliche Angst vor ihm. Jede Nacht steckte ich meinen Kopf unter die raue, schwarze Decke auf meinem Bett, um das Bild nicht mehr sehen zu müssen, aber dann erlag ich doch immer wieder der Versuchung, einen kurzen Blick zu riskieren, ob er verschwunden war, und meine Angst wurde wieder geschürt. Es war nur der Kopf des Wolfes, der mit aufgerichteten Ohren nach links schaute; bei Tageslicht am nächsten Morgen gab es dann keine Spur mehr von ihm.

Schon als kleiner Junge wusste ich eine Menge über die wild lebenden Tiere in meiner Umgebung – wahrscheinlich mehr als die meisten Kinder meines Alters –, aber ich wusste nichts über die Tiere draußen in der weiten Welt. Ich sah keine Dokumentarfilme darüber, weil wir keinen Fernseher hatten, und als Kind war ich auch nicht im Zoo, weil das Geld für solche Ausflüge fehlte. Was ich über große Raubtiere wusste, stammte also aus Büchern oder Märchen. Über Wölfe hatte ich aus diesen Quellen nur erfahren, dass sie verschlagen, hinterhältig, böse und tödlich waren, und die Bilder der Geschichten, die meine Großmutter über sie erzählt hatte, prägten meine Vorstellungen von ihnen. Es dauerte noch sehr, sehr lange, bis ich mich meiner Angst stellte.

Füchse waren mir dagegen vertraut, und obwohl auch sie einen beängstigenden Ruf hatten, fürchtete ich mich nicht vor ihnen. Eines Nachts wachte ich plötzlich von dem Lärm auf, den die alten Shire-Pferde machten, als ihre Hufe über die Weide hinter dem Haus donnerten. Am Himmel stand der strahlendste Vollmond, den ich je gesehen hatte. Draußen war es fast taghell, und so zog ich mir rasch etwas über, befahl Whiskey, unter meinem Bett zu bleiben, und schlüpfte aus dem Haus. Dann schlich ich zum Waldrand, um zu sehen, was die Pferde so in Aufruhr versetzt hatte.

Was ich erblickte, war die reine Magie. Als ich die Pferde erreichte, waren sie schon dabei, sich wieder zu beruhigen, und zwischen ihren riesigen Hufen spielte eine wunderschöne Fähe mit ihren vier Welpen. Sie waren so eifrig damit beschäftigt, sich gegenseitig zu überfallen und umeinander zu springen, dass sie mich überhaupt nicht zu bemerken schienen, und ich nutzte die Gelegenheit, mich ganz in der Nähe hinzusetzen und ihr Spiel zu beobachten.

Es war ein faszinierender Anblick. Ich hatte noch nie einen Fuchs so aus der Nähe betrachten können. Bisher hatte ich nur hin und wieder gesehen, wie etwas Braunrotes in der Ferne vorbeihuschte oder eine Rute mit der typischen weißen Spitze in einer Hecke verschwand, wenn ich mit den Hunden unterwegs war. Die nächtliche Szenerie hier draußen war mir fremd, und ich hatte das Gefühl, in eine andere Welt versetzt zu sein.

Zu Hause erzählte ich niemandem, was ich gesehen hatte, aber in der folgenden Nacht ging ich zurück, und da waren sie wieder. Wahrscheinlich befand sich ihr Bau etwas tiefer im Wald, und die Pferdeweide war ihr Spielplatz. Wieder setzte ich mich ganz in der Nähe hin und beobachtete sie, und auch diesmal ignorierten sie mich, erlaubten mir jedoch zu bleiben. Das ging mehrere Monate so, während die jungen Füchse heranwuchsen und sich darauf vorbereiteten, ihren Platz in der Welt einzunehmen.

Jede Nacht schlich ich zu meinem heimlichen Rendezvous – es war berauschend, mich unter diesen Geschöpfen, die Menschen eigentlich instinktiv fürchten, willkommen zu fühlen. Nach einer Weile spielten sie in einem kleinen Halbkreis vor der Stelle, wo ich saß, aber weder zeigten sie Anzeichen von Nervosität, noch schienen sie mir auch nur die geringste Aufmerksamkeit zu schenken. Bis ich eines Nachts ein Rascheln hinter mir hörte und feststellte, dass der wagemutigste der kleinen Füchse angefangen hatte, in einem Busch direkt hinter mir zu spielen. Er brach daraus hervor, rannte um mich herum und überfiel übermütig eins seiner Geschwister. Ich war nicht mehr nur Beobachter, sondern ein Teil der Vorführung geworden.

Ich habe damals unendlich viel über Füchse gelernt. Ich

beobachtete, wie die Fähe ihren Welpen Futter brachte. Es ist ein Mythos, dass Füchse nur zum Spaß töten, dass sie in den Hühnerstall einbrechen und sehr viel mehr Hennen töten, als sie fressen können. Wir denken das, weil sie gewöhnlich in flagranti erwischt und verjagt werden. Wenn ein Fuchs unentdeckt bleibt, tötet er ein Huhn und schleppt es weg, denn mehr kann er nicht tragen, und dann kommt er immer wieder zurück und holt sich weitere Beutetiere. Die Familie frisst, was sie an diesem Tag braucht, und der Rest wird im Boden vergraben, wo er sich hält. Nichts wird verschwendet. Ich weiß das, weil ich die Füchse dabei beobachtet und gesehen habe, wie gut die Mutter für ihre Jungen sorgt und ihnen beibringt, für sich selbst zu sorgen.

Sechs Monate später sah ich etwas, das mich vor Trauer und Entsetzen schaudern ließ. Während ich mit den Hunden durch die Wälder streifte, kam ich an einem Baum vorbei, von dem der schlaffe, leblose Körper des wagemutigsten jungen Fuchses herabhing. Eins seiner Beine steckte in einer primitiven Falle – das Tier muss langsam und qualvoll gestorben sein. Zu sehen, wie dieses Geschöpf, das ich im Laufe der Monate so gut kennen gelernt hatte, das so majestätisch, wunderschön und voller Energie gewesen war, auf diese abscheuliche und feige Art um sein Leben gebracht worden war, erfüllte mich mit Scham für meine Mitmenschen. Sie ekelten mich an. Ich war unglaublich wütend, dass irgendein ignoranter Kerl dieses pulsierende junge Leben ausgelöscht hatte, einfach weil er dazu fähig gewesen war.

Die Indianer würden sagen, dass mein Schicksal in diesem Moment besiegelt war. Sie behaupten, dass man schon in sehr jungen Jahren den ungeschriebenen Vertrag mit der Natur unterzeichnet, in dem man sich zur Arbeit mit Tieren verpflichtet – als Folge einer bestimmten Erfahrung, sei sie gut oder schlecht, die man in der frühen Kindheit macht. Rückblickend habe ich keinen Zweifel, dass der Schock, diesen wunderbaren jungen Fuchs, meinen Freund, dort am Baum hängen zu sehen, in mir ein Gefühl des Abscheus vor meinen Mitmenschen und das Bedürfnis weckte, mich von der Menschheit fernzuhalten.

Meine Sorge um die Füchse ließ mich mit dem Rest der Gemeinde hadern. Die Farmer hassten Füchse, weil sie im Extremfall auch neugeborene Lämmer rissen, und die Jagdaufseher hassten sie, weil sie Fasanen schlugen. Also wurde die Jagd auf Füchse freigegeben und entwickelte sich zu einem beliebten Sport. Die Ergebnisse waren widerlich.

Immer wieder stieß ich auf Fuchsbauten, wo die Jäger die Fähe ausgegraben und ihre Welpen vergast hatten. Oft hing der tödliche Geruch des Giftes noch in der Luft. Manchmal traf es eine Familie, die ich wochenlang beobachtet hatte, während die Jungen heranwuchsen und abenteuerlustiger wurden. Alle waren verschwunden, ausgelöscht, ohne die geringste Chance zu entkommen – und das nur, weil Füchse einen Ruf hatten, den sie nicht verdienten, und ein paar Leute besessen von diesem Sport waren.

Meine Großmutter erzählte gerne die Geschichte, wie sie eines Tages im Haus beim Frühjahrsputz war, die Vorder- und die Hintertür geöffnet, als plötzlich ein Fuchs durch den Garten rannte, zur einen Tür ins Haus herein und zur anderen wieder hinaus. Sekunden später folgte ihm ein Rudel von ungefähr 30 Jagdhunden, die sich wie eine Flutwelle durch das Zimmer ergossen und über Tische und Stühle sprangen, während sie der Fährte folgten. Sie hinterließen ein heilloses Chaos, denn Großmutter hatte ihr bestes Porzellan aus dem Schrank geräumt, und alles ging in Scherben. Kurz darauf kamen die Jäger auf ihren Pferden vorbei, alle herausgeputzt in ihren rosafarbenen Mänteln, und auf die Frage, wie sie den Schaden wiedergutzumachen gedachten, zogen sie nur ihre Hüte und galoppierten davon.

Niemand hätte mir zugehört, wenn ich gegen die grausamen Jagden protestiert hätte. Und als Kind konnte ich den Erwachsenen kaum widersprechen, ohne respektlos zu wirken. Aber ich war der Meinung, wenn man sich vom Fuchs keine Hühner stehlen lassen wollte, dann musste man seinen Hühnerstall eben entsprechend absichern. Ich hielt es für absolut unfair, Jagdhunde auf Füchse anzusetzen, nur weil die Menschen zu faul waren, sich angemessen um ihre Hühner zu kümmern. Aber wann immer ich versuchte, mit irgendjemandem darüber zu sprechen, hieß es, ich solle mich gefälligst benehmen, ich hätte doch keine Ahnung. Schließlich war ich nur ein Kind.

Es sollte noch Jahre dauern, bis ich eine späte Genugtuung erfuhr und die Fuchsjagd in England und Wales verboten wurde. Während der Debatte, die im Vorfeld dieser Entscheidung tobte, war ich an Forschungsarbeiten über die Auswirkungen der Jagd auf Füchse beteiligt. Die Befürworter der Fuchsjagd behaupteten, es würden nur alte und kranke Tiere gefangen, aber das stimmte einfach nicht. Ich habe die erlegten Füchse untersucht und darunter auch die Kadaver von Tieren gefunden, die gerade erst 18 Monate alt waren – im besten Alter – und noch zu jung, um zu wissen, wie sie ihr Leben hätten retten können.

Damals in den Sechzigerjahren, als Kind, dem niemand zuhören wollte, entwickelte ich bald meine Täuschungsmanöver. Ich zog mit den Hunden los, und solange ich abends mit ein paar Kaninchen oder Tauben zurückkam, konnte ich vom frühen Morgen bis in die Dunkelheit hinein unterwegs sein, ohne dass mir irgendjemand Fragen stellte. Ich verbrachte meine Tage damit, Füchse zu studieren; stundenlang saß ich da und beobachtete sie. Und all die wunderbaren Dinge, die ich sah und erlebte, alles, was ich über die Füchse und ihre Welt lernte, behielt ich für mich. Ich wusste, dass man keinem Menschen trauen konnte. Hätte ich jemandem erzählt, wo ich die Füchse beim Spiel beobachtet hatte, dann wären die Jäger schnurstracks zur Höhle gezogen und hätten sämtliche Tiere darin umgebracht. Ohne es zu wissen, wurde ich das, was die Indianer einen Hüter der Wildnis nennen.

Es war der Beginn einer schweren Zeit für mich. Meine Welt, die so sicher und voller Geborgenheit gewesen war, so glücklich und voller Liebe, fiel allmählich auseinander. Eines Tages kam ich aus der Schule nach Hause und stellte fest, dass mein Großvater einen Schlaganfall gehabt hatte, dessen Folge eine halbseitige Lähmung war. Diese Katastrophe traf mich völlig unvorbereitet; es war mir noch nie in den Sinn gekommen, dass er irgendwann einmal nicht mehr fit und stark sein könnte, nicht mehr fähig, mir die alten Überlieferungen weiterzugeben und die Entscheidungen innerhalb der Familie zu treffen. Ich konnte ihn mir nicht anders vorstellen, und ich wollte ihn nicht anders haben. Aber plötzlich wirkte er alt und gebrechlich und konnte nichts mehr von dem tun, was wir früher immer zusammen getan hatten. Auch seine geistigen Kräfte ließen nach. Manchmal erinnerte er sich, wer ich war, aber manchmal schien er es auch vergessen zu haben. Und wo ich früher von ihm abhängig gewesen war, war er jetzt von anderen abhängig.

Bald darauf hatte er einen zweiten schweren Schlaganfall und starb zu Hause, auf dem Sofa liegend. Meine Großmutter deckte ihn mit einer Jacke zu und blieb bei ihm sitzen, bis die Bestatter ihn abholten. Die beiden müssen mehr als 60 Jahre verheiratet gewesen sein, und sie hatten eine so enge, liebevolle Beziehung gehabt, dass sein Tod ihr wahrscheinlich das Herz gebrochen hat. Überall waren sie gemeinsam gewesen, alles hatten sie gemeinsam getan, und nie habe ich gehört, dass ein böses Wort zwischen ihnen gefallen wäre. Wenn meine Großmutter einkaufen ging, kam er ihr immer entgegen, und dann machten sie sich gemeinsam auf den Rückweg, oder er nahm das Fahrrad.

Woran ich mich erinnere, ist ihr Lachen. An Waschtagen trugen sie die nassen Betttücher in den Garten, um sie dort durch die Mangel zu drehen. Sie legte die Tücher zwischen die Walzen, und er drehte die Kurbel, und eines Tages sagte er etwas, über das sie so lachen musste, dass sie die Tücher nicht mehr zwischen die Walzen schieben konnte.

Als Großvater starb, war ich erst 13. Er war 80 und hatte sein gesamtes Leben in Great Massingham verbracht. Er war beliebt gewesen, und zu seiner Beerdigung war die

St. Mary's Church beim Gottesdienst brechend voll. Aber ich sah dort nicht nur vertraute Gesichter, sondern hinten saßen auch einige Fremde. Nach dem Gottesdienst erklärten sie meiner Großmutter, warum sie gekommen waren. Vor vielen, vielen Jahren, so sagte einer der Fremden, hätten er und seine Schwester als Kinder entsetzlichen Hunger gehabt, und mein Großvater habe für jeden von ihnen einen Laib Brot vom Bäckerwagen genommen und ihnen gesagt, sie sollten es unter ihre Jacken stopfen. Der Mann, der nicht mehr in dieser Gegend lebte, sagte, er habe Großvaters Freundlichkeit nie vergessen und sei deshalb gekommen, um ihm die letzte Ehre zu erweisen.

Mein Großvater wurde auf dem Friedhof neben der Kirche begraben, im Schatten des Kastanienbaumes, dessen Kastanien ich immer gesammelt hatte.

Sein Tod veränderte alles. Wir mussten das Haus verlassen, weil es uns nur zustand, solange Großvater für den Grundbesitzer gearbeitet hatte. Und aus einem Grund, der mir nie erklärt wurde, trennte sich die Familie. Meine Großmutter, die ich immer als eine Mutter angesehen hatte, zog alleine in eine Sozialwohnung in Jubilee Terrace, wo sie in der Nähe ihres ältesten Sohnes und seiner Familie leben konnte, während meine Mutter und ich in ein winziges neues Haus in Summerwood Estate am Ende einer Sackgasse übersiedelten, dessen Eigentümer die Gemeinde war. Ich fühlte mich elend. Ich war voller Wut und Trauer, denn es kam mir so vor, als hätte ich alles verloren. Meine Mutter hatte sich nie um mich gekümmert oder für mich gekocht, sie war nie diejenige gewesen, die Zeit mit mir verbrachte, mich auf Spaziergänge mitnahm oder mir beibrachte, was ich wissen musste, um mich im

Leben zurechtzufinden. Das waren immer meine Großeltern gewesen, und nun waren sie beide nicht mehr für mich da. Ich wollte nicht bei meiner Mutter leben, und ich klagte meinen Großvater an, dass er gestorben war und mich genau in dem Augenblick verlassen hatte, wo ich ihn am meisten brauchte. Ich hatte entsetzliche Angst: Wie sollte ich ohne ihn klarkommen?

Erst als ich im Alter von 44 Jahren zurückkehrte und das Grab meines Großvaters besuchte, sah ich auf dem Grabstein, dass meine Großmutter ihn um 13 Jahre überlebt hatte. Sie war ihm nicht innerhalb weniger Monate gefolgt. Aber ich kann mich auch nicht erinnern, dass ich sie nach unserem Umzug noch einmal gesehen hätte. Ich weiß nur, dass ich das dringende Bedürfnis hatte, alle Erinnerungen an das, was ich verloren hatte, weit hinter mir zu lassen.

Vermutlich habe ich meiner Mutter das Leben ziemlich schwer gemacht. Ich besuchte inzwischen die weiterführende Schule in Litcham, ungefähr elf Kilometer von Great Massingham entfernt, und meine Mutter arbeitete wie üblich jeden Tag viele Stunden draußen auf den Feldern. Ich wurde sehr unabhängig und schloss sie aus meinem Leben aus. Ich fuhr mit dem Schulbus, einem riesigen blauen Doppeldecker von Carter's of Litcham. Es war der älteste Bus, den die Firma in ihrem Fuhrpark hatte, und der einzige Doppeldecker. Die Kinder aus den anderen umliegenden Dörfern kamen in einstöckigen Bussen, und immer wenn Schnee lag, manchmal anderthalb Meter oder noch höher, gab es nur einen einzigen Bus, der es schaffte, sich durchzukämpfen, vorbei an den Pkws und Lkws, die am Straßenrand liegengeblieben waren. Zu unserem großen Ärger war dieser Bus unserer.

Ich sah meine Mutter nur selten. Nach der Schule und an den Wochenenden suchte ich mir nach Möglichkeit eine Arbeit. Ich half bei der Ernte oder beim Ballen pressen, ich fuhr Traktoren und rupfte Truthähne, half beim Kastrieren von Schweinen und bei der Geburt von Kälbern – was auch immer gerade anfiel. Und wenn es keine Arbeit gab, zog ich mit meinem Hund Whiskey los. Manchmal waren wir tagelang unterwegs und übernachteten in Scheunen – ohne dass ich einen Gedanken daran verschwendete, ob meine Mutter sich vielleicht Sorgen machte. Ich entwickelte mich zu einer Art Einsiedler und verwilderte etwas bei meinen Wanderungen durch die Wälder, wo ich im Einklang mit der Natur leben konnte. Das war der einzige Ort in der Welt, wo ich hingehörte, immer mehr – und es war der einzige Ort, wo ich meinen Tränen freien Lauf lassen konnte.

4

Eine vergeudete Jugend

Abgesehen von den Sportmannschaften, denen ich in der Schule angehörte und die ich liebte, war meine Zeit in Litcham nicht bemerkenswert. Ich hatte Schulfreunde, aber mein bester Freund starb bei einem Asthmaanfall. Ich erinnere mich noch, wie der Direktor eines Morgens die ganze Klasse zusammenrief, um uns darüber zu informieren. In diesem Moment hatte ich das Gefühl, ich sei vom Schicksal dazu verdammt, alles zu verlieren.

Im Büro des Direktors musste ich ziemlich regelmäßig antreten, und so war es nicht überraschend, dass ich die Schule mit knapp 16 Jahren ohne Abschluss verließ, sobald meine Schulpflicht endete. Ich musste raus, wollte meinen eigenen Lebensunterhalt verdienen und von zu Hause weg. Noch immer war ich voller Wut und Schmerz und wollte vergessen. Deshalb suchte ich mir keinen Job auf dem Land, sondern heuerte bei der Dachdeckerfirma Western and Bolton Roofing an. Es war harte Arbeit, die Dachziegel zu schleppen und den ganzen Tag auf den Leitern rauf- und runterzusteigen, aber ich wurde dadurch stark und fit und kam überall im Land herum. Manchmal blieben wir wochenlang oder sogar mehrere Monate auf einer Baustelle, und ich wohnte dort in kleinen Pensionen. Nach Hause fuhr ich dann nur an den Wochenenden, die ich aber häufig nicht bei meiner Mutter, sondern bei Freunden verbrachte.

Die Arbeit führte dazu, dass ich erste Freundschaften schloss und ein soziales Leben entwickelte, das sich überwiegend in Kneipen abspielte. Es gab viele gute Kneipen in der Gegend, und einmal im Quartal fand an einem Samstagabend im kleinen Gemeindezentrum von Fakenham eine Disco statt, die man auf keinen Fall verpassen durfte. Alle führenden DJs aus Norfolk traten dort auf, und die Leute kamen von weit her, um sie zu hören. Es gab tolle Musik, Getränke, hübsche Mädchen, die wir draußen, an die Mauer gedrückt, küssten, und es gab jede Menge Prügeleien – eben alles, was im Leben Spaß macht. Anschließend gingen wir aufs Geratewohl nach Hause.

Ich erinnere mich an eine Nacht, in der es so neblig war, dass man die Hand kaum vor Augen sehen konnte. Einer meiner Kumpels behauptete, er kenne die Straße so gut, dass er sich blind zurechtfinden würde. Wir alle folgten ihm auf unseren kleinen 150er-Motorrädern – ich fuhr wie gewöhnlich bei jemandem als Sozius mit –, und er verpasste eine Kurve. Er steuerte direkt in einen tiefen Graben, und wir folgten ihm alle, einer nach dem anderen. Es fiel keinem auf, bis wir alle bis zu den Achseln im Wasser standen.

Fakenham war die Mode-Hauptstadt Norfolks. An Disco-Tagen fuhren wir morgens hin, machten unsere Einkäufe, tranken ein paar Bier, fuhren heim, spielten einige Stunden Fußball, zogen uns um, und dann ging es zurück nach Fakenham. Am frühen Abend aßen wir dort Fish und Chips, zogen ins Crown auf ein paar Bier, anschließend ins Rampant Horse, wo es ziemlich ruppig zuging – die richtige Adresse für jeden, der Lust auf eine Prügelei hatte –, bevor wir schließlich die Disco stürmten.

Einer meiner besten Freunde war ein Dachdecker namens Benny Elson, der im Nachbardorf Weasenham lebte, und durch ihn lernte ich meine erste Freundin kennen, Michelle Pearce. Benny war älter als ich und Michelle war die Nichte seiner Frau Jac. Sie kam eines Tages zu Besuch, als er und ich uns in seinem Haus zum Ausgehen fertig machten, und fragte, wer ich sei.

Ich begann häufiger ins Fox and Hounds in Weasenham zu gehen, dem Ort, wo sie wohnte. Sie kam nach der Schule dorthin und versteckte sich hinter der Bar. Skiffy, der Wirt, gab mir dann ein Zeichen, und wir zogen gemeinsam los in die Wälder, wo wir stundenlang herumsaßen und redeten. Wir schrieben uns auch kleine Briefchen, und ich führte ihre Hunde für sie aus. Sie sagte mir all das, was ich hören wollte, aber das Leben wurde nicht viel besser. Ihr Vater war einer der königlichen Taubenwärter – ich baute ihm einen Taubenstall in seinem Garten –, und ich erinnere mich daran, dass ich Michelle eines Tages zu Hause abholen wollte und alle völlig außer sich waren, weil die Königin ihnen gerade einen Besuch abgestattet hatte.

Ich war furchtbar verliebt in Michelle, aber sie war einfach zu hübsch für mich, und schließlich brach sie mir das Herz, weil sie mich wegen eines anderen verließ. Wir waren beide noch sehr jung, aber es hatte eindeutig zwischen uns gefunkt, und ich frage mich oft, wie die Dinge sich wohl entwickelt hätten, wenn ich etwas mehr gedrängt hätte oder nicht so ein Trottel gewesen wäre.

Sciffy hieß eigentlich Freddy Scarf und war ein toller Typ. Er zuckte nicht mal mit der Wimper, als ich meinen

18. Geburtstag in der Kneipe feierte – nachdem ich jahrelang als Minderjähriger dort Alkohol getrunken hatte, aber schließlich hatte er mich regelmäßig mit Bier bezahlt, wenn ich ihm mit ein paar Kumpels frisch erlegtes Wild brachte, das wir säckeweise durch die Hintertür in seine Küche schleppten! Das Wildern hatte ich von Pete gelernt, dem ich bei der Landarbeit begegnet war. Er war verheiratet und hatte Familie – ich weiß im Grunde nicht viel über ihn, außer dass er ein Experte für Fasanen war und genau wusste, wie man illegal an sie herankam. Das hatte er von seinem Großvater gelernt.

Pete hatte einen Bruder, und wir drei zogen oft mit einem alten doppelläufigen Gewehr los. Es war eine echte Wildererflinte, die man zerlegen konnte, um sie zu verstecken, und sie war in seiner Familie immer wieder von einer Generation auf die nächste vererbt worden. Sie ging mit einem gewaltigen Knall los und qualmte wie blöd. Die sicherste Nacht für unsere Unternehmungen war deshalb der 5. November – Bonfire Night –, wenn überall Feuerwerke gezündet wurden.

Pete versuchte, einen Schalldämpfer für das Gewehr zu konstruieren, aber sein erster Versuch, bestehend aus einem Stück Kupferrohr und anderen rätselhaften Zutaten, war so schwer, dass man das Gewehr nicht mehr heben konnte. Die modifizierte Version erwies sich als wesentlich erfolgreicher, bis Pete eines Tages auf einen Vogel schoss, der sich direkt über ihm befand. Als er den Abzug betätigte, schossen Flammen aus dem Gewehrlauf, der brennende Schalldämpfer wurde in die Luft katapultiert, traf ihn beim Herunterfallen direkt auf die Stirn und schlug ihn fast bewusstlos.

Es war ein gefährliches Geschäft – nicht nur wegen des fliegenden Schalldämpfers. Hätte man uns erwischt, wären wir im Gefängnis gelandet – und diesem Schicksal sind wir oft nur knapp entronnen. Eines Nachts spürte ich eine starke Hand im Rücken, die mich nach unten in die Hecke drückte. Natürlich wusste ich, dass ich keinen Laut von mir geben durfte. Pete und sein Bruder lagen neben mir flach auf dem Boden, das Gesicht nach unten, und ich wagte minutenlang keinen Muskel zu bewegen. Es herrschte absolute Stille. Dann sah ich die Umrisse von zwei Paar Gummistiefeln auf dem Pfad, keine anderthalb Meter von meinem Gesicht entfernt; Wildhüter patrouillierten durch ihr Revier. Mein Herz klopfte so laut, dass ich überzeugt war, sie müssten es hören. Erst nach weiteren vier oder fünf Minuten wagten wir uns wieder zu rühren. Ich fragte die beiden, woher sie gewusst hatten, dass die Wildhüter kamen. Sie kannten alle Tricks: Petes Bruder hatte den Zigarettenrauch der Wildhüter gerochen.

Wir mieden nach Möglichkeit die Gebiete, wo die Vögel freigelassen wurden, denn genau dort rechneten die Wildhüter mit uns, legten Fallen und gingen Patrouille. Außerdem brachte Pete mir bei, nie einen weißen Fasan zu schießen, auch wenn man ihn in der Dunkelheit besser sehen konnte. Die Wildhüter, so erklärte er mir, züchteten sie speziell, weil sie leicht zu zählen waren, und wenn einer von ihnen fehlte, wussten sie, dass es Wilderer in der Gegend gab, und verschärften ihre Kontrollen.

Also zogen wir kilometerweit über die Felder zu Vertiefungen, krochen durchs Gestrüpp bis nach unten, wo sich meist Wasser gesammelt hatte, und legten uns dort auf die Lauer, wo niemand uns sehen konnte. Wenn man von diesem Platz aus durch die Bäume nach oben schaute, zeichneten sich die auf den Ästen schlafenden Fasanen deutlich gegen den Himmel ab, und man konnte sie problemlos treffen. Als Jüngster hatte ich die Aufgabe, sie einzusammeln, wo immer sie auch herunterfielen – meist ins Wasser –, und sie in unseren Sack zu stopfen. Pete war der Schütze, und sein Bruder hielt die Taschenlampe und kundschaftete aus, wo die Vögel saßen.

Ich genoss mein neues Leben, hatte aber immer das Gefühl, dass etwas fehlte. Ich gehörte dazu und machte mich gern schick, um auszugehen und Spaß zu haben – die Jungs sagten, dass ich in meiner weißen Jeans wie George Michael aussah –, aber das änderte nichts an meinem Bedürfnis, alleine mit dem Hund durch die Natur zu streifen, Füchse zu beobachten, Vögel aufzuspüren und nach Hinweisen auf andere wild lebende Tiere zu suchen. Das war stets ein Teil von mir, über den ich nie mit anderen sprach.

Dann stieg ich eines Tages in den Bus, um den Zoo zu besuchen, der am Rand von Thetford lag. Ich sah Tiere, die ich noch nie zuvor gesehen hatte. Ich war aufgeregt wie ein kleines Kind, und dann kam ich zum Wolfsgehege, und da standen plötzlich, nur etwa drei Meter von mir entfernt, die Geschöpfe, die mich Nacht für Nacht mit solchem Entsetzen erfüllt hatten.

Mich faszinierte vor allem einer, ein wunderschöner cremefarbener Rüde mit hinreißenden goldgelben Augen, die meinen Blick sofort fesselten. Wir starrten einander an, und in diesen wenigen Sekunden spürte ich, wie er meine Seele berührte. Ich hatte das Gefühl, als würde dieses großartige Geschöpf mich voll und ganz verstehen, meine tiefsten Geheimnisse durchschauen und all meine Gedanken und Ängste, meine Verletzungen und Schmerzen erkennen. Es kam mir so vor, als hätte der Wolf die Macht, diese Wunden zu heilen und mich wieder gesund zu machen. Es war eine außergewöhnliche Verbindung, und ich wusste, dass das, wonach ich im Leben suchte, direkt vor mir stand.

Wahrscheinlich schaute der Wolf jeden Besucher auf diese Weise an, weil er hoffte, jemand würde ihm Futter hinwerfen, aber ich kann mir nicht vorstellen, dass irgendjemand sonst dabei dasselbe sah oder empfand wie ich. Vielleicht waren es die vielen Jahre, die ich mit Hunden und Füchsen verbracht hatte, ständig einen Fuß in ihrer Welt und ständig ein Stück im Widerstreit mit der menschlichen Welt. Aber vielleicht ging es auch tiefer. Was immer es sein mochte, es war der Beginn einer lebenslangen Abmachung. Ich wusste, dass alles, was man mir über diese Geschöpfe erzählt hatte, Lügen waren, dass der Wolf und ich viele Gemeinsamkeiten hatten und dass wir beide nicht in diese Zeit gehörten.

Ich hatte das Gefühl, dass ich wieder zurück aufs Land musste, und so gab ich meinen Job als Dachdecker auf und bewarb mich um eine Teilzeitstelle als Wildhüterassistent in einem großen kommerziellen Jagdrevier. Es war gut, wieder draußen zwischen den Hecken zu sein, aber die Arbeit stand im Widerspruch zu allem, was mein Großvater mir beigebracht hatte. Er hatte mich darauf eingeschworen, dass man tötet, um zu essen, nicht aber aus reinem Vergnügen. In diesem Revier wurden so viele Vögel geschossen, dass man kaum einen Schritt tun konnte, ohne auf einen Kadaver zu treten. Die Schützen verstanden ihr Handwerk nicht und veranstalteten schlimme Gemetzel. Dabei war es dort schwieriger, keinen Vogel zu erschießen, als einen zu treffen. Die Vögel wollten nicht fliegen; man musste sie in die Luft werfen, wenn man sie in Bewegung setzen wollte.

Ich blieb ungefähr 16 Monate, aber als mir zu Ohren kam, dass Morton's Farm Estate, ein sehr viel kleineres Revier, nach einem Wildhüterassistenten suchte, wechselte ich dorthin. Es war eines der Anwesen im Dorf, wo ich im Laufe der Jahre schon oft gearbeitet hatte, und zum Job gehörte eine kleine Hütte, die nur aus einem einzigen Raum bestand – genau das Richtige für mich. Monty, der leitende Wildhüter, war ein Profi alter Schule, und ich wusste, dass ich viel von ihm lernen würde. Er bildete mich heran, war sehr gut zu mir und setzte eine Menge Vertrauen in mich, das ich zu meiner Schande missbrauchte. Aber ich hatte den falschen Job.

Ich sollte die Füchse töten, damit sie die jungen Vögel in Ruhe ließen. Stattdessen tötete ich Fasanen und Kaninchen, um die Füchse damit zu füttern. Ich hatte monatelang eine bestimmte Fähe beobachtet. Sie hatte am Waldrand eine Höhle gebaut und zog dort ihre Jungen auf. Dann sah ich zu, wie sie den Wurf in eine neue Höhle brachte, die sie an einer anderen Stelle ebenfalls am Waldrand gebaut hatte, ungefähr 500 Meter entfernt auf der anderen Straßenseite. Aus irgendeinem Grund hatte sie den alten Bau offenbar nicht mehr für sicher gehalten, und so trug sie die Welpen einzeln fort, indem sie jeden am Nacken packte und im Schutz der Dunkelheit über die Felder schleppte.

Nach vier Monaten wurde ich erwischt. Monty hatte eines Tages Beweise gefunden und stellte mich zur

Rede. Ich hatte das Gefühl, dass ich ihn schmählich im Stich gelassen hatte. Als ich die Geschichte Pete, meinem Wildererfreund, erzählte, sagte er: »Du kannst nicht mit den Füchsen rennen und mit den Hunden jagen.« Er hatte Recht. Und der Vorfall trug nicht dazu bei, meine Beliebtheit unter den Einheimischen zu fördern. Für sie waren Füchse Ungeziefer, und sie verachteten mich wegen meiner Ansichten.

Ich hatte den Job und mein Dach über dem Kopf verloren, aber ich fand bald wieder Arbeit im Baugewerbe und mietete ein kleines Haus im Dorf. Dort zog ich mit Sue ein, einem Mädchen, mit dem ich schon eine Weile zusammen war. Ich glaube, es war weder für sie noch für mich die große Liebe, aber wir kamen eine Weile gut miteinander aus. Wir heirateten ohne großes Zeremoniell und bekamen eine kleine Tochter, die wir Gemma nannten.

Während dieser Zeit begann ich, die Füchse ernsthaft zu studieren. Ich wusste, dass ich nicht mit Dachziegeln, sondern mit Tieren arbeiten wollte, aber ich hatte noch keine Ahnung, wie. Mit den Knochenjobs verdiente ich wenigstens die Miete. Also begann ich Bücher zu lesen und verbrachte die Abende und Wochenenden im Wald.

Eines Abends klopfte es an unsere Tür, und ich stellte überrascht fest, dass nicht alle Leute im Dorf gegen mich waren. Draußen stand eine Frau, die einen jungen Fuchs unter ihrem Mantel versteckt hielt. Der Welpe konnte höchstens zwei Wochen alt sein, und als sie ihn fand, war er fast verhungert und halb erfroren gewesen. Vermutlich hatte jemand seine Mutter getötet. Ich sagte ihr, ich würde mich um ihn kümmern, bis er für sich selbst sorgen konnte, und ihn dann in die Freiheit entlassen.

Ich nannte ihn Barney und baute ihm in der Scheune eine kleine Höhle aus einem dicken Abflussrohr, das ich mit Stroh auspolsterte. Dann versuchte ich ihn auf eine ähnliche Weise zu erziehen, wie ich es bei den Fuchsmüttern beobachtet hatte. Als er alt genug für feste Nahrung war, fütterte ich ihn mit Ratten, Mäusen und Kaninchen, die ich häutete und zu Hackfleisch verarbeitete. Das entsprach ungefähr dem, was die Mutter für ihn ausgewürgt haben würde. Anschließend gewöhnte ich ihn allmählich an Fell und ganze Tiere. Schließlich zeigte ich ihm, wie er sein Futter verteidigen musste – ich sperrte meinen Mund weit auf und gab eine Art Kläffen von mir, wie es wilde Füchse auch machen. Er begriff schnell und verteidigte sein Futter bald vor mir. Ich spielte mit ihm auf dieselbe Weise, wie ich so viele kleine Füchse miteinander hatte spielen sehen – sich gegenseitig jagen, herumrollen und Scheinkämpfe ausfechten.

Schließlich hielt ich die Zeit für gekommen, ihn in die Freiheit zu entlassen, aber zunächst verbrachte ich mehrere Nächte mit ihm draußen im Wald, damit er sich an die Geräusche gewöhnen und sich orientieren konnte, bevor ich ihn sich selbst überließ. Als es so weit war, hatte ich keine Ahnung, ob mein Training ihm irgendwie nützen würde. Er rannte auf die Bäume zu, drehte sich noch einmal kurz zu mir um und war verschwunden.

Zu meiner großen Freude sah ich ihn in den folgenden Jahren noch häufig und wusste, dass die vielen Stunden, die ich als Kind damit verbracht hatte, bei den Füchsen zu sitzen, zu lauschen, zu beobachten und zu lernen, diesem jungen Geschöpf das Leben gerettet hatten.

5
Für Königin und Vaterland

Rückblickend kommt es mir so vor, als sei alles in meinem Leben eine Vorbereitung auf meine Zukunft mit den Wölfen gewesen, obwohl die Ereignisse damals nicht die geringste Verbindung zu haben schienen. Wenig später war ich mit drei Kumpels im King's Lynn. Einer von ihnen brauchte schnell Bargeld, und so klauten wir in einer Seitenstraße Autoradios – nichts, worauf ich besonders stolz bin –, als wir zwei Polizisten auf uns zukommen sahen. Wir rannten auf die Hauptstraße, die Polizisten hinter uns her, und suchten verzweifelt nach einem vollen Geschäft, in dem wir hätten untertauchen können. Es muss ein Tag gewesen sein, an dem die Läden früh schlossen, denn nur das Rekrutierungsbüro des Militärs war noch einladend beleuchtet. Atemlos und keuchend stürzten wir hinein und verkündeten, wir wollten uns bewerben. So viele Leute hatten sie dort wahrscheinlich die ganze Woche lang nicht gesehen, und so hießen sie uns mit offenen Armen willkommen und führten uns rasch in ein Hinterzimmer, um uns ein Video über das Leben in der Armee zu zeigen. Perfekt.

Wir alle waren beeindruckt von dem, was wir sahen, und es wurde für die nächsten sieben Jahre mein Leben. Alle unterschrieben wir an diesem Nachmittag den Vertrag, aber ich war der Einzige, der so lange dabeigeblieben ist. Ich hatte nie vorgehabt, zur Armee zu gehen – und wäre uns damals nicht die Polizei auf den Fersen gewesen, hätte ich es wahrscheinlich auch nie getan –, aber je mehr ich darüber erfuhr, desto mehr erschien es mir als der richtige Weg für mich.

Meine Beziehung mit Sue war am Ende. Ich war zu wild, zu wütend, zu exaltiert. 22 Jahre alt, wollte ich weg von Norfolk, weil ich fand, dass ich dort nichts mehr verloren hatte. Ich lebte gerne draußen und hatte Freude an körperlichen Herausforderungen. Von früher Kindheit an war ich an Disziplin gewöhnt, und es machte mir nichts aus, Befehlen blind zu gehorchen. Das alles hatte ich von meinem Großvater gelernt, und das alles brauchte man, um als Soldat erfolgreich zu sein. In einem der Bewerbungsgespräche wurde ich gefragt, warum ich mich der Armee anschließen wollte, und ich erzählte ihnen von den Autoradios. Wahrscheinlich haben sie gedacht, ich mache einen Witz.

Für die achtwöchige Grundausbildung wurde ich zum Woolwich Arsenal geschickt, wo zwei der drei Ausbilder vom 29. Kommandoregiment der Royal Artillery kamen. Der Ausbilder vom Dienst war ein Mann namens John Morgan, der das gesamte Auswahlverfahren des Sondereinsatzkommandos absolviert hatte, aber in der letzten Runde verwundet worden war. Er war ein starker Mann, fair und beherrscht, nie aufgebracht, allem gewachsen, womit ihn das Leben konfrontierte, und er war jemand, mit dem man sich besser nicht anlegte. Wenn ich Vorbilder für mein Leben benennen sollte, Männer, zu denen ich aufgeblickt habe – Helden vom Schlag meines Großvaters –, dann würde er gewiss dazugehören.

Seine Kollegen waren Lugsy Williams – diesen Spitznamen trug er wegen seiner großen Ohren – und ein sehr kleiner Mann namens Corbet, den wir Ronnie nannten, weil er uns an den gleichnamigen Komiker erinnerte. Er war ein menschlicher Dynamo, der einfach nicht still sitzen konnte – ich bin sicher, dass er auch noch im Schlaf seine Räder schlug und seine Liegestütze machte. Die drei wechselten sich darin ab, uns draußen Gewaltmärsche über sechs, acht oder zehn Kilometer absolvieren zu lassen, bei denen wir Stiefel und Rucksäcke mit schwerer Ausrüstung trugen, die mehr als einen halben Zentner wiegen konnte. Diese Märsche wurden zusätzlich zum normalen Training durchgeführt, um unsere Fitness zu fördern. Sie machten uns fertig, und ich betete immer, dass John Morgan dran war, weil er genauso langsam und stetig marschierte wie ich. Die anderen ließen uns rennen, bis wir zusammenbrachen.

Ich war bei den schriftlichen Prüfungen gut genug, um wählen zu können, was ich nach der Grundausbildung machen wollte, und nachdem ich auf Fotos gesehen hatte, wie sich Leute aus Hubschraubern abseilten, durch den Schnee marschierten und auf Skiern unterwegs waren, und nachdem ich mich mit John Morgan und Lugsy Williams beraten hatte, entschied ich mich für das 29. Kommandoregiment der Königlichen Artillerie. Es war damals auf dem Flottenstützpunkt HMS Drake an der englischen Südküste stationiert, einer Kasernenanlage ungefähr fünf Kilometer südlich von Plymouth. Gewöhnlich war das Regiment in der Königlichen Zitadelle im Zentrum von Plymouth untergebracht, einem wunderschönen Bauwerk aus dem 17. Jahrhundert mit Mauern, die mehr als 20 Meter dick waren, ehemals geschaffen, um die Invasion der Holländer abzuwehren. Während der folgenden hundert Jahre war die Zitadelle die wichtigste Verteidigungsanlage Englands gewesen, aber als ich dort 1986 ankam, wurde das Gebäude gerade renoviert, und das gesamte 29. Kommandoregiment war in die moderne Anlage (erbaut um 1880) nicht weit entfernt verlegt worden.

Das 29. Kommandoregiment diente der Artillerienahunterstützung und gehörte zu einer Division mit schweren Geschützen, die der 3. Kommandobrigade der Königlichen Marine zugeteilt war. Laienhaft ausgedrückt: Wenn die Marine an den Stränden kämpfte, gaben wir Schützenhilfe; aber irgendwie war es so, als würden wir im Niemandsland zwischen zwei Welten leben. Wir gehörten nicht wirklich zur Marine, aber auch nicht richtig zur Armee, und beide schienen uns nicht besonders zu mögen. Wir folgten den Marine-Soldaten auf Schritt und Tritt, und da die 3. Kommandobrigade darauf spezialisiert war, unter extremen Temperaturen und Bedingungen im ewigen Eis, im Dschungel und in der Wüste zu operieren, wurde unser Training genau darauf ausgerichtet.

Der erste Teil des Trainings fand im Ausbildungszentrum der Königlichen Marine nahe Lympstone in Devon statt. Es war die schlimmste Schinderei, die ich je erlebt habe – und das sagt jemand, der jahrelang als Dachdecker geschuftet und stapelweise Dachpfannen die Leiter rauf- und runtergeschleppt hat. Es gab für uns keine Pause; den ganzen Tag lang rannten wir oder machten unablässig Liegestütze, Sit-ups oder Klimmzüge, um unsere Kraft und

Ausdauer zu trainieren. Dagegen waren die Märsche mit Lugsy und Ronnie ein Kinderspiel gewesen.

Tag für Tag wurden wir unablässig an unsere körperlichen Grenzen geführt. Bis zu dreimal täglich mussten wir uns irgendwelchen Tests unterziehen. Wir waren völlig fertig, nicht nur erschöpft, sondern physisch und psychisch jenseits der Erschöpfung. Wenn ich mich abends in die Badewanne legte, hatte ich das Gefühl, ich würde nie wieder einen Fuß vor den anderen setzen können. Der nächste Morgen konnte gar nicht langsam genug kommen. Aber das geschah alles mit Absicht. Als Mitglied einer Kommandoeinheit muss man nicht nur körperlich fit sein, um sich in feindlichem Gelände zu behaupten, sondern auch psychisch belastbar, damit man auf diesem Gelände kämpfen und sich verteidigen kann. Wenn wir das nicht schafften, waren wir für die Einheit nutzlos.

Sofern wir nicht gerade an unsere körperlichen Grenzen gingen, studierten wir Karten, lernten, wie man unter extremen Wetterbedingungen überlebt, wurden in militärischer Taktik ausgebildet, lernten, unsere Ausrüstung in Ordnung zu halten, Funkpeilungen durchzuführen und uns darauf vorzubereiten, nachts auf feindlichem Gebiet abgesetzt zu werden »zu Wasser, zu Luft und zu Lande« – wie das Motto der Truppe lautete.

Während des Trainings wurden wir als »Mützen« bezeichnet, weil wir gewöhnliche schwarze Baskenmützen trugen. Der letzte Test, mit dem wir uns die begehrten grünen Mützen verdienen konnten, war ein 50-Kilometer-Marsch durch Dartmoor, der in acht Stunden absolviert werden musste. Es war eine Mischung aus Laufen und Gehen mit voller Ausrüstung. 40 bis 45 Prozent der Kandidaten fielen dabei durch. Es war so bestialisch wie alles, was wir hinter uns gebracht hatten, aber unser Team schaffte es rechtzeitig. Es gab keine Heldenehrung und kein großes Zeremoniell. Die Ausbilder warteten am Ziel auf uns, und während wir am Rande des Zusammenbruchs über die Linie wankten, warfen sie uns die grünen Mützen zu. Ich kann mich immer noch daran erinnern, wie sich das Material anfühlte, und wie inbrünstig ich meine Mütze fest in den Händen hielt, während wir auf der offenen Ladefläche eines Lkw zurück zum Stützpunkt gekarrt wurden, hundemüde und durchgefroren, aber unglaublich stolz. Ein solches Triumphgefühl hatte ich noch nie erlebt.

Doch wir konnten uns nicht auf unseren Lorbeeren ausruhen. Das alles war erst der Anfang gewesen. Achteinhalb bis neun Monate im Jahr verbrachten wir nicht auf dem Stützpunkt, und die Übungen, die wir während dieser Zeit absolvierten, wie auch die Gegenden, in denen das Training stattfand, waren phänomenal. Ich hatte gedacht, ich wüsste alles über das Leben in der freien Natur, aber die Wildnis von Norfolk war nur ein schwacher Abglanz der eisigen Weiten Norwegens mitten im Winter. Dort kann man nur überleben, wenn man weiß, wie man sich bei 20 Grad minus verhalten muss. Ich lernte alles, was man zum Überleben braucht: wie ich mich warm halten konnte, wie ich gesund bleiben und mich von Dingen ernähren konnte, die der Körper in dieser Situation braucht, statt mich mit Kalorien vollzustopfen, die lediglich satt machten und Trost spendeten. Ich lernte, wie und wo man zugefrorene Seen überquert und wie man die Umgebung, in der man sich gerade befindet, zum eigenen Vorteil nutzt. Unter den dort herrschenden Bedingungen war es möglich, Minustemperaturen auf bis zu zwei Grad plus zu erhöhen, indem man sich einfach in den Schnee eingrub. Ich lernte, wo und wie ich mich möglichst schnell und mit möglichst geringem Energieaufwand einbuddeln konnte.

Wenn wir bei solchen Temperaturen und auf diesem Terrain über weite Entfernungen marschierten, blieb derjenige, der voranging und den anderen den Weg bahnte, nie lange an der Spitze. Nach etwa 500 Metern verlangsamte er seinen Schritt, und sein Hintermann übernahm die Führung für die nächsten 500 Meter, bis auch er abgelöst wurde. Hinter diesem System steckte die Logik, dass es sehr viel anstrengender ist, selbst einen Weg durch den hohen Schnee zu bahnen, als in die Fußstapfen eines anderen zu treten. Und da wir immer davon ausgingen, wir würden kämpfen müssen, sobald wir unser Ziel erreichten, sollten alle Soldaten gleich fit sein.

Ich hatte mich immer schon gefragt, wie die Menschen darauf gekommen waren, aber erst als ich Jahre später in den Bergen von Idaho mit den wilden Wölfen lebte, fiel mir auf, dass sie im Schnee genau dieselbe Technik verwendeten. Nach einer Weile ließ sich der Anführer bis ans Ende zurückfallen, so dass alle Tiere noch genug Energie hatten, wenn die Jagd begann. Vermutlich haben die Inuit, die Ureinwohner Nordamerikas und Grönlands, das von den Wölfen gelernt und an unsere spezialisierten Truppen weitergegeben, als diese zum Training in ihre Gegend kamen.

Alles, was ich während meiner Zeit beim Militär gelernt habe, war bei meiner Arbeit mit den Wölfen von unschätzbarem Wert, und viele der Überlebenstechniken wurden von den Wölfen ebenfalls genutzt. Wenn es zum Kampf kam, hatte ich als Soldat gelernt, auf das Überraschungselement zu setzen und den Feind in einer Umgebung zu stellen, in der man sich auskennt, wo man selbst die besseren Chancen hat, und nach Möglichkeit die Kontrolle zu behalten. Im feindlichen Gebiet hat einer alleine gegen zwölf Gegner keine Chance, aber wenn er auf eigenem Terrain gegen diese zwölf Gegner antritt, steigen seine Überlebensaussichten gewaltig.

Ich entdeckte, dass Wölfe genauso vorgehen. Bevor sie sich einem Gegner stellen, sorgen sie immer dafür, dass sie sich in einer für sie günstigen Umgebung befinden. Ich habe gesehen, wie drei Wölfe einen gut 350 Kilo schweren Bären erlegen und die Kontrolle behalten konnten, einfach indem sie mit ihrem Angriff gewartet haben, bis es stockfinster war. Als nachtaktive Tiere konnten die Wölfe immer noch gut sehen und waren gegenüber dem eher tagaktiven Bären deutlich im Vorteil.

Meine Einheit war nicht in Afghanistan oder im Irak. Aktiven Dienst haben wir nur in Nordirland geleistet, wo wir mit den Vereinten Nationen einige Touren durchgeführt haben. Ich erinnere mich besonders gut an Zypern, wo die Vereinten Nationen eine Pufferzone zwischen dem griechischen und dem türkischen Teil der Insel schützten. Eines Tages hatte ich Nahrungsmittel auf die türkische Seite zu liefern. Ich war der Fahrer und wurde von einem weiteren Soldaten begleitet, aber als wir unser Ziel erreicht hatten, waren wir überflüssig. Einheimische machten sich ans Verteilen der Ladung – und sie hielten unliebsame Bittsteller notfalls auch mit Gewalt fern. Ich empfand das Unternehmen als zynisch: Es kam mir so vor, als würden wir nur dazu beitragen, dass die Reichen noch reicher und die Armen noch ärmer wurden.

Während ich wartend herumstand, bemerkte ich eine alte Frau, die einen Holzkarren mühsam über das Kopfsteinpflaster auf den Lastwagen zuschob. Sie hatte ein faltiges, wettergegerbtes Gesicht und war, wie viele der Frauen hier, ganz in Schwarz gekleidet. Die Männer schienen sie nicht zu beachten, und so lud ich ihren Karren stillschweigend mit Nahrungsmitteln voll und schob ihn die 600 oder 700 Meter bergauf bis zu ihrem Haus, während sie mir vor sich hin brummelnd folgte. Ich sprach kein Wort Türkisch, und sie sprach kein Wort Englisch, aber als wir an ihrer Tür angekommen waren, dankte sie mir, indem sie meine Hand hielt. Und dann tat sie etwas ganz und gar Unglaubliches: Sie griff in den Karren, nahm einen kostbaren Apfel heraus und bestand darauf, ihn mir zu schenken. Ich versuchte ihr zu erklären, dass ich ihn nicht brauchte und reichlich zu essen hatte, aber davon wollte sie nichts hören. Ich war tief bewegt; diese alte Frau hatte nichts. Ich hatte drei anständige Mahlzeiten am Tag. Diese von Herzen kommende Großzügigkeit machte mich demütig. Ihre Kultur und Erziehung ließen es nicht zu, einen Akt der Freundlichkeit nicht zu vergelten, und so sehr ich auch Milliardäre bewundere, die Millionen für wohltätige Zwecke spenden, ist doch nichts mit einer Geste wie dieser zu vergleichen, wo jemand ein Stück Obst verschenkt, das für ihn selbst den Unterschied zwischen Leben und Tod bedeuten könnte.

Es gab viele Gründe, warum ich gerne bei den Streitkräften war – und Augenblicke wie dieser gehörten zweifellos dazu. Als Einzelkind genoss ich das Gefühl, einer Gemeinschaft anzugehören. Ich hielt mich gerne draußen auf, war gerne aktiv, und ich glaubte an alles, wofür das Militär stand. Dieses Leben passte zu mir wie angegossen. Disziplin und Routine gaben mir das Gefühl der Sicherheit. Meine Kameraden waren meine Familie. Ich ging davon aus, dass ich sehr lange in der Armee bleiben würde, und bewarb mich sogar beim Special Air Service (SAS) und beim Special Boat Service (SBS), bei denen man nur sehr schwer Aufnahme findet.

Für den SAS konnte man sich normalerweise nur bewerben, wenn man bei der Armee war, und für den SBS nur dann, wenn man der Marine angehörte, aber die Regierung erprobte gerade ein System, das einen Quereinstieg erlaubte. Dafür meldete ich mich als Freiwilliger. Das SBS-Training war unbarmherzig, aber das anschließende SAS-Training in Wales war das reinste Massaker. Ich schaffte den ersten Teil, doch ich kam nicht bis Hereford, wo die Einheit ihren Stützpunkt hatte. Das war enttäuschend, aber ich konnte mich zumindest damit trösten, dass ich den ersten Tag überstanden hatte. Von 150 Leuten, die morgens an den Start gingen, waren 40 noch vor dem Abend unterwegs zusammengebrochen. Wie Schafsmist lagen ihre erschöpften Körper über die Brecon Beacons verstreut.

Es war mir offensichtlich nicht bestimmt, Mitglied der Spezialeinheiten zu werden, und schließlich zeigte sich, dass es mir auch nicht bestimmt war, auf Dauer bei der Armee zu bleiben. Stattdessen erwies sich die militärische Ausbildung als wertvolle Lehre für meine tatsächliche Lebensaufgabe.

6
Eine enge persönliche Beziehung

Seit meiner außergewöhnlichen Begegnung mit dem großen cremefarbenen Wolf im Zoo nahe Thetford hatte ich mehr über diese Geschöpfe erfahren wollen, die in meiner kindlichen Vorstellungskraft eine so gewichtige Rolle gespielt hatten. Ich begann, Bücher über Naturgeschichte zu lesen, und stellte fest, dass sich eine Menge von dem, was ich aus meiner jahrelangen Beobachtung von Füchsen gelernt hatte, anscheinend auch auf das anwenden ließ, was ich über Wölfe las. Füchse wurden grausam und systematisch verfolgt, weil sie einen Ruf hatten, von dem ich wusste, dass sie ihn nicht verdienten; mit den Wölfen war die Menschheit noch einen Schritt weiter gegangen und hatte sie in den meisten Teilen der Welt vollständig ausgelöscht. Ich begann mich zu fragen, ob all die negativen Geschichten, die ich in meiner Kindheit über Wölfe gehört hatte, zuverlässiger waren als die falschen Berichte, die man mir über ihre kleinen roten Vettern erzählt hatte.

Früher waren Wölfe allgegenwärtig. Es gab eine Zeit, da rangierten sie in ihrer Verbreitung auf dem Globus an zweiter Stelle gleich hinter den Menschen – und als die Menschen noch Jäger und Sammler waren, da jagten sie dieselben Beutetiere wie die Wölfe und lebten einträchtig nebeneinander zum gegenseitigen Vorteil. Die

Wölfe waren als gute Jäger geachtet und man sprach ihnen mystische und magische Eigenschaften zu. Die nordamerikanischen Indianer glauben immer noch, dass die Geister ihrer Vorfahren in Wolfsgestalt weiterleben. Sie unterzeichnen keinen Vertrag, wenn nicht ein Wolf, oder heutzutage ein Hund, dabei anwesend ist. Zahllose Legenden haben im Laufe der Jahrhunderte immer wieder über Wölfinnen berichtet, die menschliche Kinder säugten. Romulus und Remus, die Zwillinge, die Rom gründeten, wurden vermutlich von einer Wölfin gerettet und genährt, die sie in einem auf dem Tiber treibenden Korb fand.

Aber als sich die Menschen von Jägern und Sammlern zu Bauern weiterentwickelten und erlebten, wie die Wölfe ihr Vieh rissen, änderte sich das Bild des Wolfes rasch, und aus dem Helden wurde ein Schurke, den man dämonisierte, verfolgte und jagte, in manchen Gegenden bis zur vollständigen Auslöschung. Obwohl sie heute zu den gefährdeten Tierarten gehören, werden Wölfe in einigen Teilen der Welt immer noch gejagt und weithin als wilde Geschöpfe gefürchtet, die beim Schein des Mondes auf Beutezug gehen, Säuglinge aus ihren Wiegen stehlen und russische Bauern von ihren Schlitten reißen.

Für jenen Wolf im Zoo hatte ich ein intensives und seltsames Mitgefühl empfunden, das sich nur auf Instinkt und eine gewohnheitsmäßige Identifikation mit den zu Unrecht Verfolgten gründete, und ich spürte ein überwältigendes Bedürfnis, die Wahrheit herauszufinden und diesen Geschöpfen nach Kräften zu helfen und für sie einzustehen.

Bald war ich von diesem Gedanken besessen. Ich entdeckte den Dartmoor Wildpark in Sparkwell nahe Plymouth, wo ein Wolfsrudel gehalten wurde, und bei der ersten Gelegenheit machte ich mich auf den Weg dorthin, um mit den Wärtern zu sprechen. Ich verbrachte jeden freien Tag dort und erbot mich, bei Personalengpässen auszuhelfen. Ich lernte Ellis Daw, den Eigentümer des Parks, kennen, der mitten auf dem Gelände ein imposantes Haus bewohnte, und kurz darauf arbeitete ich dort über Weihnachten und an anderen Feiertagen, wenn die regulären Wärter frei haben wollten. In einem Flügel des Hauses gab es eine Wohnung für die Wärter, wo auch ich übernachten konnte. Wann immer wir dienstfrei hatten und meine Freunde und Kollegen zu ihren Familien nach Hause fuhren, verbrachte ich meine Zeit in Sparkwell. Über zehn Jahre lang kehrte ich nicht nach Norfolk zurück. Ich hatte das Gefühl, dass die Wölfe meine Familie waren.

Der Park lag auf einem Hügel und umfasste insgesamt etwa zwölf Hektar, die an den Dartmoor-Nationalpark angrenzten. Das eingezäunte Wolfsgehege lag ganz oben auf dem Hügel. Es war ziemlich klein mit nur wenig mehr als 4000 qm für sechs Wölfe und mit einem schweren, fast zwei Meter hohen Maschendraht gesichert, dessen Doppeltor verhindern sollte, dass ein Wolf versehentlich entkam, wenn die Betreuer das Gehege betraten oder verließen. Das Gehege war zwar klein, aber recht stark bewaldet, und im hinteren Teil gab es eine Bank im Schatten besonders dicht stehender Bäume, wo sich die Wölfe eine Höhle gegraben hatten. Außerdem gab es eine niedrige rechteckige Hütte, die neben dem Tor stand und wie ein Luftschutzbunker aussah, sowie ein kleines Gerüst mit einem flachen Dach, unter dem die Wölfe anscheinend während des Tages gerne lagen. Alle paar Tage brachten die Wärter den Tieren Kadaver ins Gehege. Ansonsten hatten die Wölfe nur dann Kontakt mit Menschen, wenn einer von ihnen einen Tierarzt brauchte. Nie hielten sich die Tierpfleger für längere Zeit innerhalb des Geheges auf, und erst recht näherte sich keiner von ihnen den Wölfen bei Nacht. Der Park schloss vor Einbruch der Dämmerung, und alle Betreuer beendeten dann ihren Dienst.

Bevor irgendjemand das Wolfsgehege betrat, bewaffnete er sich gewöhnlich mit einem Besenstiel, so wie es auch beim Betreten der Gehege aller anderen großen Raubtiere als Vorsichtsmaßnahme üblich war, aber die Wölfe bedrohten nie einen Menschen. Im Gegenteil: Sie schienen sich eher durch uns bedroht zu fühlen. Sie gerieten in Panik, sobald ein Mensch sich ihnen näherte; dann zogen sie sich in die äußerste Ecke ihres Reviers zurück oder verschwanden in ihrer Höhle. Ihr Futter holten sie sich erst, wenn wir alle wieder weg waren. Auf mich wirkten sie nicht wie bösartige Kreaturen, die beim ersten Anblick über einen Menschen herfallen würden.

Bald konnte ich meine Neugier kaum noch beherrschen. Ich wollte diesen Tieren nahe kommen und mehr über sie erfahren, und so begann ich, mich still in das eingezäunte Gelände zu setzen. Mehrere Wochen lang saß ich dort Stunde um Stunde in der Hoffnung, dass die Wölfe, so wie die Füchse es getan hatten, sich irgendwann für mich interessieren und näher kommen würden. Doch sie kamen nicht. Dann wurde mir klar, was ich falsch machte. Ich drang bei Tageslicht in ihr Territorium ein, wenn *ich* mich wohl fühlte. Und ich fragte mich, was wohl passieren würde, wenn ich die Gewinnchancen umkehren und mich ihnen – wie damals den Füchsen – bei Nacht nähern würde, wenn sie die Überlegenen waren. Würde ich dann besser verstehen, was es mit diesen Geschöpfen wirklich auf sich hatte? Ich kehrte die Psychologie, die ich bei der Armee gelernt hatte, einfach um. Ich wollte den Wölfen das Gefühl geben, dass *sie* im Vorteil waren, nicht ich. Meine Kollegen hatten schon ziemlich gestaunt, als ich mich tagsüber in das Gehege gesetzt hatte, aber als ich ihnen nun sagte, ich wolle mich bei Nacht dort aufhalten, hielten sie mich für verrückt. Ich rechne es Ellis Daw, dem Eigentümer, den ich inzwischen ganz gut kennen gelernt hatte, hoch an, dass er mich experimentieren ließ.

Nicht einmal jetzt könnte ich erklären, was ich eigentlich von diesen Geschöpfen wollte oder warum ich davon besessen war, sie unbedingt auf diese Weise kennen zu lernen. Vielleicht war es eine Reise der Selbstentdeckung, um die Geister meiner Kindheit zur Ruhe zu bringen. Vielleicht hatte es auch damit zu tun, dass sie mich an die Hunde erinnerten, mit denen ich aufgewachsen war, und dass ich hoffte, ich würde bei den Wölfen etwas von der Behaglichkeit und Sicherheit finden, die mir die Hunde vermittelt hatten – und die ich seit dem Tod meines Großvaters nie wieder in vollem Umfang empfunden hatte. Oder vielleicht war ich auch ganz einfach bescheuert. Aber eins weiß ich genau: Ich war bestürzt darüber, dass diese wunderschönen Geschöpfe den Kontakt mit Menschen so stressig fanden, und ich hoffte, wenn sie mich kennen lernen würden, dann könnte ich vielleicht etwas dazu beitragen, ihr Leben in der Gefangenschaft etwas zu verbessern.

Eines Nachts, als die schmale Sichel des neuen Mondes am Himmel stand, zog ich mir einen alten Trainingsanzug an, nahm meinen ganzen Mut zusammen, ging in das Wolfsgehege und schloss die Tore hinter mir. Ich hatte Angst, entsetzliche Angst. Nach allem, was ich wusste, hatte das noch niemand vor mir getan – und es gab zahllose Berichte über Unfälle mit gefangenen Wölfen. Ich konnte unmöglich wissen, wie diese Wölfe reagieren würden, ob sie flüchten oder mich in Stücke reißen würden. Aber ich musste es wissen. Eingehüllt in die Dunkelheit stolperte ich über herabgefallene Äste und aus dem Boden ragende Baumwurzeln, während ich mir meinen Weg nach oben zur Bank bahnte, wo ich mich hinsetzte und auf etwas wartete, von dem ich nicht wusste, was es sein würde. Ich konnte kaum etwas sehen, und die Luft war erfüllt von seltsamen Geräuschen nachtaktiver Tiere, die sich im Park allmählich regten. Doch bald begann ich mich zu entspannen. Die Wölfe blieben im Schatten verborgen und gaben mir keinen Anlass zur Besorgnis. Allmählich empfand ich die Dunkelheit als tröstlich. Als Kind war ich nachts gerne draußen gewesen und hatte die Geräusche des Waldes geliebt. Ich hatte mich darin so sicher gefühlt, als hätte ich in Norfolk unter der rauen schwarzen Decke in meinem Bett gelegen, und auch hier vermittelten sie mir langsam wieder das Gefühl von Sicherheit.

Anderthalb Wochen lang verbrachte ich jede Nacht im Wolfsgehege. Ich trug immer dieselbe Kleidung, denn ich wusste aus meiner Erfahrung mit wilden Tieren, wie wichtig der Geruch war, auch wenn ich damals noch nicht wusste, dass die Ernährung ebenfalls eine wichtige Rolle spielt. Ich ernährte mich ganz normal, und erst im Laufe der Zeit stellte ich fest, dass ich das ändern musste. Während der ersten drei Nächte saß ich an derselben Stelle, und obwohl die Wölfe weiterhin Abstand hielten, konnte ich erkennen, dass sie allmählich ein wenig neugierig wurden. In der folgenden Nacht stand ich irgendwann auf und ging in einen anderen Teil des Geheges. Sofort stoben die Wölfe auseinander, als hätten sie Angst, aber ich konnte sehen, wie sich einige von ihnen zu der Stelle begaben, an der ich gesessen hatte, um sie abzuschnüffeln und dort mit ihrem Urin die eigene Duftmarke zu hinterlassen. Dann ließen sie sich wieder in sicherer Entfernung von mir nieder, aber mir war bewusst, dass sie mich beobachteten. Das wiederholte sich einige Nächte lang. Sie waren interessiert, hatten aber einfach nicht den Mut, sich weiter zu nähern.

In der nächsten Nacht kam einer der Wölfe, Reuben, der das Beta-Tier im Rudel war, mutig zu mir herüber und begann, mich überall abzuschnüffeln und meine Witterung aufzunehmen, ohne mich jedoch zu berühren. Das tat er auch in den folgenden Nächten. Dann saß ich eines Nachts auf der Bank an der höchsten Stelle des Geheges, meine Beine vor mir ausgestreckt. Derselbe Wolf kam zu mir herüber und tat, was er auch in den beiden Nächten zuvor getan hatte: Er schnüffelte mich ab, nahm meine Witterung auf, schnüffelte an meinen Beinen entlang, und dann schnellte sein Kopf plötzlich vor, und im Bruchteil einer Sekunde biss er mir mit seinen Schneidezähnen auf ziemlich schmerzhafte Weise ins Fleisch an meinem Knie.

Ich erstarrte und wagte nicht mich zu rühren. Was sollte ich jetzt tun? Wenn ich aufstand und weglief, würde er mich dann mit dem gesamten Rudel jagen und zur

Strecke bringen? Wenn ich nach ihm schlug, würde ich ihn damit nur noch aggressiver machen? Aus purer Unwissenheit saß ich dort und dachte: Jesus, das war's; aus und vorbei.

Aber er zog sich zurück, stand nur da und schaute mich fragend an, so als wolle er meine Reaktion abschätzen. Dann machte er kehrt, verschwand in der Dunkelheit, und ich sah ihn erst in der nächsten Nacht wieder, als er zu mir kam und genau dasselbe mit mir machte. Ungefähr zwei Wochen lang wiederholte sich das jede Nacht, so dass meine Knie inzwischen schwarz und blau waren. Ob er mich nun in das eine oder andere Knie biss oder mich ins Schienbein zwickte, es war stets derselbe Ablauf: Er näherte sich, schnüffelte, schnappte zu und verschwand in der Dunkelheit. Manchmal spielte sich dieses Ritual zwei- oder dreimal in einer Nacht ab.

Ich hatte keine Ahnung, was er da machte, wusste aber, dass er mir keinen wirklichen Schaden zufügen wollte, denn er zeigte danach nie irgendwelche Zeichen von Aggression und forderte auch nie einen Artgenossen auf, sich ihm anzuschließen – und mit einem Kiefer, der einen enormen Druck ausüben kann, wäre er fähig gewesen, meine Kniescheibe innerhalb von Sekunden zu zermalmen. Aber das war offenbar nicht seine Absicht, und deshalb machte ich weiter. Die sichtbaren Spuren seiner Übergriffe waren nichts weiter als dünne linienförmige Hämatome an meinen Knien und Beinen, eine Art kleiner wölfischer Liebesbisse. Ich reagierte nie darauf, und wie ich später herausfand, war es genau das, was mich rettete.

So kam ich zu der Erkenntnis: Ein Wolf will zuerst einmal herausfinden, ob ein Neuling vertrauenswürdig ist, und das tut er, indem er prüft, wie der Fremde auf einen Biss reagiert. Der neu hinzukommende Wolf präsentiert sofort seinen empfindlichen Hals, um zu signalisieren, dass seine Absichten friedlich sind, und der alteingesessene Wolf wird ihn so lange dominieren, bis er sicher ist, dass der Fremde keine Bedrohung darstellt. Wenn ich Reißaus genommen oder geschrien hätte, wäre alles wahrscheinlich sehr schnell vorbei gewesen.

Nachdem er mich zwei Wochen lang gezwickt hatte, begann Reuben, mich mit seinem Geruch zu markieren. Er fing bei meinen Füßen an und rieb die Seiten seines Gesichtes, seine Zähne, die Rückseite seiner Ohren, sein Nackenfell und seine Rute daran. Dann machte er dasselbe mit meinen Beinen, wobei er niemals biss, sondern sich nur an mir rieb. Wenn ich währenddessen aufstand und mich bewegte, kniff er mich, zog sich zurück, und wenn ich darauf nicht reagierte – was ich nie tat –, dann kam er wieder und rieb sich erneut an mir. Ich erkannte, dass er mich auf die Probe stellen wollte. Das ist die Aufgabe des Beta-Wolfs im Rudel: Er muss die anderen schützen und sich wie ein Türsteher verhalten, der dafür sorgt, dass keine unerwünschten oder gefährlichen Leute hereinkommen. Offenbar hatte ich ihn überzeugt, dass ich akzeptabel war, denn nach vier oder fünf Wochen begann er, andere Rudelmitglieder mitzubringen.

Wie ich später herausfand, läuft genauso das Ritual in der Wildnis ab, wenn ein einzelner Wolf sich einem bestehenden Rudel anschließen will. Die Wölfe, die nun kamen, um mich kennen zu lernen, waren alle ranghohe Tiere, und zunächst berührten sie mich nicht, sondern standen nur hinter Reuben, beobachteten und schnupperten, während er sich langsam um mich herum bewegte und mich zwickte. Er kniff mich in den Hinterkopf, nicht ganz so heftig wie in die anderen Körperteile, aber doch so, dass ich an einigen Stellen blutete und sich später Schorf bildete. Ein- oder zweimal versuchte ich, mich meinerseits an ihm zu reiben, aber jede Bewegung, ob sachte oder plötzlich, wurde mit einem weiteren Zwicken quittiert. Er biss mich, um mich an Ort und Stelle festzuhalten – und herauszufinden, ob ich mit ihrer Welt zurechtkam, in der Zwicken und Beißen einen wichtigen Teil der Kommunikation darstellen.

Ich wusste zwar, dass der Geruch wichtig war, aber nun entdeckte ich, dass dieser Beta-Wolf mich erneut zu zwicken begann, sobald ich andere oder gewaschene Kleidung trug oder andere Dinge aß, bis er sich davon überzeugt hatte, dass der neue Geruch kein Hinweis darauf war, dass sich meine Stimmung oder meine Reaktionen auf seine Annäherung verändert hatten. Die anderen ranghohen Wölfe taten dasselbe, aber nicht jedes Rudelmitglied war beteiligt. Die rangniederen Tiere, so lernte ich, stellen die Entscheidungen der ranghöheren nicht in Frage; sie sind das Fußvolk – sie haben eine wichtige Aufgabe zu erfüllen, doch besteht sie nicht darin, selbstständig zu denken.

7

Eine Frage der Moral

Ich fühlte mich überaus geschmeichelt, dass diese Geschöpfe mir genug vertrauten, um sich an mir zu reiben, und hielt es für eine enorme Leistung, auf diese Weise toleriert zu werden. Es bedeutete mir mehr als jede menschliche Beziehung, die ich bisher eingegangen war. Ich freute mich auf das Ende des Tages, wenn ich wieder bei den Wölfen sein konnte, und verbrachte in den Nächten mehr und mehr Zeit mit ihnen. Es war ein ungeheures Privileg, innerhalb dieser Familiengruppe sitzen zu dürfen und zu spüren, dass ich ein klein wenig ein Teil davon wurde. Allmählich begann ich diese Geschöpfe zu brauchen, nachdem ich mich so lange vor ihnen gefürchtet hatte. Ich wollte bei ihnen sein. Aber was hielten sie von mir; wofür hielten sie mich? Sie waren immer neugierig, wenn ich kam, aber was dachten sie, wenn ich sie verließ? Vermissten sie mich? Ich schrieb ihnen menschliche Werte und Emotionen zu, von denen ich schließlich erkannte, dass sie nichts mit ihrer Welt zu tun hatten. Ich musste lernen, meine eigenen Gefühle abzuschalten.

Nach einer Weile begannen sie mich zu begrüßen, wenn ich tagsüber das Gehege betrat, und dann testeten sie mich auf dieselbe Weise wie nachts. Ich wurde ein paarmal gezwickt, und sie nahmen Kontakt auf, was den anderen Wärtern nicht entging. Ich beobachtete ihre Reaktion und den überraschten Ausdruck ihrer Gesichter mit Genugtuung, denn das zeigte mir, dass sie ihre Ansichten über diese Lebewesen änderten, die sie sich früher mit Besenstielen vom Leib gehalten hatten. Allmählich verschmolzen die Tage und Nächte miteinander, und ich stellte fest, dass eine Woche vergangen war, in der ich die Wölfe nur verlassen hatte, wenn ich etwas zu essen brauchte. Einmal nahm ich einen Schlafsack mit ins Gehege, aber das war ein Fehler. Die Wölfe rissen ihn in Stücke. Außer meiner Kleidung akzeptierten sie nichts, und in Wirklichkeit brauchte ich sonst auch nichts. Wenn ich mich schlafen legte, ließen sie sich neben mir nieder, und ihre Körperwärme hielt mich warm. Meine Begeisterung über das, was ich mit ihnen erreicht hatte, kannte kaum noch Grenzen.

Ich erlaubte mir jedoch keine Selbstgefälligkeit. Ich wusste, dass jederzeit etwas passieren konnte, und wenn der letzte Kontakt gut verlaufen war, bedeutete das keine Garantie, dass es beim nächsten Mal genauso sein würde. Wann immer ich das Gehege betrat, fragte ich mich besorgt, was nun wohl geschehen würde. Ich beobachtete das Verhalten der Wölfe untereinander – wie sie miteinander rangelten und spielten, sich gegenseitig anknurrten und zuschnappten –, und ich wusste, wenn sie anfangen würden, mich wie ihresgleichen zu behandeln, dann würde ich nicht mit ihnen fertig werden. Meine Haut war nicht so widerstandsfähig wie ihre, ich war nicht durch ein dickes Fell geschützt, und wenn sie mit mir genauso rabiat umgehen würden, wie sie es untereinander taten, dann würden sie mir nicht nur weh tun, sondern mich ernsthaft verletzen. Würden sie erkennen, dass mein Körper völlig anders war als ihrer? Ihr Nacken und ihr Hals, die am häufigsten zur Kommunikation eingesetzt wurden, waren zugleich die beiden am besten geschützten Körperteile. Mein Hals dagegen war besonders empfindlich. Ein Biss, wie er bei den Wölfen unter Artgenossen üblich ist, hätte mein Ende bedeutet.

Aber das Gefühl der Gefahr war genauso anziehend wie abstoßend. Es war so, als würde man hinter einem Kissen versteckt einen Horrorfilm anschauen, den man eigentlich nicht sehen mag; man will aber auch nicht abschalten und kann der Versuchung nicht widerstehen, immer wieder einen Blick auf den Bildschirm zu werfen. Die Erregung und das Vergnügen, mit ihnen zusammen zu sein, wogen für mich schwerer als die Gefahr. Ich fühlte mich wohl in der Gegenwart dieser Wölfe, bewunderte ihre respektvolle Art des Umgangs miteinander, die offensichtliche Hierarchie im Rudel, die Zurechtweisungen, mit denen Grenzüberschreitungen geahndet wurden, wenn ein Rudelmitglied aus der Reihe tanzte oder vor den ranghöheren Tieren fressen wollte. Ich hätte es damals nicht so formulieren können, aber was ich vor allem empfand, war ein Gefühl der Zugehörigkeit. Hier war eine Gruppe von Lebewesen, die zu den am meisten gefürchteten und verehrten Geschöpfen auf dieser Welt gehören, und sie hatten mich in ihre Gemeinschaft aufgenommen. Sie hatten mich einem rigorosen Zulassungstest unterzogen, bei dem ich auf Herz und Nieren geprüft worden war, aber dank einer Mischung aus Glück und Intuition hatte ich bestanden.

Doch ich durfte mich nicht lange in meiner Selbstzufriedenheit sonnen. Eines Abends ging ich nach einem anstrengenden Tag ins Gehege und schlief dort ein. Ich lag flach auf dem Rücken am Boden und schnarchte laut vor mich hin, als Reuben ohne Vorwarnung zu mir herüberrannte und mit allen vier Pfoten auf meine Brust sprang. Von einem Wolf, der mehr als einen Zentner wiegt, auf diese Weise geweckt zu werden, geht einem durch Mark und Bein. Im nächsten Moment sprang er wieder von mir herunter und schaute mich fragend an, bevor er sich trollte, um entlang der Einzäunung seine Duftmarken zu hinterlassen. Er schaute immer wieder zurück, als wolle er mich auffordern, ihm zu folgen – und ich machte den Fehler, ihn zu ignorieren und wieder einzuschlafen. Erst als es zu spät war, erkannte ich, dass er versuchte, mir beizubringen, seine Duftmarke zu identifizieren, und das war eine wichtige Lektion, denn er hatte die Aufgabe, sich um das Alpha-Paar zu kümmern, wozu auch die Disziplin im Umgang mit der Beute gehörte. Jede Nahrung, die er mit seinem Geruch markierte, war für dieses Paar reserviert.

Die Alphas sind die wichtigsten Wölfe im Rudel, denn sie treffen die Entscheidungen, und ohne sie fehlt dem Rudel die Führung. Also hat ihr Überleben absoluten Vorrang. Wenn die Nahrung knapp ist, fressen sie zuerst und vielleicht sogar als Einzige. Andere Rudelmitglieder gehen leer aus, selbst die Jungtiere, und verhungern notfalls. Und der Rest des Rudels weiß ganz genau, dass er nichts anrühren darf, auf dem der Beta-Wolf seine Duftmarke hinterlassen hat. Wie die Dinge lagen, lernte ich das auf die harte Tour.

Gewöhnlich brachten die Jäger aus der Gegend während der Saison Vögel als Futterspende, und eines Tages warfen sie drei Enten ins Gehege. Damals wusste ich noch nicht viel über die Ernährung der Wölfe und hatte keine Ahnung, welchen Wert sie unterschiedlichen Beutetieren beimaßen. Folglich wusste ich auch nicht, dass in den kalten Wintermonaten, wenn Schnee liegt, fette Enten eine wertvolle Nahrungsquelle für die ranghohen Tiere darstellen. Das Alpha-Paar schnappte sich die ersten beiden Enten, und obwohl ich nichts davon essen wollte, dachte ich, es wäre gut, mir meinen Anteil zu sichern. Also griff ich nach der dritten Ente, ohne darauf zu achten, dass der Beta-Wolf die Stelle markiert hatte, an der sie lag.

Im Bruchteil einer Sekunde lag ich am Boden. Er hatte sich aus zehn Metern Entfernung mit einer solchen Kraft auf mich gestürzt, dass es sich anfühlte, als hätte mich ein Zug erfasst. Die Ente flog in die Luft, ich fiel auf den Rücken, und während ich dort völlig atemlos lag, nahm er mein Gesicht zwischen seine Kiefer und drückte zu. Eine Weile lang gab er ein tiefes, bedrohliches Grollen von sich, und um seine Lefzen herum sammelte sich Speichel. Ich spürte, wie meine Wangenknochen unter dem Druck nachgaben. Es klang so, als würde eine Hand voll trockener Zweige krachen. Das war's, dachte ich. Ganz sicher würde er mich jetzt töten. Einen Moment lang fragte ich mich, was ich tun sollte, aber er presste mich mit einer solchen Kraft zu Boden, dass meine Möglichkeiten begrenzt waren. Also beschloss ich, das zu tun, was er mir schon beigebracht hatte – ihm Respekt und Vertrauen zu erweisen, denn wenn er mich wirklich hätte töten wollen, dann wäre ich angesichts seiner Überlegenheit in diesem Moment schon tot gewesen. Er war dabei, mir eine Lektion zu erteilen. Deshalb versuchte ich meinen Kopf so zu drehen, dass ich ihm meine Kehle darbot, von der ich gelernt hatte, dass sie die verwundbare Vertrauenszone darstellte, und während ich das tat, wanderten seine Zähne unter fortgesetztem Knurren von meinem Gesicht zu meinem Hals. Einige Sekunden lang fühlte ich mich wie in einem Schraubstock festgeklemmt; dann ließ er los und zog sich zurück, immer noch knurrend und mit gebleckten Zähnen.

Hätte ich die Vorwarnungen richtig gedeutet und gewusst, worauf ich achten musste, wäre ich nie auf die Idee gekommen, mir diese Ente zu nehmen. Mir wäre aufgefallen, wie sein Verhalten drohender wurde, bis hin zu diesem heftigen Schnappen und Knurren, das meine Aufmerksamkeit auf seine gefährlichen Zähne lenken sollte. Er wollte mich warnen, und ich hätte aus der Stellung seiner Ohren schließen können, dass er die Ente aus der Ferne bewachte. Sie standen horizontal vom Kopf ab wie die Tragflächen eines Flugzeugs, um anzuzeigen, dass er etwas schützte, das ihm gehörte.

Das war eine Erfahrung, die meine gesamte Sichtweise veränderte. Als ich das Gehege verließ, fragte ich mich, wer nun eigentlich die Monster auf unserem Planeten waren. Menschen haben Wölfe als gnadenlose Killer gebrandmarkt, aber wahre Stärke liegt darin, über die Waffen zu verfügen, ohne sie zu benutzen. Wie viele Menschen, die über eine solche Macht zu töten verfügen, hätten wohl auf ihren Einsatz verzichtet?

Ich hatte sieben Jahre bei der Armee zugebracht, war ein Teil der Brutalität unter Menschen geworden und hatte mich immer mehr davon abgestoßen gefühlt. Wäre ich religiös gewesen, hätte ich mich vielleicht der Kirche zugewendet, um Vergebung für meine Sünden und die Sünden meiner Gattung zu erlangen – so wie es viele Veteranen tun. Stattdessen richtete ich meinen Blick auf diese Geschöpfe und spürte etwas, das ich nur als spirituelle Verbindung zu ihnen beschreiben kann. Jener Wolf im Zoo hatte in meine Seele geschaut und den Kummer darin gesehen, der meine Kindheit geprägt hatte. Anscheinend spürten diese Wölfe meinen Kummer und meine Scham, und irgendwie hatte ich das Gefühl, dass sie der Schlüssel zu meiner Erlösung waren.

Es gab so vieles, was mir bei der Armee gefiel: Sie hatte mich durch die ganze Welt geführt, ich liebte die Herausforderungen und war gerne Teil eines erstklassigen Teams. Es war spannend, über schwere Waffen zu verfügen, aber moderne Kriege sind so weit von der Realität entfernt, dass ich die meiste Zeit gar nicht wusste, wofür ich eigentlich kämpfte. Ich verlor zunehmend meine Illusionen. Ich war dazu erzogen worden, aus den richtigen Motiven zu töten und das getötete Tier samt seinem Platz in der Welt zu respektieren. Als Soldat war ich Teil einer Organisation, die aus Habgier und materiellen Gründen tötete, und das passte mir nicht.

Einen letzten Strohhalm bot mir Nordirland, wo ich mehrmals im Einsatz war. Die Provinz glich einem Kriegsgebiet, und ich erinnere mich daran, wie ich eines Tages in Uniform eine Straße entlangging und mich gegen eine Gruppe von Kindern wehren musste, die nicht älter als sechs oder sieben Jahre waren. Sie beschimpften mich lauthals und bewarfen mich mit Steinen und allem, was sie sonst noch in die Finger bekamen. Ich bin sicher, dass sie das nur taten, weil sie dasselbe bei ihren Eltern und Großeltern gesehen hatten, aber ihre Augen funkelten vor Hass. Diese Kinder hätten zu Hause mit ihren Legosteinen und Puppen spielen oder die Sesamstraße im Fernsehen anschauen sollen; sie hätten sonstwo sein sollen, aber nicht dort draußen auf der Straße, denn die Steine von heute sind die Bomben von morgen.

Ich weiß nicht, ob ich in Nordirland Menschen getötet habe. Während der Gefechte habe ich geschossen, und Menschen sind gestorben, aber ich werde nie wissen, ob es meine Kugeln waren, die sie getötet haben, und ich will es auch gar nicht wissen. Es war schlimm genug, überhaupt daran beteiligt zu sein. Es war nicht die richtige Schlacht für mich, und es ist mir sehr schwer gefallen, damit fertig zu werden. Die Leute, die das Militär dort haben wollten, wussten unseren Einsatz nicht zu schätzen, und die Leute, die uns nicht dort haben wollten, hassten uns mit einer solchen Inbrunst, dass alles, was wir taten, die Situation nur verschärfte. Es musste einen besseren Weg geben, und am Ende, Jahre später, haben sie ihn schließlich gefunden und miteinander geredet.

In der kurzen Zeit, während der ich die Wölfe beobachtet hatte, konnte ich einen gewaltigen Unterschied zwischen ihrer Aggression und unserer erkennen – und ich vermute, dass es früher einmal, vor Hunderten von Jahren, nur einen sehr geringen Unterschied gab. Wölfe haben die Kraft zu töten, und mit dieser Kraft drohen sie ständig, aber sie machen davon nur Gebrauch, wenn es sein muss. Sie kämpfen auf Leben und Tod, um ihre Familie zu retten oder ihre Nahrungsquellen zu verteidigen, mit deren Hilfe die Familie den Winter überleben kann – und sie verhalten sich gegenüber anderen Wolfsrudeln als Erzrivalen, bringen ihnen jedoch auch Respekt entgegen und erkennen an, was sie tun. Wir begegnen unseren Feinden nicht mit Wertschätzung; im Rahmen der modernen Kriegsführung müssen wir ihnen nicht einmal mehr ins Gesicht sehen – wir können sie per Knopfdruck töten, und die meisten der am Kampf beteiligten Soldaten wissen nicht einmal, warum die anderen ihre Feinde sind. Das Töten ist sinnlos und nutzlos – und die Moral überaus fragwürdig. Ich hatte genug davon.

8

Ein Flugticket in ein neues Leben

Die Wölfe waren mir unter die Haut gegangen, und in meinen Gedanken herrschte Aufruhr. Ich empfand nur noch Verachtung für meine Mitmenschen und nichts als Bewunderung für diese Geschöpfe, die mir Zutritt zu ihrer Welt gewährt hatten. Und es war ihre Welt, in der ich bleiben wollte. Sie war sicherer als meine; dort herrschte mehr Disziplin, und ich fühlte mich ihr stärker zugehörig.

Und so saß ich, kurz nachdem ich die Armee verlassen hatte, in einem Flugzeug nach Amerika. Es war in jeder Hinsicht Wahnsinn. Ich war unterwegs, um einen Mann zu treffen, den ich noch nie gesehen hatte, in einem Programm mitzuarbeiten, für das ich nicht qualifiziert war, in einem Land zu leben, wo ich niemanden kannte, und ich hatte mein gesamtes Hab und Gut verkauft, um das Ticket bezahlen zu können. Der Mann war ein Indianer, von dem ich gehört hatte, ein Mitglied des Stammes der Nez Percé namens Levi Holt. Auf dem Stammesgebiet nahe Winchester in Idaho leitete er ein Bildungs- und Forschungszentrum, das ein Wolfsrudel beherbergte und dazu diente, den Menschen etwas über Wölfe beizubringen und seinen Stammesmitgliedern Gelegenheit zu geben, in Kontakt mit ihrer eigenen Kultur zu kommen. Außerdem war er zuständig für ein umstrittenes Programm zur Auswilderung von Wölfen in den Rocky Mountains. Es wurde von einem Team hoch qualifizierter Biologen durchgeführt, und ich verfügte nicht einmal über Grundkenntnisse in Forstwirtschaft.

Alles hatte damit angefangen, dass ich eine Fernsehdokumentation unter dem Titel *Leben mit Wölfen* gesehen hatte, die von einem amerikanischen Paar namens Jim und Jamie Dutcher handelte. Sie hatten sechs Jahre mit einem in Gefangenschaft gehaltenen Wolfsrudel in Idaho gelebt. Der Film war fesselnd; dieses Paar hatte alles getan, was ich auch getan hatte, und daraus dieselben Schlüsse über die Rudelstruktur gezogen. Es war so, als hätten wir parallele Leben geführt. Nach sechs Jahren war ihre Erlaubnis, die Tiere auf ihrem Gelände zu halten, ausgelaufen, und nun mussten sie ein neues Heim für die Wölfe finden. Der Stamm der Nez Percé und vor allem Levi Holt waren ihnen zu Hilfe gekommen.

Ich kannte Levi nicht persönlich, hatte aber mit ihm telefoniert und ihm gesagt, ich würde gerne nach Idaho kommen, um dort zu lernen. Er war einverstanden – aber da es sich um ein wissenschaftliches Programm handelte und ich keine Qualifikationen hatte, müsste ich ein Praktikum machen müssen, um sicherzustellen, dass ich wusste, wie man die Daten korrekt aufzeichnet, und die Biologen bei der Feldarbeit unterstützen konnte. Dann sagte er mir, was die Sache kosten würde, und ich schnappte hörbar nach Luft. Es waren mehrere tausend Dollar. Meine Reaktion kam bei ihm am anderen Ende der Leitung an.

»Was ist los?« fragte er.

»Ich habe alles verkauft«, sagte ich, »und mein Geld reicht kaum für das Flugticket.«

»Und was willst du jetzt machen?«

»Ihr haltet doch ein Rudel in Gefangenschaft, das ihr als Botschafter nutzt, um den Leuten etwas über Wölfe beizubringen. Ich habe in Wildparks mit gefangenen Wölfen gearbeitet, und vielleicht könnte ich als Wärter bei diesem Rudel aushelfen und dadurch mein Praktikum finanzieren.«

»Der Tag hat nur 24 Stunden«, wandte er ein. »Wie willst du das schaffen?«

»Wie wär's, wenn ich tagsüber arbeite und nachts lerne?«

»Jetzt mach mal halblang«, sagte er. »Damit ich das richtig verstehe: Du willst hier rüberkommen und den ganzen Tag arbeiten und die ganze Nacht für dein Praktikum lernen?«

»Ja.«

Am anderen Ende der Leitung war nichts mehr zu hören, während er sich mit seinen Kollegen beriet, bis er sich nach einer Zeit, die mir endlos erschien, wieder meldete.

»Okay«, sagte er. »Kauf dein Ticket, komm rüber, und dann werden wir sehen, was wir tun können.« Erst viel später erfuhr ich, wie sie über diesen verrückten Briten gelacht hatten, der sich von jetzt auf gleich ohne irgendwelche festen Zusagen außer einem Zelt zum Schlafen ins Flugzeug setzte; aber meine Verrücktheit hatte ihnen gefallen.

Eine Woche später saß ich im Flieger, und ich gebe zu, ich hatte entsetzliche Angst. Ich wusste nicht, worauf ich mich eingelassen hatte. Ich hatte mein Auto verkauft, meinen Kleinkram, meine Messer, den größten Teil meiner Ausrüstung und Kleidung, und ich hatte das gesamte Geld für den Flug zusammengekratzt. Wenn alles schief- ging, würde ich bei meiner Rückkehr vor dem Nichts stehen.

Ich flog nach Boise, die Hauptstadt von Idaho, die im Südwesten des Staates liegt. Dort holte mich ein großer texanischer Cowboy namens Rick ab, dessen Frau Cathy als ehrenamtliche Helferin bei Levi im Zentrum arbeitete. Ich sollte bei ihnen übernachten, und am nächsten Morgen würden sie mich nach Winchester fahren. Nachdem wir gut gegessen hatten und ich eine angenehme Nacht bei ihnen verbracht hatte, brachen Cathy, ich und ein Freund, den sie mitnahm, um auf der Rückreise Gesellschaft zu haben, bei Sonnenaufgang zum Reservat auf. Rick blieb zu Hause und kümmerte sich um das kleine Kind des Paares. Vor uns lag eine Strecke von ungefähr 400 Kilometern, und das leichte Schneetreiben, das bei unserer Abfahrt geherrscht hatte, entwickelte sich zu einem stärkeren Sturm. Wir hielten mehrfach an, um die Schneeketten aufzuziehen und später abzunehmen, wenn die Straße wieder frei war, aber als wir in die Rocky Mountains kamen, lag der Schnee so hoch, dass wir nur noch mit den Ketten fahren konnten. Wir waren jetzt im Land der Wölfe, ein felsiges Gelände, auf dem hohe Kiefernwälder wuchsen und die Berggipfel mit Schnee bedeckt waren – und der meiste Verkehr auf der Straße hatte mit der Holzindustrie zu tun: Riesige Lastwagen fuhren mit ihren Holzladungen hin und her. Wir verbrachten fast den ganzen Tag im Auto, und währenddessen erklärte mir Cathy die Arbeit im Zentrum und den Ablauf des Auswilderungsprogramms.

Dieses Programm war politisch jahrelang ein heißes

Eisen gewesen, seit der U.S. Fish and Wildlife Service, der für den Schutz gefährdeter Arten verantwortlich war, 1980 einen Plan zur Erholung der Wolfsbestände vorgestellt hatte. 1978 wurde der Wolf in 48 amerikanischen Bundesstaaten offiziell zu den gefährdeten Arten gezählt. Der Plan sah vor, Wölfe im nordwestlichen Montana, in Zentral-Idaho und im Yellowstone Nationalpark auszuwildern, aber er wurde immer wieder durch gerichtliche Anordnungen und einstweilige Verfügungen vereitelt, hinter denen vor allem die Farmer der Umgebung steckten, die befürchteten, dass frei herumstreunende Wölfe ihre Viehbestände dezimieren könnten. Nach langen Auseinandersetzungen unterzeichnete der Innenminister 1994 einen Auswilderungsplan – in dem die staatlichen Behörden aufgefordert wurden, sich nach der Auswilderung um die Wölfe zu kümmern –, aber alle drei Staaten verweigerten die Kooperation. Schließlich legten die Nez Percé ein Management-Programm für Idaho vor, und im Januar 1995 – nach 15-jähriger Debatte – wurden 15 kanadische graue Wölfe in den Nationalforst der Rocky Mountains entlassen, in ein Areal, das über fünf Millionen Hektar umfasst. Zwei Jahre später wurden weitere 20 Wölfe ausgewildert, und die Population entwickelte sich so gut, dass die Biologen schon vorhersagten, es würde nur noch sieben Jahre dauern, bis man sie aus der Liste der gefährdeten Arten entfernen konnte.

Wir erreichten das Zentrum gerade, als es dunkel wurde, und alle kamen heraus, um uns zu begrüßen. Wahrscheinlich waren sie ziemlich gespannt auf diesen Verrückten, der da aus England herübergekommen war. Das Lager befand sich ungefähr eine halbe Autostunde von der Stadt

Winchester entfernt an einem kurvenreichen Bergweg. Das gesamte Gebiet war atemberaubend schön mit Bergpfaden, die sich durch Wälder aus riesigen Gelbkiefern und Douglasien zogen. Die Hauptattraktion war ein großer See, der Touristen anlockte – aber auch Adler und Wasservögel. Im Sommer konnte man auf dem See Kanu fahren und Wassersport treiben, im Winter Schlittschuh laufen und Eis fischen. Die kleine Stadt hatte weniger als 300 Einwohner; es gab dort eine Kantine, eine Kneipe, einen Lebensmittelladen und eine Tankstelle, und ich begab mich einmal wöchentlich dorthin, um meine Vorräte aufzustocken, zu duschen und meine Kleidung zu waschen.

Im Lager hatten wir weder fließendes Wasser noch Strom. Das Trinkwasser mussten wir herbeischaffen, und gekocht wurde mit Propangas. Einer der Biologen führte mich herum. Als Unterkünfte dienten mehrere Tipis, von denen ein kleineres als Toilette genutzt wurde. Außerdem gab es ein größeres Zelt, das etwas abseits stand und als Küche und Kantine diente. Hier stand immer eine große Kanne Kaffee bereit. Man hatte das Zelt in einiger Entfernung von den Unterkünften aufgestellt, weil die Bären häufig auf Nahrungssuche aus dem Wald kamen, und alles, was essbar war, musste entweder eingegraben oder aufgehängt werden, damit sie es nicht stahlen. Die Tipis wurden nach Ansehen und Bedeutung zugeteilt; je zentraler die Lage, desto höher das Prestige. Eins war mir aufgefallen, das nicht weiter vom Zentrum hätte entfernt sein können. Es lag direkt am Waldrand, hatte ein Loch im Dach, war an den Seiten mit Moos bewachsen, und die Tür hing schief. Wer darin leben muss, ist ein armer Teufel, dachte ich. Und dieser arme Teufel war natürlich ich.

Die Tipis waren nicht wirklich winterfest. Sie hatten jeweils einen Holzboden und ein hölzernes Bettgestell knapp einen Meter über dem Boden sowie einen kleinen Holzofen, den man bei diesen Temperaturen unbedingt brauchte. An diesem Abend saß ich in meinem Zelt, horchte auf die Wölfe, denen ich am nächsten Morgen begegnen sollte, und schürte das Feuer mit Holzscheiten. Ich war pleite, ich hatte keine richtige Ausrüstung, weil ich mein gesamtes Geld für das Flugticket gebraucht hatte, mein Schlafsack, den ich von einem Freund geborgt hatte, war viel zu kurz, ich besaß kein Kissen und verfügte nicht über die Annehmlichkeiten, die es in den anderen Zelten gab, aber als ich mich zum Schlafen hinlegte, war meine Nervosität verflogen, und ich hatte ein sehr gutes Gefühl im Bauch. Mir kam es so vor, als könnte es das hier sein, wonach ich gesucht hatte.

Am nächsten Morgen war ich vor allen anderen wach, zu aufgeregt, um in meinem unbequemen Bett weiterzuschlafen. Ich zog mir meine Armeestiefel an und weniger Kleidung, als mir lieb war, und dann trat ich hinaus in die Kälte des ersten Morgenlichts: Es müssen ungefähr minus 15 Grad gewesen sein. Ich dachte, ich könnte meine unzureichende Kleidung vielleicht durch meine Kenntnis von Überlebenstechniken kompensieren, deren goldene Regel lautet, dass man immer auf seine Körperkerntemperatur achten muss. Man darf nicht der Versuchung erliegen, alles anzuziehen, was man hat, weil man sich durch Bewegung aufwärmt, und wenn man dann schwitzt, wird alles nass und anschließend eiskalt. Als die Sonne allmählich über den Sawtooth-Bergen aufging, konnte ich meine Umgebung in ihrer ganzen

Schönheit betrachten. Der Schnee lag einen halben bis einen Meter hoch; er knirschte unter den Füßen und lastete schwer auf den Bäumen, von denen die größten gewaltige Stämme hatten, die über 30 Meter in die Höhe ragten und schwach nach Vanille rochen. Es war so still, dass man eine Stecknadel hätte fallen hören können; ich war im Paradies angekommen.

Das Wolfsgehege befand sich in der Mitte des Lagers, nahe dem Besucherzentrum, wo das Publikum die Wölfe betrachten und etwas über sie wie auch die Geschichte und Kultur der Nez Percé lernen konnte. Es war eine der größten Touristenattraktionen in diesem Gebiet und zugleich ein nützliches Instrument, um den Ängsten und Vorurteilen entgegenzuwirken, die so viele Menschen gegen Wölfe hegten. Hier lebten elf Timberwölfe in einem Waldgebiet von knapp 20 Hektar. Es war mit zwei Zäunen gesichert, zwischen denen ein gewisser Abstand lag. Es wurde eine meiner Aufgaben, jeden Morgen zwischen den Zäunen entlangzugehen und zu prüfen, ob sie irgendwelche Löcher hatten oder ob es gefrorene Schneewehen gab, die hoch genug waren, um den Wölfen ein Ausbrechen zu ermöglichen.

Nach dem kleinen Gehege in Sparkwell war ich froh zu sehen, dass die Wölfe hier so viel Platz hatten, obwohl ich bei meinen späteren Besuchen erkannte, dass sogar diese Wölfe teilweise unter denselben Verhaltensstörungen litten, die ich in kleineren Gehegen gesehen und immer den beengten Lebensverhältnissen angelastet hatte. Oberflächlich betrachtet, hatten die Tiere alles, was sie für ein artgerechtes Leben brauchten, und doch tauchten in ihrem Zusammenleben früher oder später

Probleme auf. Es war gut zu wissen, dass Platz nicht der wichtigste Faktor ist. Was fehlte, so wurde mir schließlich klar, war ein rivalisierendes Rudel. Genau wie Menschen schließen sich Wölfe angesichts einer äußeren Bedrohung oder eines Feindes enger zusammen. Wenn sie ein leichtes Leben mit ausreichend Nahrung und ohne direkte Gefahren haben, dann leidet die Verträglichkeit untereinander.

Zurück von meinem Kontrollgang, begab ich mich ins Küchenzelt und trug ungewöhnliche Beobachtungen ins Logbuch ein. Dann holte ich mir einen Becher heißen schwarzen Kaffee oder kochte selbst die erste Kanne, wenn außer mir noch niemand auf den Beinen war. Kaffee war das Einzige, was immer zur freien Verfügung stand. Ansonsten versorgte sich jeder selbst, kaufte ein und kochte, aber Kaffee gab es während des ganzen Tages, und in den ersten drei Wochen lebte ich von schwarzem Kaffee und Jujubes, gezuckerten Gelee-Früchten, die ich billig im Lebensmittelladen von Winchester entdeckt hatte. Gewöhnlich ging ich zu Fuß dorthin – ein Weg von zwei Stunden – und kaufte drei Pfund auf einmal; sie kosteten nur ein paar Cent und reichten für eine Woche. Natürlich bestanden sie fast nur aus Zucker, der mir ein kurzfristiges Hoch, gefolgt von einem grässlichen Tief bescherte. Das war zwar nicht die ideale Ernährung, wenn man 18 Stunden am Tag bei Temperaturen unter dem Gefrierpunkt arbeitet, aber ich hatte kein Geld für etwas anderes, und es war nur eine Frage der Zeit, bis ich mir nicht einmal mehr die Jujubes würde leisten können.

Wir waren insgesamt etwa 12 Leute, die meisten davon Stammesangehörige. Es gab während des gesamten Jahres einen ständigen Tierbetreuer, mehrere Zentrumsbetreuer, zwei oder drei Biologen und ungefähr fünf oder sechs Studenten. Darunter waren solche, die ihr Examen bereits abgeschlossen hatten, und andere, die vorher noch einige Lehrveranstaltungen absolvieren mussten. Sie blieben ungefähr drei Monate lang. Was die akademische Ausbildung betraf, konnte ich mit keinem von ihnen konkurrieren, und ich wusste, dass ich hier die Chance meines Lebens bekommen hatte. Ich lebte in der Angst, dass sie mich jeden Moment wegschicken würden, und ich war verzweifelt darauf bedacht, vorher noch so viel wie möglich zu lernen. Und zu lernen gab es wirklich jede Menge; es war ein unglaubliches Privileg, sich unter diesen Indianern aufzuhalten, die jahrhundertelang in der Nähe der Wölfe gelebt hatten und sie nicht als Feinde oder niedere Lebensformen betrachteten, sondern als Brüder, Schwestern und Lehrer.

Levi Holt erfüllte alles, worauf ich hatte hoffen können. Sein Alter ließ sich nur schwer schätzen, aber er muss damals in den Fünfzigern gewesen sein und sah aus wie das Urbild eines Indianerhäuptlings. Sein Gesicht war zerknittert und faltig, eingerahmt von rabenschwarzem Haar, das in zwei langen Zöpfen bis zu seiner Taille herabhing. Er hatte die Ausstrahlung eines Menschen, der alles wusste und sein Wissen für sich behielt. Zu besonderen Gelegenheiten legte er seine volle Stammestracht an, aber im Alltag trug er Jeans, T-Shirts, Pullover und Anoraks wie der Rest von uns. Alle romantischen Illusionen, die ich – auf der Grundlage irgendwelcher Westernfilme – über das Leben der Nez Percé im Reservat gehegt hatte, wurden schnell zerstört. Es gab keine bemalten Tipis, Appaloosa-Pferde, Lendenschurze und im Hintergrund grasende

Büffel. *Wir* hier im Zentrum lebten in Tipis, aber diese Menschen waren sehr arm, und überall sonst im Reservat hausten sie in baufälligen Hütten, trugen billige amerikanische Kleidung, fuhren Schrottautos und kratzten ihren Lebensunterhalt auf jede nur erdenkliche Weise zusammen. Sie waren nur noch ein Schatten ihres ehemaligen Selbst, hatten jedoch immer noch großen Respekt vor der Erde, den Flüssen und der Umwelt, weil sie nie den Kontakt mit den Elementen verloren hatten, die ihr Leben erhielten. Sie tranken Wasser aus den Flüssen und nahmen ihre Nahrung vom Land und den Lebewesen, die darin umherstreiften.

Ich kenne keine anderen Menschen, die, sogar unter extrem ungünstigen Lebensbedingungen, so gerne lachen. Bei ihnen beginnt und endet jeder Tag mit einem Wunder, und davon auch nur für kurze Zeit ein Teil zu sein war eine erstaunliche Erfahrung. Sie fühlten sich unglaublich eng mit ihren Familien, ihren Vorfahren und der Natur um sie herum verbunden. Für sie war es unverständlich, wie der weiße Mann die Erde misshandelte, sie mit intensiver Landwirtschaft und dem Einsatz von Pestiziden vergiftete, die Flüsse verschmutzte, die Wälder zerstörte und das empfindliche Gleichgewicht der Natur durcheinanderbrachte. Sie wollten das Land besitzen, um es wieder zu reinigen und künftigen Generationen zeigen zu können, wie man darauf, damit und dafür lebt. Ich erinnere mich an einen Abend in der Stadt, wo wir uns den Dokumentarfilm eines Franzosen ansahen, in dem einer der benachbarten Farmer gefragt wurde, ob er der Meinung sei, man solle den Nez Percé ihr Stammesgebiet zurückgeben. Er war dagegen, und die Nez Percé hatten den Eindruck, dass die Regierung diese Einstellung teilte: Der Stamm hatte den Krieg verloren, er hatte das Land verloren, und damit musste er leben.

Ich fragte, was man für sie tun und wie man ihnen helfen könnte, und Levis Bruder sagte: »Was wir wirklich brauchen, ist ein weiterer Messias, der für die Nez Percé sprechen würde. Unser Problem ist, dass wir zu viele Häuptlinge und nicht genug Indianer haben.« Sie alle brachen in Gelächter aus.

Eines Tages luden mich die Ältesten zu einem Powwow ein, um meinen Rat zu hören. Sie erwarteten den Besuch eines jungen Kongressabgeordneten. Das Repräsentantenhaus beriet über ein wichtiges Gesetz, und sie vermuteten zu Recht, dass er sich dafür die Unterstützung der Nez Percé sichern wollte. Es war für mich eine große Ehre, um Rat gefragt zu werden, und nach einigem Zögern beschloss ich, ihnen die Wahrheit zu sagen. Ich warnte sie, vorsichtig zu sein, weil solche Leute oft goldene Berge versprachen, die sie dann nicht lieferten, und sich mit Vorliebe in Halbwahrheiten ergingen. Sie saßen um das Feuer herum, rauchten, wärmten sich die Hände und nickten von Zeit zu Zeit, während ich sprach, ohne ein besonderes Interesse an meinen Ausführungen zu zeigen. Und warum hätten sie mir auch zuhören sollen? Als ich sie verließ, fühlte ich mich ziemlich niedergeschlagen und entmutigt, und als der Kongressabgeordnete schließlich kam, schienen sich meine Befürchtungen zu bestätigen. Die Nez Percé wirkten so, als ließen sie sich von ihm beeindrucken und würden ihm in den Hintern kriechen; sie fassten seinen Anzug an, bewunderten seine Schuhe und klopften ihm auf die Schulter. Es war wie in einem schlechten Roman – das Klischee vom armen, halbnackten Wilden, der sich vom Anblick des weißen Mannes überwältigen lässt. Sozusagen als Sahnehäubchen gaben sie ihm schließlich noch einen Stammesnamen, die größte Ehre, die einem Außenstehenden zuteilwerden kann. Sie nannten ihn Walking Eagle (Gehender Adler), was ich zunächst für überaus schmeichelhaft hielt, bis ich schließlich die eigentliche Bedeutung verstand: Er war so voller Mist, dass er nicht fliegen konnte. Weit davon entfernt, sich einwickeln zu lassen, hatten sie diesen Mann voll durchschaut und es ihm mit gleicher Münze heimgezahlt.

Ständig klagten sie, wir Menschen aus den westlichen Industrienationen seien zu ernst – wir sollten uns lieber nach Kojote-Medizin umschauen. Der Kojote ist ein Trickster, ein Geistführer zwischen dem Reich der Toten und dem der Lebenden, der uns in Verlegenheit und zum Lachen bringt. Sie erzählten mir die Geschichte eines weißen Mannes, der einst in das Reservat gekommen war. Er hatte eine Reise unternommen, um zur Selbsterkenntnis zu finden, und hatte sich von den weisen Indianern einige Antworten erhofft, die dazu beitragen könnten, seine Depression zu mildern. Er war ein ernster junger Mann, der das ganze Gewicht der Welt auf seinen Schultern trug. Einer der Stammesältesten sagte ihm, er müsse drei Tage lang in den Wald gehen und dort nach Exkrementen suchen – von Rotwild, Bären, Berglöwen, Kojoten, Füchsen und Wölfen. Er kehrte mit einer gewaltigen Sammlung zurück, und der Älteste erklärte ihm, er solle nun alles mit Wasser mischen und eine Paste daraus herstellen. Dazu brauchte er zwei weitere Tage. Es war nun der fünfte Tag, und der Gestank und die Fliegen wurden in der Sommerhitze immer schlimmer. Als Nächstes wies ihn der Älteste an, mit einem Stock im Sand einen Kreis um sich zu ziehen und die Furche mit der Paste zu füllen. Anschließend sollte er sich so lange in den Kreis setzen, bis ein Kojote kommen würde, um ihm zu sagen, was er als Nächstes zu tun hatte. Der Mann brauchte mehrere Stunden, bis ihm dämmerte, was er da getan hatte. Er hatte drei Tage damit verbracht, Exkremente zu sammeln, und nun saß er mittendrin – und erkannte endlich die Ironie seiner Situation. Er brüllte vor Lachen und war von allen weltlichen Sorgen befreit.

Es wäre falsch zu sagen, dass die Nez Percé wie ihre Vorfahren lebten, denn das taten sie nicht, aber sie hatten nicht alle traditionellen Verhaltensweisen aufgegeben. Der Schamane spielte immer noch eine wichtige Rolle für das spirituelle Wohlergehen der Gemeinschaft, und dasselbe galt für die Schwitzhütten, in denen die Stammesangehörigen mehrmals wöchentlich beteten und Kontakt mit dem Schöpfer und der spirituellen Welt aufnahmen, um geheilt und von ihren Unreinheiten befreit zu werden. Der Schamane leitete die Zeremonie und beschwor Visionen verstorbener Stammesmitglieder oder anderer Geschöpfe herauf, die ihn leiten sollten. Es wurden keine Drogen oder Halluzinogene benutzt, aber die Hitze war so intensiv, dass sie bei mir einen ganz ähnlichen Effekt hatte.

Diese Schwitzhütten sind kuppelartig gebaut und werden gewöhnlich aus Weide hergestellt – dem Holz der Liebe, das sich biegt, aber nicht bricht – und mit Tierhäuten und Decken überzogen. Im Inneren gab es eine Feuergrube, in die glühend heiße Steine gelegt wurden. Diese

Grube befand sich nicht ganz in der Mitte, um das Herz zu repräsentieren. Die Steine wurden hin und wieder mit Kräuterwasser begossen, um die Hitze zu intensivieren. Es war die trockene Hitze einer Sauna, die einen stark schwitzen ließ. Die Schwitzhütten waren sehr eng, nicht hoch genug, um darin stehen zu können, und mit elf oder zwölf Leuten ziemlich überfüllt. Sie sollten an den Mutterleib erinnern, dunkel und warm, mit einem kleinen Eingang, der nach Osten oder Westen gerichtet war, abhängig davon, wer die Gebete hören sollte. Man betrat die Hütten nackt und rückwärts gehend, um die Rückkehr in den Mutterleib zu symbolisieren, und man hielt sich fünf Stunden oder noch länger darin auf, redend, betend, den Geistern, den Elementen und den heiligen Mächten dankend. Wenn man schließlich wieder herauskam, war man neu geboren, körperlich wie auch spirituell.

Es war eine ganz erstaunliche Erfahrung. Ich erinnere mich, wie ich dort saß und wusste, dass die Ältesten über wichtige Themen sprachen, wusste, dass ich mich hätte konzentrieren sollen. Doch ich fühlte mich so umnebelt, dass ich mich nicht zusammenreißen konnte. Und doch war es fast so, als hätte die Information auf ihren üblichen Weg verzichtet und sich direkt in mein Langzeitgedächtnis eingegraben. In dieser Nacht träumte ich von dem Gespräch und konnte mich am nächsten Morgen an alles erinnern.

9
Ertappt

Ungefähr drei Wochen nach meiner Ankunft im Zentrum begab ich mich ins Küchenzelt, um mich mit einer weiteren Tasse schwarzem Kaffee gegen die Kälte zu wappnen. Einer der Biologen, der dort gerade kochte, drehte sich zu mir um und fragte: »Isst du eigentlich nie?«

»Doch, natürlich esse ich«, log ich. »Nur eben zu anderen Zeiten als alle anderen hier.« Als ich mich abwandte, sah ich Levi, den allwissenden Indianer, in der Tür stehen, die Arme verschränkt und im Gesicht einen Ausdruck, der sagte: »Ich höre zwar, was du mir erzählst, aber es ist nicht die Wahrheit.«

Ich dachte nicht weiter darüber nach, bis ich einige Wochen später wieder einmal im Lebensmittelladen von Winchester meinen Vorrat an Jujubes kaufte. Als ich mich umdrehte, meine drei Pfund in einer braunen Papiertüte verstaut, stand keine zwei Meter entfernt wieder Levi, die Arme verschränkt wie damals und mit demselben Gesichtsausdruck. »Wir essen zu verschiedenen Zeiten, oder?«

Oh Gott, dachte ich, jetzt ist er dahintergekommen und wird mich mit dem nächsten Flugzeug heimschicken.

»Wenn du wieder im Lager bist«, sagte er, »will ich dich im Büro sehen.«

Es war ein weiter Weg den Berg hinauf, und so hatte ich viel Zeit, um über mein Schicksal nachzudenken. Oben angekommen, war ich zu der Einsicht gelangt, dass ich die Hände heben und mich würde entschuldigen müssen. Ich würde meine Sachen packen und ohne Widerworte gehen, nur darum bitten, dass mich jemand zum Flugplatz nach Lewiston fuhr. Was mich in England erwartete, stand in den Sternen. Aber ich hatte fast vier Wochen lang die schönste Zeit meines Lebens genossen, und angesichts der Tatsache, dass ich nicht qualifiziert war und nichts dafür bezahlt hatte, waren es vier Wochen mehr, als ich erwartet hatte.

Levi ließ mich gar nicht erst zu Wort kommen. »Ich habe mit den Biologen gesprochen«, sagte er, »und ihnen gefällt das, was du bei den Wölfen machst. Sie empfinden es als sehr hilfreich. Also werde ich dir einen kleinen Lohn zahlen, aber den bekommst du nicht in bar. Ich hinterlege ihn im Laden, so dass du jede Woche in die Stadt gehen und dir etwas Ordentliches zu essen kaufen kannst. Die Sachen lagerst du dann in deinem Zelt und isst wie jeder andere auch.«

Ich war so glücklich. In der kurzen Zeit, die er gebraucht hatte, um diese magischen Worte zu sagen, hatte sich mein Schicksal um 180 Grad gedreht. Ich hatte ein Einkommen, so klein es auch sein mochte, ich hatte einen Platz zum Leben unter Leuten, die ich respektierte, eine Arbeit, die ich liebte, und ich würde mich wieder ordentlich ernähren können. Das war mehr, als ich mir hätte erhoffen können, und ich blieb weitere fünf Monate. Rückblickend denke ich, die Tatsache, dass ich bereit war, mich abzustrampeln und mich von Geleefrüchten zu ernähren, um bei diesen Menschen zu leben und von ihnen zu lernen, hat viel dazu beigetragen, meine Beziehung zu Levi und den Biologen im Zentrum zu festigen. Ich habe mehr als einmal gehört, wie sie neu angekommenen Studenten, die sich an den letzten Rest von Komfort klammerten, erklärten: »Seht euch den Kerl da unten an. Er hat nichts; er lebt vom absoluten Minimum, und dabei arbeitet er den ganzen Tag und lernt die ganze Nacht.« Aber ich war an Entbehrungen gewöhnt; ich hatte schon als Kind auf dem blanken Boden geschlafen, und wenn überhaupt, dann erinnerten mich die Lebensbedingungen in Idaho – mein gesamtes Hab und Gut passte in einen Rucksack, ich hatte keine Kleider zum Wechseln, kein Kissen, keine Möbel – an jene glücklichen Tage, die ich in der Vergangenheit mit so viel Mühe versucht hatte, wieder aufleben zu lassen. Für mich fühlte sich das behaglich an, so wie damals zu Hause.

Sobald ich das Gehege und die Zäune überprüft und gefrühstückt hatte, machte ich mich an die weiteren Arbeiten: Ich sammelte Holz für die Öfen im Lager und fuhr dann los, um Tierkadaver von den Farmen einzusammeln. Manchmal meldeten die Leute auch, dass Tiere auf der Straße überfahren worden waren, deren Kadaver ich ebenfalls ins Lager brachte und an meine Schützlinge im Wolfsgehege verfütterte. Ich bereitete die Tipis für die Ankunft neuer Studenten vor, räumte den Schnee von den Wegen und kümmerte mich ganz allgemein um die Instandhaltung des Lagers. Wenn das Besucherzentrum geöffnet war, führte ich manchmal auch Gruppen durch das Gelände, hielt Vorträge oder verkaufte im Laden Souvenirs und Broschüren. Gelegentlich begleitete ich die

Biologen, wenn sie die Bewegungen der ausgewilderten Wölfe kontrollierten. Sie trugen Peilsender, so dass wir sie in dem ausgedehnten Gelände aufspüren und ihr Verhalten studieren konnten – und dadurch waren wir auch in der Lage, die Farmer zu warnen, wenn die Wölfe ihrem Vieh zu nahe kamen. Oft übernachteten wir bei solchen Exkursionen draußen, und wenn die Temperaturen mitten in der Nacht abfielen, wünschte ich mir oft, ich wäre mit der richtigen Ausrüstung und einem Paar wärmeren Socken nach Idaho gekommen. Was mich rettete, war nur mein militärisches Überlebenstraining.

Sobald ich meine täglichen Pflichten erledigt hatte, begann mein nächtliches Studium. Das Praktikum umfasste alles vom Wohlergehen und der Sicherheit der in Gefangenschaft lebenden Wölfe bis zum Verhalten und der Kommunikation unter den Tieren und der Feldbiologie mit ihren Datensammlungen und Aufzeichnungen. Ich las Bücher, studierte Karten und hörte mir Vorträge der Stammesältesten an. Ich setzte mich zwischen die beiden Zäune am Wolfsgehege oder ging um das eingezäunte Gelände herum, um die Kommunikation und das Verhalten der Tiere zu beobachten. Ich lernte von allem, was ich roch, hörte und sah. Ich machte mich mit den einzelnen Mitgliedern des Rudels vertraut und erwarb mir allmählich ihr Vertrauen.

Die gefangenen Wölfe waren in einer sehr kontaktfreudigen Umgebung aufgewachsen und gut an Menschen gewöhnt – sie fungierten als Botschafter ihrer Gattung –, und es war keine besondere Herausforderung, ihr Gehege zu betreten. Die Biologen taten das häufig, wenn auch nur während des Tages, aber sie gingen mit einer dominanten

Haltung hinein, und zu diesem Auftreten gegenüber den Wölfen rieten sie auch mir. Sie sagten, ich dürfe nie auf die Wölfe reagieren, ihnen nie in die Augen schauen, niemals meinen Körper so tief beugen, dass ich kleiner wirkte als sie, und wenn es wirklich nötig sein sollte, sie anzufassen, dann solle ich das nur im Bereich von Schultern und Nacken tun. Falls ich jemals ein Zeichen von Schwäche zeigen würde, so behaupteten sie, dann würden die Wölfe das Kommando übernehmen.

Nach meiner dritten Woche im Lager ging ich tagsüber in das Gehege, verhielt mich genauso, wie die Biologen es wollten, und zeigte ihnen, dass sie mir beim Umgang mit den Tieren vertrauen konnten und keine Probleme befürchten mussten. Aber ich hatte nie das Gefühl, dass diese Tiere überhaupt Wölfe waren. Sie waren wie die Schatten von Wölfen – zu sehr gezähmt und zu stark von Menschen herumkommandiert und eingeschüchtert. Was würde passieren, so fragte ich mich, wenn ich mich ihnen nachts – so wie ich es in Sparkwell getan hatte – als ein Rudelmitglied von niederem Rang nähern und ihnen gestatten würde, sich wie echte Wölfe zu verhalten und mich zu dominieren?

Nach sechs Wochen überredete ich die Betreuer, mich experimentieren zu lassen, und eines Nachts setzte ich das Kombinationsschloss an den großen Eisentoren auf vier Nullen und betrat das Gehege. Jeder hielt mich für verrückt. Sie hatten noch nie davon gehört, dass jemand versucht hatte, sich als niederrangiges Mitglied einem Wolfsrudel anzuschließen – es stellte alle ihre Überzeugungen auf den Kopf –, aber es war nun einmal so, dass ich von den Wölfen etwas über ihre Welt lernen wollte, nicht umgekehrt. Ich wollte einer von ihnen werden, und wenn ich versuchte, sie zu dominieren, würde das nie geschehen. Die Biologen konnten das nicht verstehen. Sie studierten die Wölfe nach akademischen Regeln und taten das aus der Ferne. Sie beobachteten das Verhalten der Tiere durch die Linsen weit reichender Ferngläser und maßten sich an, was sie sahen, auf der Grundlage von ihrem Verständnis des menschlichen Verhaltens zu interpretieren.

Aus meinen bisherigen Erfahrungen mit gefangenen Wölfen wusste ich, dass die Dinge selten so waren, wie sie schienen, und wenn man das Wolfsverhalten wirklich verstehen wollte, dann musste man unter ihnen leben. Nur dann – wenn man wirklich wie ein Wolf denken konnte – würde man helfen können zu verhindern, dass wilde Wölfe die Grenzen des Parks verließen und sich am Vieh der Farmer vergriffen, womit jeder einschließlich der Biologen irgendwann rechnete.

Ich war nervös – obwohl ich niemanden erkennen ließ, wie nervös ich wirklich war. Ich hatte keine Ahnung, wie diese Wölfe in ihrem Territorium zu ihrer Zeit des Tages auf mich reagieren würden. Was ich tat, widersprach in jeder Hinsicht meiner Ausbildung. Ich stand allein elf Wölfen gegenüber, und meine menschlichen Augen waren in der Dunkelheit nutzlos; ich war entschieden im Nachteil. Die erste Nacht im Gehege war beängstigend – obwohl mir noch Situationen bevorstanden, die sehr viel beängstigender sein würden. Ich stolperte herum, fiel über Steine, stürzte ins Wasser, rutschte im Schnee, wusste nicht, wo ich mich befand oder wo sich die Wölfe befanden oder wie ich mit diesen Lebewesen Kontakt aufnehmen sollte. Es war so, als hätte man mich mitten auf dem Roten Platz in Moskau ausgesetzt, umgeben von Leuten, die kein Wort Englisch sprachen, mich aber alle erwartungsvoll anblickten.

Doch dann ließ die Panik nach. Der Nebel vor mir löste sich auf, und ich dachte nicht mehr, dass diese Wölfe mir etwas antun würden. Als ich in der folgenden Nacht wieder ins Gehege ging, stand der Mond am Himmel, umgeben von Tausenden funkelnder Sterne. Ihr Licht, das sich im Schnee spiegelte, ließ die Umgebung fast hell erscheinen. Ich konnte Bäume und Wege erkennen und mich diesmal durch das Gehege bewegen, ohne irgendwo anzustoßen oder hinzufallen. Die Tiere hielten sich von mir fern, und ich setzte mich hin und lauschte den Geräuschen der Nacht. Ich hörte den Schrei einer Eule, das Heulen eines einzelnen Kojoten und ganz in der Nähe das Grunzen eines Grizzlybären. Aber da ich als Kind regelmäßig bei den Geräuschen des Waldes friedlich eingeschlafen war, wirkten diese Laute, auch wenn sie anders waren, auf seltsame Weise beruhigend.

Ich begab mich nun jede Nacht ins Gehege, und das Muster glich dem, das ich aus England kannte. Die Tiere waren neugierig, hielten sich aber zunächst in sicherer Entfernung, kamen dann allmählich näher und bedachten mich schließlich mit prüfenden Bissen. Sie nahmen meine Hände und Arme ins Maul und zogen sich dann wieder für längere Zeit in den hinteren Teil des Geheges zurück. Manchmal folgte ich ihnen, und je vertrauter mir die Wege wurden, desto leichter fiel es mir, mich in der Dunkelheit zurechtzufinden. Die Erinnerung spielte eine wichtige Rolle, nicht nur für meine Kursbestimmung, sondern auch für ihre. Wenn etwas Ungewöhnliches hinzukam oder ein Baum über einen Weg fiel, dann sahen sie das nicht immer, und ich sah es definitiv nie.

Dieses Rudel war groß, doch es bestand aus gesunden Tieren in guter Verfassung. Unter den elf Rudelmitgliedern war jeder Rang vertreten, und es gab keinen Hinweis darauf, dass eins der Tiere entfernt werden musste. Ein Rudel ist nur ein Rudel oder eine Familie, weil die Tiere sich gegenseitig brauchen – was sie zusammenhält, ist Notwendigkeit und hat nichts mit freier Entscheidung zu tun. Würde man Wölfe bei knappem Nahrungsangebot in Gefangenschaft halten, ohne dass Rivalen ihr Territorium bedrohen, dann könnte sich das Rudel auf ein fortpflanzungsfähiges Paar reduzieren. Dieses Paar wäre genetisch aufs Überleben programmiert und würde die anderen Wölfe als Rivalen im Kampf um die knappe Nahrung betrachten. Es würde die anderen Tiere schikanieren, bekämpfen, ihnen die Nahrung verweigern, bis diese sich in einer natürlichen Umgebung entschließen würden, abzuwandern und sich ein neues Rudel zu suchen, wo sie gebraucht würden. In Gefangenschaft ist es Sache der Betreuer, diese Tiere zu entfernen, denn sonst würden sie nach einer Weile sterben.

Im Laufe der Monate hatte ich das Gefühl, dass mich die Wölfe als Teil der Familie akzeptierten und versuchten, mir etwas über ihre Welt beizubringen. Es war so, als würden sie sagen: »Wenn du hier bei uns bist, dann werden wir dir die verschiedenen Geräusche vorführen, die wir machen, du wirst die verschiedenen Gerüche der Familienmitglieder kennen lernen und etwas über die Markierung des Reviers erfahren, die wir jede Nacht zu unserer Sicherheit durchführen. Dies ist die Stelle, wo du schläfst, das ist die Stelle, wo ich schlafe; wenn du Probleme hast, dann gehst du zu ihm und kommst nicht zu mir; und mit ihr kannst du ganz gewiss keinen Kontakt aufnehmen. Ich werde dir sagen, wann du hierherkommen darfst. Ihm kannst du dich jederzeit nähern, kannst dich an ihm reiben, ihn bei Kampfspielen beißen und zwicken, aber wenn du das mit mir versuchst, werde ich dir schnell durch einen Biss ins Gesicht klarmachen, dass ich das nicht dulde.« Die Körpersprache, mit der sie diese Regeln ausdrückten, wurde allmählich klarer, und ich begann, weniger Fehler zu machen, aber wenn ich einen Fehler machte, wurde ich genauso gemaßregelt wie ihresgleichen.

Ich wäre gerne für immer dort oben in den Bergen bei den Wölfen und den Nez Percé geblieben, aber nach ungefähr neun Monaten hatte ich das Gefühl, dass es Zeit war, mich loszureißen. Ich hatte mein Praktikum beendet und musste meinen Lebensunterhalt verdienen. Levi zahlte zwar für mein Essen, aber ich hatte keine Einkommensquelle, und mein Bankkonto war in einem schlimmen Zustand. Es gab keine Alternative zur Rückkehr nach Großbritannien. Ich war tief traurig, den Ort verlassen zu müssen, an dem ich mich zuhause fühlte, und die Menschen – und die Wölfe –, die ich als meine Familie betrachtete, aber ich wusste, ich würde zurückkehren.

Ich hatte jetzt eine klare Vorstellung davon, was ich mit meinem Leben anfangen wollte: Die Wölfe hatten mir viel über ihre Welt beigebracht, und ich wusste, wie gefährdet sie war. Wenn nicht jemand den Wölfen etwas über unsere Welt beibrachte und die Rolle des Vermittlers übernahm, dann würden sie ihre Auswilderung nicht lange überleben. Diese Rolle des Vermittlers wollte ich übernehmen.

10

Ein Brotjob

Ich landete in Heathrow und machte mich unverzüglich auf den Weg nach Plymouth, um zu sehen, ob ich die Fäden einer Beziehung wieder aufnehmen konnte, die ich kurz vor meiner Abreise nach Idaho geknüpft hatte. Janet Williams und ich hatten uns während meiner Zeit bei der Armee in einer Kneipe kennen gelernt. Ihre Freundin war mit einem meiner Freunde in Plymouth zusammen, und wir waren mehrere Jahre lang gute Freunde gewesen, bevor wir ein Paar wurden. Nur wenig später flog ich nach Amerika, aber Jan hatte viel Verständnis gezeigt, und es war wunderbar, sie wiederzusehen.

Meine nächste Station war der Dartmoor Wildpark in Sparkwell. Ich hoffte, Ellis würde einen bezahlten Job für mich haben und mir die Gelegenheit geben, einiges von dem, was ich in Idaho gelernt hatte, im Umgang mit meiner dortigen Wolfsfamilie zu nutzen. Ellis freute sich offenbar, mich zu sehen, und war sehr interessiert an dem, was ich seit unserer letzten Begegnung getrieben hatte. Es ging zwar auf das Ende der Saison zu, aber er hatte während des Sommers zu wenig Personal gehabt und brauchte jemanden, der sich um die großen Karnivoren kümmerte. Das waren neben den Löwen und Tigern auch die Wölfe, und zum Job gehörten Unterkunft und Verpflegung. Ich hatte ein Zimmer in dem Flügel des Hauses, wo ich vorher schon mit anderen Tierpflegern untergebracht gewesen war, und die Mahlzeiten kosteten nichts.

Das war eine perfekte Regelung, nur konnte Ellis es sich nicht leisten, seinen Pflegern während der Wintermonate, wenn es keine Besucher gab, einen Lohn zu zahlen. So hatte ich also ein Dach über dem Kopf und arbeitete mit den Wölfen, die ich liebte, aber ich besaß praktisch kein Bargeld. Doch an jedem Horizont gibt es einen Silberstreifen, und die Kehrseite der Medaille war, dass ich zu Beginn des nächsten Sommers mit einer üppigen Nachzahlung rechnen durfte. Nicht jeder hatte eine hohe Meinung von Ellis, aber er war sehr gut zu mir, und ich habe großen Respekt vor ihm. Er hat sich hervorragend um die Tiere gekümmert, die in seiner Obhut waren, und die Bürokratie gehasst, mit der er sich als Eigentümer des Wildparks herumschlagen musste.

Der Park gehörte ihm seit Anfang der Sechzigerjahre, und ihn nervten die neuen Regeln und Richtlinien, die Einschränkungen im Gesundheits- und Sicherheitsbereich, die seine Arbeit bestimmten. Seine Methoden waren unorthodox, aber er hatte die Tiere auf seine Weise jahrelang erfolgreich versorgt. So ritt er beispielsweise einen hinterhältigen alten Bison abends in den Schuppen, der diesem als Nachtquartier diente. Er fürchtete sich vor keinem Tier und geriet mächtig in Wut, wenn ihm irgendein Wichtigtuer gute Ratschläge erteilen wollte. Wenn von Zeit zu Zeit Inspektoren den Park besichtigten, mussten wir darauf achten, dass Ellis ihnen nicht über den Weg lief, denn sonst hätte er sich mit ihnen angelegt.

Doch sosehr ich ihn bewunderte, sein Umgang mit den

Tigern hätte auch dem liberalsten Tierpfleger die Haare zu Berge stehen lassen. Die Tiger hatten zwei Gehege, eins für den Tag, wo sie sich bewegen konnten, und eins für die Nacht. Die Strecke dazwischen betrug etwa 300 Meter und führte mitten durch den Zoo, vorbei an den Affen, den Wölfen und den Waschbären. Nun sind Tiger ziemlich verfressen, und so legten wir diesen Weg mit ihnen auf folgende Weise zurück: Einer von uns befestigte eine Kette um den Hals des Tigers und versuchte, ihn daran festzuhalten, während der andere mit einem großen Stück Fleisch in der Hand so schnell wie möglich vom Nacht- zum Taggehege rannte. Es ging immer darum, das Tor zum Gehege vor dem Tiger zu erreichen, damit man ihn sicher hinter Schloss und Riegel bekam. Unterdessen wurde derjenige, der die Kette hielt, von dem rennenden Tiger über den Boden geschleift. Er sah dabei aus wie ein Wasserski-Anfänger, und ob seine Bemühungen, die Geschwindigkeit des Tigers zu drosseln, erfolgreich waren, hing vor allem von seinem Gewicht ab. Wenn der Tiger den Mann mit dem Fleisch vor dem Tor zum Gehege erreichte, sprang er ihn an – mit seinem vollen Gewicht von über 400 Kilo –, warf ihn zu Boden und blieb auf ihm hocken, während er sein Fleisch verzehrte. Gelegentlich fiel mir diese Rolle zu. Sobald der Tiger gefressen hatte, verspürte er nicht mehr die geringste Neigung, sich in das Gehege sperren zu lassen, wo es doch im Park so viel Spannendes zu entdecken gab, und wir hatten das Spiel verloren.

Das war schon übel genug, aber als Ellis und sein Enkel loszogen, um Polizeischilde zu kaufen, wie sie bei Demonstrationen benutzt werden, und uns aufforderte, uns dahinter zu verstecken, wenn wir die Tiger umsiedelten, hatten wir die Nase voll.

Das Wolfsrudel war bei meiner Rückkehr auf traurige Weise geschrumpft. Als ich vorher mit ihnen zusammengelebt hatte, waren es sechs Wölfe gewesen, fast alle im gleichen Alter – das war zu jener Zeit ein verbreitetes Problem in Rudeln, die in Gefangenschaft lebten – und nun am Ende ihres Lebens angekommen. Jetzt waren es nur noch drei: Zac, ein Alpha-Rüde, Lucky und Dakota. Dakota war ein Weibchen, das sich nur leihweise im Park befand, und kurz nach meiner Ankunft mussten wir sie wieder zurückgeben. Und Lucky starb. Ich verbrachte die letzten anderthalb Wochen mit ihr und versuchte verzweifelt, sie am Leben zu erhalten. Ihr Kopf lag in meinem Schoß, und ich träufelte ihr winzige Mengen Wasser ins Maul, aber am Ende glitt sie ganz still hinüber.

Da Zac nun alleine war, zog ich zu ihm ins Gehege, um ihm Gesellschaft zu leisten, und blieb ungefähr sechs Monate dort, bis wir einige andere Wölfe gefunden hatten. Tagsüber erledigte ich meine gewohnte Arbeit, und abends ging ich zu ihm ins Gehege, um dort zu übernachten. Immer wenn ich kam, spielte sich das übliche Ritual ab: Er rieb sich an meinen Füßen und Beinen und arbeitete sich dann hoch bis zum Kopf. Wenn ich nicht aufpasste, kam er von hinten und zwickte mich in den Hinterkopf, wobei oft sogar Blut floss. Er prüfte mich – und demonstrierte mir: Wenn er sich hinter mich schleichen konnte, um mich in den Hinterkopf zu beißen, dann konnte das auch ein beliebiger Feind, was bedeutete, dass ich nicht fähig war, ein Rudel zu schützen.

Bevor Dakota wieder zurückgegeben wurde, war sie

der Star einer Fernsehsendung, die im Wildpark spielte. Der Titel lautete »Talking with Animals«, und die Sendung wurde von Dr. Charlotte Uhlenbroek präsentiert. Als Teil der Titel-Sequenz heulte Charlotte, und ein Wolf, nämlich Dakota, heulte scheinbar als Antwort darauf. Natürlich hatte sich das nicht wirklich so abgespielt. Meine Aufgabe als Betreuer bestand darin, Dakota zum Heulen zu bringen. Erst hatte sie sich geweigert, Charlotte zu antworten. Einzig das Brüllen eines Löwen konnte sie dazu bewegen, ihr Maul zu öffnen. Also musste ich zum Löwengehege rennen und die Löwen aufmischen, bis einer von ihnen brüllte, damit Dakota als Reaktion darauf heulen würde. Das war meine erste Bekanntschaft mit einem Fernsehteam.

Es war auch meine erste Bekanntschaft mit den Wölfen im Longleat-Safaripark, die einige Jahre später eine wichtige Rolle in meinem Leben spielen sollten. Dort wurde der größte Teil der Sendung gedreht. Longleat war der angesehenste Wildpark im Land und wahrscheinlich weltweit, und ich hatte ihn schon häufig besucht, aber nun kam ich zum ersten Mal als Profi. Die Wölfe dort lebten zwar auch in Gefangenschaft, aber sie waren sehr viel wilder als die Wölfe in Sparkwell, weil sie nicht den geringsten Kontakt zu Menschen hatten. Die Besucher beobachteten sie aus dem Auto, und auch die Tierpfleger erledigten den größten Teil ihrer Arbeit von ihren Fahrzeugen aus. Ich hoffte, dass ich eines Tages dorthin zurückkehren würde.

Während meiner Zeit in Sparkwell nahm ich mir während der ruhigen Wintersaison einige Monate frei, um nach Kanada zu reisen. Ich war dort einmal als Soldat gewesen, als wir außerhalb von Wainwright in Alberta stationiert waren. Damals hatte ich gehofft, Kojoten sehen zu können, aber nur einen kurzen Blick auf einen einzigen erhascht, denn sie sind extrem scheu. Diesmal war ich an einer Studie beteiligt, bei der es darum ging, die Wanderrouten der Tiere aufzuzeichnen. Es hatte Angriffe auf Geflügel gegeben, und man befürchtete, dass es dazu gekommen war, weil die traditionellen Durchgangswege durch die Ausdehnung menschlicher Siedlungen blockiert waren. Unsere Aufgabe als freiwillige Helfer bestand darin, in Abschnitten von zwölf Nächten an verschiedenen Orten Wache zu halten, um festzustellen, wo die Kojoten waren und welche Wege sie einschlugen. Drei Monate lang habe ich Nacht für Nacht dagesessen, mir die Augen ausgeschaut und die Ohren gespitzt, weil ich unbedingt diese Geschöpfe beobachten wollte, die von den Indianern Trickster genannt werden. Aber die einzigen Kojoten, die ich während dieser Zeit zu Gesicht bekam, waren drei tote Exemplare, die auf der Straße überfahren worden waren. Es gab kein einziges lebendes Tier zu sehen.

Doch die Ironie bei der Geschichte war, dass sie mich sehr wohl gesehen hatten. Am Ende einer dieser fruchtlosen Sitzungen nahm ein Indianer mich und den anderen Freiwilligen, mit dem ich während dieser Schicht zusammengearbeitet hatte, mit auf die andere Seite der Felsnase, wo wir unsere kalte und ergebnislose Nachtwache gehalten hatten. Dort sahen wir im Matsch, keine 20 Meter von unserem Standort entfernt, eine Sammlung netter kleiner Pfotenabdrücke. Willi Coyote und seine Freunde hatten uns die ganze Zeit beobachtet – und sich zweifellos dabei schlappgelacht. Meine Freunde im Reservat hätten an der Geschichte ihre helle Freude gehabt.

Diese Reise nach Kanada weckte in mir Sehnsucht nach Idaho und das überwältigende Bedürfnis, meine indianischen Brüder wiederzusehen. Ich rief Levi an und fragte, ob ich kommen könnte. Ich wusste, sie würden mir nichts bezahlen können, aber das spielte keine Rolle. Ich musste einfach nur dort sein. Da Ellis im Winter so unregelmäßig zahlte, hatte ich, als ich mein Geld endlich bekam, fast einen vollen Jahreslohn unberührt auf dem Konto. Außerdem hatte ich manchmal Gelegenheitsjobs in den Nachtclubs von Plymouth übernommen, und so reichte das Geld für eine weitere Reise.

Diesmal flog ich direkt nach Lewistown, so dass die lange Fahrt durch den Schnee entfiel. Es war phantastisch, wieder dort zu sein, die unendliche Weite, der gewaltige Himmel, die Baumriesen, die Seen, die Berge und das Knirschen des harten, tiefen Schnees unter meinen Stiefeln. Ich genoss die klare, frische Bergluft in vollen Zügen und schwelgte in der Geräuschkulisse, die von den Lebewesen erzeugt wurde, die dieses magische Wunderland bewohnten. Ich war sogar glücklich, wieder in meinem alten, abgerissenen Tipi zu hausen.

Levi freute sich anscheinend, mich zu sehen, obwohl es nie leicht war, seine wahren Gefühle zu erkennen. Abgesehen von ihm und einigen Biologen, war jedoch niemand da, den ich kannte. Schade, denn früher hatten sie mich immer damit aufgezogen, dass die Engländer so starkes Bier trinken, und deshalb hatte ich extra eine Flasche englisches Bier mitgebracht, aber das schmeckte auch mit den neuen Leuten, und es dauerte nicht lange, bis ich mich mit einigen von ihnen angefreundet hatte. Die Arbeit hatte sich nicht geändert, und so fand ich rasch in die alte Routine zurück. Es war eine echte Heimkehr an einen Ort, von dem ich das Gefühl hatte, dass ich dort vollkommen hinpasste und ganz ich selbst sein konnte. Die Gegenwart der Indianer verbreitete eine besondere Atmosphäre, und es kam mir so vor, als sei ein Teil von mir auch während meines Aufenthaltes in Großbritannien dort am Fuß der Sawtooth-Berge geblieben. Es war eine Freude, wieder den Geschichten der Stammesältesten zu lauschen und stundenlang in der Hitze der Schwitzhütte zu sitzen und das Gefühl zu haben, vollkommen im Einklang mit der Welt zu sein.

Die einzige wirkliche Veränderung gab es bei den Wölfen – dort, wo ich sie zuletzt erwartet hätte. Bei meinem letzten Aufenthalt waren sie so ausgeglichen gewesen, aber jetzt stritten sie sich häufig um das Futter. Die Hierarchie hatte sich verändert. Ich hatte nicht damit gerechnet, dass sie mich wiedererkennen würden, und ich bin sicher, das war auch nicht der Fall, aber sie erlaubten mir wieder, mich ihnen anzuschließen. Ich absolvierte das Ritual, dem ich mich jedes Mal unterzog, wenn ich ein Wolfsgehege betrat – sogar bei Wölfen, die ich erst wenige Stunden zuvor verlassen hatte –, bezeugte den hochrangigen Rudelmitgliedern meinen Respekt, gestattete ihnen, ihre Duftmarken an mir zu hinterlassen und mich zu prüfen. So verhalten sich alle Wölfe, wenn sie das Rudel verlassen haben und wieder zurückkehren. Sie begrüßen einander, und mit der Art und Weise dieser Begrüßung und ihrer Körperhaltung dokumentieren sie ihren Rang innerhalb des Rudels.

Mir wurde der Titel eines Hilfsfeldbiologen verliehen, und zu meinen Aufgaben gehörte es nicht nur, für das Rudel in Gefangenschaft zu sorgen, sondern auch die Biologen auf ihren Exkursionen zu begleiten, bei denen die Bewegungen der wilden Wölfe überwacht wurden. Levi vertrat die Theorie, dass es schon lange vor der Auswilderung der kanadischen Wölfe im Jahr 1995 in den Rockys wilde Wölfe gegeben hatte. Er glaubte, dass sie über die alten Wanderrouten zwischen Kanada, Montana und Idaho in dieses Gebiet zurückgekehrt waren, und wir suchten nach Belegen für diese Theorie. Alles sprach dafür. Die neu ausgewilderten Wölfe waren elektronisch markiert worden, bevor sie Kanada verließen, aber man hatte sie auf die harte Tour in die Freiheit entlassen, indem man ihre Käfige einfach absetzte und die Tür öffnete, ohne weitere Eingriffe von menschlicher Seite. Sie waren paarweise angekommen, hatten sich jedoch sofort in entgegengesetzte Richtungen entfernt, was die Vermutung nahelegt, dass sie wussten, sie würden hier in der Gegend andere Wölfe finden, mit denen sie sich paaren konnten.

Insgesamt wurden 35 Wölfe ausgewildert, aber das ganze Programm war heftig umstritten. Die Bauern und Viehzüchter unternahmen in letzter Minute rechtliche Schritte, um die Durchführung zu verhindern, denn sie befürchteten, dass die Wölfe ihr Vieh reißen würden. Die Richter wiesen ihren Antrag auf einstweilige Verfügung zurück, und die Auswilderung konnte fortgesetzt werden. Die Schulkinder aus der Gegend wollten den Wölfen Namen geben, stießen damit jedoch ebenfalls auf eine wütende Opposition. Die Eltern befürchteten, wenn die Wölfe Namen hätten, würden die Kinder sie für harmlos halten und versucht sein, sich ihnen zu nähern, falls sie einen sahen. Also erhielten die Tiere Nummern wie B2M, B3F, B4F und B5M – wobei das M und das F für male (männlich) und female (weiblich) standen. 1998 hatte sich die Zahl der Wölfe auf 121 erhöht, was erneut dafür sprach, dass Levis Vermutung stimmte und es von Anfang an mehr Tiere gegeben hatte.

Der Winter eignete sich am besten, um den Wölfen zu folgen, denn im Schnee hinterließen sie gut erkennbare Spuren, und wie die meisten Tiere neigen auch Wölfe dazu, in einem Gebiet zu bleiben, das sie als ihr Territorium markiert haben, und sich nur innerhalb dieser Grenzen zu bewegen. Nachdem wir also die Reviere der verschiedenen Rudel dank ihrer Spuren im Schnee festgelegt hatten, war es nicht weiter schwierig, sie auch zu anderen Zeiten zu finden. Einmal mehr erwies sich meine militärische Ausbildung bei diesen Exkursionen in der Winterkälte als lebensrettend – ich wusste, wo ich Nahrung finden konnte, wie man sich warm hielt und wie man Überhitzung oder Austrocknung vermied. Viele Leute sterben bei eisigen Temperaturen eher durch die Folgen von Überhitzung als durch die Kälte als solche.

Die verschiedenen Jahreszeiten präsentierten sich auf spektakuläre Weise und waren sehr viel klarer voneinander abgegrenzt, als ich das bisher irgendwo erlebt hatte. Sie versetzten mich zurück in meine Kindheit, wo ich den Lauf der Jahreszeiten und die Veränderungen der Vegetation, der Lichtverhältnisse und der Temperaturen so geliebt hatte. Hier in den Rockys waren die Farben unvergleichlich und sensationell. Levi hat mir einmal eine Geschichte darüber erzählt, wie die Blätter im Herbst eine so lebhafte Färbung annehmen können. Diese Geschichte war ihm eingefallen, als wir uns eines Tages tief im Wald befanden. Wir waren oft zusammen unterwegs, so wie ich es früher mit meinem Großvater gewesen war, und gelegentlich blieb er stehen, kniete sich hin und untersuchte eine Losung oder einen Fußabdruck.

Während er am Boden hockte, sah ich plötzlich einen riesigen Bären keine 40 Meter von uns entfernt. »Bär!«, rief ich.

»Ich habe ihn gesehen«, erwiderte er gelassen, »er beobachtet uns schon seit mindestens 20 Minuten.«

Ich konnte die Panik in meiner Stimme nicht unterdrücken. »Aber das ist ein Bär, und wir haben kein Auto, in das wir springen könnten, und wir sind allein.«

Bären können so schnell rennen wie ein Pferd und auf die meisten Bäume klettern. Levi beruhigte mich, sein Volk habe Frieden mit den Bären geschlossen, und wir hätten nichts zu befürchten. Vor langer Zeit, so erzählte er (während ich mich fieberhaft nach einem Fluchtweg umsah), war ein Bär von drei Jägern verfolgt worden. Mit einer Wunde im Rücken rannte er bergauf bis zur höchsten Stelle, zu der er gelangen konnte, aber die Jäger waren ihm weiter auf den Fersen. Als er keinen Ausweg mehr sah, sprang er vom Berg und rannte weiter in den Himmel – und die Jäger folgten ihm. Man kann sie bis heute dort sehen, in einem Sternbild, das Ursa Maior, der große Bär, genannt wird –, und jeden Herbst, wenn die dunkle Jahreszeit hereinbricht, steht der Bär am Himmel auf dem Kopf, und das Blut aus seiner Rückenwunde fällt auf die Erde und färbt die Blätter purpurrot.

Der Wald steckte voller potenziell gefährlicher Tiere.

Eine der Studentinnen, die sich dieses Jahr im Lager aufhielten, hielt sich fit, indem sie zweimal täglich joggte. Morgens und abends lief sie fünf bis sechs Kilometer auf dem Weg, der zur Stadt führte. Eines Tages war ich mit einem der Biologen draußen gewesen, um Futter für die Wölfe zu holen, und ich hatte die Spuren des Mädchens im frisch gefallenen Schnee gesehen. Nach ungefähr anderthalb Kilometern waren parallel dazu die Abdrücke einer großen Katze zu erkennen. Es war ein Berglöwe, dem ihre Gewohnheit offenbar aufgefallen war und der ihr unbemerkt bis auf 150 Meter Entfernung vom Lager folgte. Wahrscheinlich tat er das nicht zum ersten Mal – diese Raubkatzen beobachten ihre Beute oft tagelang, bevor sie zuschlagen. Sie war drei Wochen denselben Weg gelaufen – aber danach gab sie das Joggen auf.

Gefährlich waren aber nicht nur die wilden Tiere. Jede Woche fuhren wir nach Winchester, um zu duschen und ein oder zwei Bier zu trinken, und eines Abends gab es in der Kneipe einen Karaoke-Wettbewerb. In der Annahme, Karaoke sei ein Vergnügen wie in England – etwas, das man tat, wenn man gut gebechert hatte und sich mit jedem weiteren Bier besser fühlte, meldete ich meine Teilnahme an. Dass sie ihr Karaoke in Idaho sehr ernst nahmen, war mir überhaupt nicht klar; immerhin handelte es sich bei den Sängern nicht um echte Profis, und es wurde nur die regionale Meisterschaft ausgetragen. Also ging ich zum Mikrofon und sang meine eigene Version des Beatles-Songs »Yesterday«, dessen Titel ich in »Leprosy (Lepra)« umbenannt hatte: »… I'm only half the man I used to be … (Ich bin nur noch die Hälfte von dem, was ich einmal war)«, was bei den Jungs der Schwadron gewöhnlich in einem Beifallssturm untergegangen war, aber diesmal wurde ich fast gelyncht und musste um mein Leben rennen.

Ich hatte nie besonders viel Alkohol getrunken, im Gegensatz zu einem der Mitarbeiter im Zentrum, der sich nach solchen Pub-Abenden oft in einem ziemlich mitgenommenen Zustand auf den Heimweg machte. Sein Tipi stand in der Nähe des Wolfsgeheges, und er musste direkt am Zaun entlanggehen. Jeden Samstagabend, wenn er, nach Alkohol stinkend, dort vorbeitorkelte, wurden die Wölfe wild. Sie kannten diesen Mann gut, und doch packte sie dann das Jagdfieber – sie rannten hin und her und sprangen immer wieder gegen den Zaun. Wir vermuteten, dass seine Alkoholausdünstungen die Tiere verwirrten, weil sie normalerweise nicht aggressiv auf Menschen reagierten, und schon gar nicht auf Leute, die sie gut kannten.

Also machten wir ein paar Experimente. Wir übergossen ihn mit Alkohol und ließen ihn mit sicheren Schritten an den Wölfen vorbeigehen. Keine Reaktion. Dann ließen wir ihn denselben Weg torkeln, obwohl er stocknüchtern war und nicht im geringsten nach Alkohol roch, und die Wölfe drehten durch. Wir machten Videoaufnahmen von ihm, weil wir feststellen wollten, was da los war, und dann zeigte uns einer der Biologen ein Video, das er von Wölfen gemacht hatte, die eine Bisonherde jagten. Eins der Bisonkälber war verletzt, und als wir das Bildmaterial von diesem Kalb auf einem Fernsehschirm mit den Bildern des torkelnden Mannes verglichen, erkannten wir, dass sich ihre Bewegungen vollkommen glichen. Die Wölfe reagierten nicht auf den Alkohol; sie betrachteten den Mann als Beute, die sie hätten erlegen können, wenn sie eine Chance gehabt hätten, an ihn heranzukommen. Daraus ergab sich für uns die ernsthafte Frage, ob er seine Arbeit mit diesem Rudel fortsetzen konnte.

11

Der Ruf der Wildnis

Diese Wölfe waren in Gefangenschaft geboren, aber sie hatten nie ihre Instinkte verloren. Mit ihnen zusammen zu sein war stets eine Herausforderung und unkalkulierbar, und ich hatte immer das Gefühl, dass meine Wachsamkeit nicht eine Sekunde nachlassen durfte. Aber ich begann mich zu fragen, inwiefern wilde Wölfe wohl anders waren und ob mich auch ein Rudel akzeptieren würde, das noch nie einem Menschen begegnet war. Etwas Reizvolleres konnte ich mir nicht vorstellen. Außerdem wollte ich unbedingt wissen, ob Levis Theorie stimmte, dass es vorher schon Wölfe in der Region gegeben hatte, die auf irgendeiner alten Wanderroute umhergezogen waren – und welche Route das wohl sein mochte.

Die Biologen im Lager sprachen sich mit ziemlichem Nachdruck gegen meinen Plan aus, und einige von ihnen verhielten sich regelrecht feindselig. Sie hielten meine Theorien und Überzeugungen für abwegig, und abgesehen von einigen wissenschaftlichen Einwänden erklärten sie das Vorhaben für ein Selbstmordkommando. Für sie war ich ein Wahnsinniger aus einem fremden Land ohne jede Qualifikation – und dagegen hatte ich nicht viel vorzubringen. Was ich tun wollte, widersprach allen wissenschaftlichen Grundsätzen; als Biologen beobachteten sie, aber sie griffen nicht ein, und sie folgten einer strengen Methodik. Doch ich war kein Wissenschaftler; anders als sie hatte ich keinen Ruf zu verlieren. Ich brauchte keinen Misserfolg zu fürchten; ich hatte nichts zu verlieren und alles zu gewinnen.

Die Biologen hatten weitere Bedenken: Sie fürchteten, ich könnte die Wölfe in irgendeiner Weise beeinflussen, ihnen die Angst vor den Menschen nehmen und sie ermutigen, sich Personen und damit auch Farmen und Siedlungen zu nähern. Dieser Einwand ließ sich nicht so leicht entkräften, aber ich hoffte, dass ich den Wölfen etwas über Menschen beibringen könnte, bevor sie einer Mutter begegnen würden, die ihr Kind zur Schule brachte, und dadurch gleich zu Anfang eine schlechte Erfahrung machten.

Es gab keine Gewissheit, dass ich überhaupt Wölfe finden würde, ganz zu schweigen von der Möglichkeit, ihnen näher zu kommen, und das Risiko, bei dem Versuch mein Leben zu lassen, war groß. Aber ich wollte es unbedingt wissen. Die letzte Entscheidung lag jedoch bei Levi, und so wie er nun einmal war, hielt er mich nicht auf. Ich denke, dass einige der Indianer – vielleicht sogar Levi selbst – ein wenig neidisch auf das waren, was ich vorhatte. Vielleicht wären sie selbst gerne in den Wald gezogen, aber sie hatten Familien, Jobs und Verantwortlichkeiten.

Ich hatte mich so gut wie möglich vorbereitet. Körperlich war ich fit, hatte monatelang mit Laufen, Wandern und Gewichtheben trainiert. Ich hatte die Karten studiert, Bücher gelesen und mit den Stammesältesten über die Wölfe gesprochen. Und bevor ich England verlassen hatte, hatte ich mir eine gute Ausrüstung zusammengestellt. Ich war in einem Spezialgeschäft für Extremsportler gewesen, hatte erklärt, was ich brauchte, und die Leute dort hatten mir kostenlos verschiedene Sachen zur Probe gegeben. Nun besaß ich beispielsweise drei Paar Socken, die atmungsaktiv waren und nicht gewaschen werden mussten, sowie – statt Unterwäsche – eine Art zweiter Haut, die in der Kälte wärmte und in der Hitze kühlte. Den Rest hatte ich gekauft: gute Wanderstiefel und einen angeblich wasserdichten Overall mit Lüftungsschlitzen unter den Armen. Abgesehen davon besaß ich Jeans, verschiedene Oberteile, Handschuhe und eine Kopfbedeckung.

Ich nahm weder einen Schlafsack noch irgendeine Art von Wetterschutz mit, und ich hatte auch nicht die Absicht, irgendetwas zu kochen. Ich wollte so weit wie möglich ein einsamer Wolf sein, und insofern stand ein Feuer nicht zur Debatte, und ein Schlafsack wäre nur lästig gewesen. Ich nahm einen Rucksack mit, der eine Flasche Wasser enthielt, Tabletten zur Wasserreinigung, ein Messer, etwas Draht und ein Stück Schnur, um Fallen herzustellen, ein Leuchtgeschoss, falls ich jemandem meine Position anzeigen musste, einen Kompass, eine Landkarte, ein Notizbuch, einen Stift sowie ein paar Stücke sehr salziges Dörrfleisch für den Fall, dass ich keine Nahrung finden konnte.

An einem Herbstmorgen verließ ich das Lager gleich bei Sonnenaufgang und schlug den alten Pfad ein, der sich am Salmon River entlangzog. Über diesen Weg hatte der legendäre Chief Joseph die Nez Percé 1877 bei ihrer Flucht vor der US-Kavallerie geführt, die schließlich mit seiner Kapitulation in Montana endete. Das Unternehmen galt als einer der brillantesten militärischen Rückzüge in der amerikanischen Geschichte. Mit einer Truppe von ungefähr 700 Indianern, unter denen nur etwa 200 Krieger waren, kämpfte er gegen 2000 amerikanische Soldaten, und noch heute wird er innerhalb des Stammes als Menschenfreund und Friedensstifter gelobt. Die Ältesten erzählten ausführlich über Chief Joseph und die Geschichte des Stammes und beschrieben, wie der weiße Mann ihnen systematisch ihr Land genommen hatte. Joseph hatte seinem sterbenden Vater versprochen, niemals das Land zu verkaufen, auf dem seine Eltern begraben waren. »Ein Mann, der das Grab seines Vaters nicht verteidigt, ist schlimmer als ein wildes Tier«, soll er gesagt haben, aber am Ende gelangte er zu der Einsicht, dass es besser war, dieses Versprechen zu brechen, als noch mehr Blut zu vergießen.

Der Weg wurde in den Sommermonaten von Touristen genutzt. Die Landschaft war spektakulär, die Farben waren prächtig, aber ich wusste, dass unter der freundlichen Oberfläche eine Menge Gefahren lauerten. Ich würde alle meine Fähigkeiten brauchen, um in diesem Terrain zu überleben – und eine gute Portion Glück dazu. Die Rockys sind wunderschön, aber lebensfeindlich, und sie erstrecken sich über ein riesiges Gebiet. Ich betrat – allen Warnungen zum Trotz – eine unbekannte Welt, und ich war mir nicht sicher, ob und, wenn ja, wie lange ich ihr gewachsen sein würde. In dieser Höhe sanken die Temperaturen nachts dramatisch ab, und wenn die Kälte mich nicht umbrachte – oder die Wölfe –, dann drohte immer noch die Begegnung mit einem wütenden Bären oder einem anderen Raubtier. Ich hatte zwar halbwegs gelernt, wie man mit Bären umgeht, aber ich fürchtete sie. Die Biologen hatten darüber beraten, ob ich Waffen, ein Funkgerät oder ein Handy mitnehmen und mich alle zwölf Stunden melden sollte, aber das hätte nicht funktioniert; der enge Kontakt zu Menschen hätte die Wölfe in Angst versetzt und vertrieben. Ich wollte mir die besten Erfolgschancen sichern, und das bedeutete, dass ich Risiken eingehen musste, die andere vielleicht nicht eingegangen wären. Was ich tat, war gegen alle menschlichen Sicherheitsregeln, aber ich war schließlich immer meinen eigenen Weg gegangen, abseits der ausgetretenen Pfade.

Ich würde gerne sagen, dass meine Besorgnis bald verschwand, das Training die Überhand gewann und ich mich rasch aufs Überleben konzentrierte. Aber das wäre eine Lüge. Während der ersten zwei bis drei Wochen lebte ich in einer Art Schockzustand – überzeugt, dass ich von Glück sagen konnte, wenn ich das alles überleben würde. Während dieser Zeit bewegte ich mich kaum, sondern verhielt mich fast wie ein Tier, das vorsichtig eine neue Umgebung erkundet. Ich blieb auf Sicherheit bedacht und klammerte mich an das, was ich für meine »Du-kommst-aus-dem-Gefängnis-frei-Karte« hielt: Ich hatte mit Levi einen Treffpunkt vereinbart, wo ich meinen Rucksack zurücklassen würde, und er oder jemand anders aus dem Lager würde alle paar Tage dorthin fahren, um zu prüfen, ob es mir gut ging. Wann immer ich wieder ins Lager wollte, brauchte ich dort einfach nur zu warten. Außerdem benutzten wir ein Notizbuch, um uns gegenseitig Nachrichten zu hinterlassen. Nach dem ersten Schnee würde der Weg nicht mehr passierbar sein, aber notfalls konnte man Rettungshubschrauber einsetzen, und die Leute im Lager wussten, was sie taten. Wenn mich natürlich ein Bär oder ein anderes Raubtier angreifen würde, dann wären alle Notfallpläne hinfällig.

In den ersten Wochen bewegte ich mich nicht weiter als 25 bis 30 Kilometer vom vereinbarten Treffpunkt weg. Ich war hin und her gerissen zwischen meiner Entschlossenheit, Wölfe zu finden, und meiner sehr menschlichen Seite, die steif vor Angst war und keinen Selbstmord begehen wollte. Ich fürchtete mich so sehr vor Raubtieren, dass ich es nicht wagte, mich nach Einbruch der Dunkelheit zu bewegen, und in den ersten vier Nächten schlief ich oben in einem Baum, auch wenn schlafen kaum der richtige Ausdruck dafür ist. Ich lauschte auf jedes Geräusch und nickte nur gelegentlich kurz ein. Erst als ich in der fünften Nacht vom Baum heruntergefallen war, begann ich auf dem Boden zu schlafen. Ich war nicht tief gefallen, höchstens fünf Meter, doch mir war klar, wenn mir das noch einmal passieren und ich mich dabei verletzen würde, dann würde ich wahrscheinlich sowieso sterben, entweder erfrieren oder verhungern. Die Indianer sagten immer, dass jeder Krieger sich einen ehrenvollen Tod wünscht, und ich sah schon kommen, dass ich der einzige Mensch sein würde, der mit Wölfen gearbeitet und nach dem Sturz von einem Baum eines unrühmlichen Todes gestorben war.

Allmählich wuchs mein Selbstvertrauen, und ich wagte mich tagsüber weiter weg. Ich untersuchte Tierexkremente und Spuren auf dem Boden, um festzustellen, mit welchen Tieren ich die unberührte Wildnis teilte. Dann nahm ich meinen Mut zusammen und streifte auch nachts umher. Ich änderte mein Schlafmuster – obwohl ich immer noch nicht besonders viel schlief. Ich begann, vor allem tagsüber kleine Nickerchen zu halten und zu dösen. Ich hielt es für wichtig, keine Routine zu entwickeln, mit der ich Raubtiere auf mich aufmerksam machen würde. Mit Draht, Kordel und biegsamen Stöcken stellte ich primitive Fallen her und legte sie dort aus, wo ich sehen konnte, dass die Tiere täglich denselben Weg nahmen. So fing ich mein erstes Kaninchen, bevor ich meine gesamten Dörrfleisch-Vorräte aufgebraucht hatte. Ich häutete das Tier und nahm es aus, aß aber nur die Läufe. Ich hatte schon vorher rohes Kaninchen gegessen – es schmeckte stark nach Wild. Aber ich musste großen Hunger haben, was später der Fall war, um auch den Rest des Tieres zu verzehren – und nur wenn ich völlig ausgehungert war, aß ich auch den Mageninhalt. Ich fing außerdem Vögel, Nagetiere und andere kleine Säugetiere wie Eichhörnchen. Ich jagte nichts Größeres als Kaninchen, denn da ich auf mich allein gestellt war, konnte ich es nicht riskieren, von einem Geweih durchbohrt oder auf andere Weise verletzt zu werden. Dann hätte ich nicht mehr jagen können, und ohne Nahrung wäre ich gestorben.

Es fiel mir nicht schwer zu töten. Während meiner militärischen Ausbildung hatte man jedem Rekruten ein weiches, flauschiges Kaninchen gegeben, um das wir uns einen Nachmittag kümmern sollten. Vier oder fünf Stunden später erhielten wir den Auftrag, die Kaninchen zu töten; sie würden unsere nächste Mahlzeit sein. Meine raubeinigen, markigen Kameraden waren entsetzt, und so musste ich die Tiere alle töten. Hier bestand mein einziges Problem darin, dass andere Raubtiere die Beute wahrscheinlich vor mir finden würden. Ich ernährte mich so, wie die Wölfe es tun, und das bedeutete Qualität statt Quantität: Eine Mahlzeit aus rohem Fleisch gab mir genug langsam frei werdende Energie für anderthalb bis zwei Tage. Manchmal aß ich zusätzlich Nüsse und Beeren, aber ich machte immer erst die Giftprobe, bevor ich zu viel von irgendetwas zu mir nahm.

Im Laufe der Wochen entwickelte ich eine gewisse Routine und fand ein Gebiet, in dem ich mich wohl fühlte. Ich konnte Rotwild, Dachse und Eulen hören, manchmal heulte auch kurz ein Wolf oder ein Kojote, aber ich sah vier Wochen lang kein lebendes Wesen. Ich war in meinem Element – allein mit der Natur und ganz auf meine Sinne angewiesen –, umgeben von einer atemberaubenden Landschaft und den Wölfen auf der Spur. Es war so, als hätte ich als Fahrschüler meine Prüfung bestanden und dürfte nun plötzlich allein im Auto unterwegs sein. Ich bildete mir eine Menge darauf ein, fühlte mich unbesiegbar und so, als könnte ich ewig dort bleiben.

Dann kam der erste Härtetest. Das Wetter änderte sich, und vier Tage lang wütete um mich herum ein entsetzlicher Sturm. Nichts rührte sich, die Tiere blieben, wo sie waren, und meine Nahrungsquellen versiegten. Mir wurde klar, dass die Natur bei schlechtem Wetter dichtmacht und solche Phasen aussitzt. Mir blieb nichts anderes übrig, als es genauso zu halten. Ich suchte Zuflucht unter einer Gruppe immergrüner Bäume und litt unter Langeweile und Depressionen. Meine Routine war das, was mich bei Laune gehalten hatte. Ich war hungrig, und Körper und Geist schalteten auf Sparflamme. Dann meldete sich das Training und ich erinnerte mich, was ich bei der Armee über die lebenswichtige Bedeutung des positiven Denkens gelernt hatte. Egal, in welcher Situation man sich befindet, egal, wie hoffnungslos sie erscheinen mag, man muss schnell nach Optionen Ausschau halten – wie man sich ernähren kann, wie man sich schützen kann, wie man seine Wunden versorgen kann. Man muss bei guter Stimmung bleiben, oder man ist tot. Die Wölfe machen es genauso: Sie geben niemals auf, bemitleiden sich niemals selbst, und sogar wenn sie tödlich verwundet sind, laufen sie weiter. Und mehr als alles andere wollte ich wie ein Wolf sein. Die meisten Menschen wollen die Tiere, die sie lieben, den Menschen ähnlicher machen; ich hatte immer den Tieren, die ich liebte, ähnlicher sein wollen.

Es dauerte zweieinhalb Monate, bis ich auf die erste Spur eines Wolfes stieß. Ich war schon der Verzweiflung nahe, als ich an ein kleines Wasserloch kam, das von weichem Schlamm umgeben war, und in diesem Schlamm sah ich den Abdruck eines großen männlichen Wolfs. Diese Entdeckung war ebenso aufregend wie entnervend. Es gab keine Hinweise auf irgendwelche anderen Tiere, und so nahm ich an, dass es sich um einen Einzelgänger handelte. Ich beschloss, die Nacht dort zu verbringen, und als es dunkel wurde, heulte ich nach Wolfsart. Das war lächerlich mutig – oder närrisch –, denn es verriet jedem Raubtier sofort, wo ich mich befand. Und das alles vergeblich, denn ich bekam keine Antwort. Ich war enttäuscht, aber nicht wirklich überrascht. In dieser Nacht döste ich nicht einmal; ich lag unter einem Baum und lauschte den Geräuschen der Geschöpfe des Waldes, ihrem Grunzen, Heulen und Rufen, und ich war mir bewusst, dass ich mich selbst rücksichtslos in Gefahr gebracht hatte.

Während der nächsten drei Wochen sah und hörte ich nichts. Ich fühlte mich sehr deprimiert und begann mich zu fragen, was in aller Welt ich hier eigentlich tat. Ich sehnte mich nach etwas Bequemlichkeit und Normalität. Wie gerne hätte ich mich einmal entspannt und eine ganze Nacht durchgeschlafen, ohne mir Sorgen zu machen, weil ich irgendwo einen Zweig hatte knacken hören. Diesen Luxus hatte ich seit drei Monaten nicht mehr genießen können.

Und dann hörte ich mitten in der Nacht zum ersten Mal seine Stimme. Es war ein tiefer Ton, kam also wahrscheinlich von einem Rüden, vermutlich einem Beta-Tier, und ich nahm an, dass es sich nicht um einen Einzelgänger handelte, sondern eher um einen Wolf, der sich von seinem Rudel entfernt hatte. Er näherte sich von der Baumgrenze her, aber seine Entfernung war schwer abzuschätzen. Vermutlich betrug sie etwas mehr als einen Kilometer. Ich war versucht zurückzuheulen, besann mich aber eines Besseren. Hätte ich geheult, dann hätte ich mich bewegen müssen – ich wollte nicht den Lockvogel spielen, und ich hatte keine Lust, in der Dunkelheit herumzustolpern.

Weitere drei Wochen vergingen, ohne dass etwas passierte – kein einziger Pfotenabdruck, kein einziger Laut –, und dann plötzlich kreuzte am helllichten Nachmittag nur ungefähr 150 Meter vor mir ein großer, schwarzer Wolf meinen Weg. Er blieb kurz stehen und schaute mich mit seinen durchdringenden gelben Augen direkt an, bevor er im Wald verschwand. In der knappen Zeit hatte ich nicht sehen können, ob es ein männliches oder ein weibliches Tier war oder ob es zur Beschreibung irgendeines der ausgewilderten Wölfe passte. Er war im Nu verschwunden, und ich fragte mich, ob ich ihn wirklich gesehen oder mir das nur eingebildet hatte.

Ich war ungeheuer aufgeregt. Die Zweifel, die ich im Hinblick auf mein Vorhaben gehegt hatte, waren verschwunden. Die Depressionen ebenso. Von diesem Moment an dachte ich nur noch daran, wie nah ich diesem Geschöpf wohl kommen konnte. Und was wäre, wenn ich entdecken würde, dass es sich tatsächlich um einen wilden Wolf handelte, geboren und aufgewachsen in diesem Gebiet, ohne den geringsten Einfluss von Menschen. Ich traute mich kaum, diese Möglichkeit in Erwägung zu ziehen. Angesichts seiner Reaktion war das Tier offensichtlich nicht an Menschen gewöhnt und schien sich in ihrer Nähe auch nicht wohl zu fühlen. Wie sollte ich die Sache anfangen? Ich überlegte, ob ich irgendwo Futter liegen lassen sollte, aber das wäre nicht nur für den Wolf, sondern auch für andere Raubtiere in der Gegend interessant gewesen. Sollte ich all meinen Mut zusammennehmen und einen Kommunikationsversuch wagen? Wenn es sich um einen Einzelgänger handelte, würde er vielleicht reagieren, obwohl aus uns kein Paar werden konnte, einfach weil man zu zweit immer sicherer ist als alleine, aber das würde auch andere auf meine Anwesenheit aufmerksam machen. Ich wog die Vor- und Nachteile aller meiner Optionen ab. War das der Wolf, dessen Heulen ich gehört hatte? War es das Tier, dessen Abdrücke ich im Schlamm gefunden hatte? Ich hatte nichts gesehen, was mich hätte vermuten lassen, dass sich mehr als ein Wolf in der Gegend aufhielt.

Ich musste ein Risiko eingehen, denn dazu war ich

schließlich hergekommen, und darum war es während der letzten vier Monate gegangen. Wenn ich die nächste Stufe erreichte – die von einer völlig anderen Qualität war –, dann würde ich meine Routine ändern müssen: Ich würde meine Kuschelecke verlassen müssen. Ich würde nachts nicht mehr an einem Ort bleiben können; ich würde tagsüber schlafen und mich nachts bewegen müssen, und das war eine Aussicht, die mir überhaupt nicht behagte.

Es erfordert Mut, in dieser Umgebung überhaupt etwas zu tun, sei es zum Überleben, zur Erholung oder für eine gute Sache. Es bedeutet, sich all dem auszusetzen, was wir Menschen am meisten fürchten – der Dunkelheit, dem Wald, Wölfen, Bären und den Gefahren der Natur. Die Indianer haben es richtig gemacht: Sie haben ihre Kinder, wenn sie acht oder neun Jahre alt waren, für fünf Tage in die Berge geschickt, und manche tun das auch heute noch. Es war eine Art Feuertaufe, welche die kindlichen Ängste vertrieb, die die meisten von uns auch noch im Erwachsenenalter spüren. Sie haben auf eine ähnliche Weise Frieden mit der Natur geschlossen, wie Levi Frieden mit dem Bären geschlossen hat. Er fürchtete den Bären nicht, und der Bär fürchtete ihn nicht.

Fitness ist für jedes Geschöpf der Schlüssel zum Überleben. Kein Raubtier wird das Risiko eingehen, ein anderes Raubtier anzugreifen, das fit ist, denn bei diesem Versuch könnte es verletzt werden; aber sobald irgendein Tier verletzt ist oder eine Schwäche zeigt, ist es praktisch zum Tod verurteilt.

Diese erste Nacht war entsetzlich. Ich wusste, dass mein Vorhaben gefährlich war, gefährlicher als die Nächte, die ich mit den Rudeln in Gefangenschaft verbracht hatte. Meine Augen waren nicht dazu geschaffen, in der Dunkelheit zu sehen, und wenn ich stolperte oder fiel, konnte mich ein Raubtier in Sekunden überwältigen. Es war so, als würde man mit Haien schwimmen – sie haben alle Vorteile und man selbst keinen einzigen. Ich ging nicht weit, höchstens zehn bis zwölf Kilometer. Nach jedem Schritt hielt ich inne und horchte, denn ich wusste, dass ich mit jeder Bewegung, so leise ich auch zu sein versuchte, meine Position verriet. Es stand kein Mond am Himmel, und ich war überrascht, wie viel ich ohne sein Licht erkennen konnte, doch alles wirkte Grau in Grau. Ich beobachtete meine Umgebung, immer auf der Suche nach irgendwelchen Bewegungen – darauf kam es an. Alle meine Sinne waren aufs Höchste angespannt. Tief sog ich die Luft ein, um Gerüche wahrzunehmen; ich nutzte den Wind, der mir die Geräusche und Gerüche der Lebewesen in meiner Umgebung zutrug, was ich bisher noch nie getan hatte. So nahm ich jede Regung und jeden Laut wahr, und, ich schwöre, manchmal hörte ich mein eigenes Herz – so laut schlug es.

Den Bären galt meine größte Furcht, weil sie so unberechenbar waren. Seit ihren ersten Begegnungen mit Menschen hatten sich ihre Verhaltensmuster geändert, und inzwischen zogen sie bei Nacht genauso durch die Wälder wie tagsüber. Aufgrund ihrer Erfahrungen mit Ausflüglern und Campern betrachteten sie Menschen zunehmend als Futterlieferanten und folgten ihnen in der Erwartung, etwas Essbares zu bekommen. Deshalb trieben sie sich auch so oft in der Nähe des Zentrums herum. Sie waren schnell und beweglich, und wenn man unabsichtlich einen Bären überraschte oder zwischen eine Mutter und ihre Jungen geriet, konnte das Spiel rasch vorbei sein. Ich habe lange gebraucht, um meine Angst vor Bären zu überwinden, und ich denke, sogar heute reagiere ich auf Bären spontan mit Furcht und nicht mit Respekt.

Die Nacht, von der ich gedacht hatte, sie könnte meine letzte sein, verging ohne Zwischenfälle. Die Morgendämmerung brachte das erste Licht eines neuen Tages, und ich lebte, war unversehrt und bereit, diesen Tag mit offenen Armen willkommen zu heißen. Ich fühlte mich beschwingt. Ich mochte zwar in der Schule durch jede Prüfung gefallen und auch sonst in vieler Hinsicht ein Versager gewesen sein, aber das spielte plötzlich überhaupt keine Rolle mehr. In dieser einen Nacht in der Wildnis der Rocky Mountains unter einigen der gefährlichsten Raubtiere der Welt hatte ich mehr erreicht als in den 30 Jahren meines Lebens unter den Menschen. Die Erregung, die ich an diesem Morgen empfand, war schwer in Schach zu halten. Es war gut zu leben – und nie wieder würde ich mich minderwertig fühlen.

12
Ein Geduldsspiel

Doch es war nur eine einzige Nacht gewesen. Ich versuchte, mich am folgenden Tag auszuruhen, aber ich war zu aufgeregt, und in der nächsten Nacht fühlte ich mich nicht zu einer Wiederholung meines Abenteuers in der Lage. Also blieb ich, wo ich war, und machte mich in der dritten Nacht wieder auf den Weg. Ich war mir nicht sicher, was ich tun sollte, wenn der Wolf tatsächlich heulen würde. Sollte ich zurückheulen und jedes Raubtier im Wald wissen lassen, wo ich mich befand? Ich sagte mir, dass ich auf das Heulen dieses Wolfs warten würde, aber das war vermutlich nur eine Ausrede. In Wirklichkeit hatte ich immer noch eine Menge Angst.

Ich hatte mir einen Ruheplatz eingerichtet, an dem ich mich wohl und sicher fühlte. Er lag knapp 30 Kilometer von der Stelle entfernt, wo ich dem Wolf begegnet war. Es war eine Lichtung. Von hinten schützte mich ein großer Felsen. Zwar erlaubte ich mir auch hier nicht den Luxus, mehrere Stunden am Stück zu schlafen, aber für kürzere Schlafphasen fühlte ich mich einigermaßen sicher. Von hier aus begab ich mich nun jede Nacht auf die Suche nach dem Wolf. Das Revier von Wölfen ist im Allgemeinen eiförmig, und so zog auch ich meine Kreise eiförmig, gewann im Laufe der Zeit mehr Selbstvertrauen und stellte jeden Morgen in der ersten Dämmerung fest, dass ich immer noch lebte. Meine Sinne schärften sich. Zwar konnte ich in der Dunkelheit immer noch nicht gut sehen, aber dafür gab es genügend Ausgleich: Ich konnte eine Tannennadel fallen hören und die Gerüche der verschiedenen Tiere unterscheiden, die mich dabei beobachteten, wie ich durch ihre Welt kroch, ohne dass ich selbst ihre Bewegungen sehen musste.

Das einzige Tier, das ich niemals sah, hörte oder roch, war der Wolf. Er oder sie war verschwunden, und nach einer Weile beschloss ich, zum Treffpunkt zurückzukehren, wo ich meinen Rucksack hinterlassen hatte, um zu sehen, ob es dort irgendwelche Nachrichten für mich gab, und Levi und die anderen wissen zu lassen, was hier los war. Mittlerweile hatte mich die große Verzweiflung überfallen. Nachdem ich so begeistert gewesen war, als ich den Wolf gesehen und meine erste Nacht im Wald überlebt hatte, befand ich mich nun auf einer emotionalen Achterbahnfahrt, die ich kaum unter Kontrolle hatte. Ich war so nah dran und doch noch so weit entfernt. Noch immer wusste ich nicht, ob dieser Wolf wirklich ein wilder war oder ob ich ihn jemals wiedersehen würde. Immer wieder überfielen mich nagende Zweifel im Hinblick auf diese ganze Mission. Am Treffpunkt hatte niemand eine Nachricht für mich hinterlassen, aber die Fußspuren auf dem Boden sagten mir, dass Levi oder jemand anders aus dem Lager dort gewesen war. Also schrieb ich selbst eine Nachricht und informierte sie über den Wolf, den ich gesehen hatte. Ich aß etwas von dem Dörrfleisch und steckte mir einige Stücke als Vorrat in die Tasche. Dann ging ich dorthin zurück, wo ich hergekommen war.

Es müssen mehr als weitere vier Wochen vergangen sein, bevor ich wieder einen Wolf zu Gesicht bekam – vielleicht denselben wie zuvor, vielleicht einen anderen. Es war früher Morgen, und ich lagerte unter einem Baum in einer Lichtung, wo der Wind in meine Richtung wehte. So war es mir am liebsten, denn auf diese Weise konnte ich jedes Lebewesen riechen, bevor es zu sehen war. Mit jedem Tag, der verging, wurde ich immer mehr wie ein wildes Tier – und wahrscheinlich roch ich auch immer mehr so. Seit Monaten hatte ich meine Kleidung nicht mehr gewechselt und mir allenfalls gelegentlich etwas Wasser ins Gesicht, über die Genitalien und unter die Arme gespritzt. Mein Haar war ungekämmt und mein Bart der reinste Wildwuchs.

Dieser Wolf war ein großes, schwarzes Tier, das aus dem Wald direkt auf mich zukam. Er blieb stehen, sah mich 30 oder 40 Sekunden lang ganz ruhig an, wandte sich dann nach rechts und verschwand wieder zwischen den Bäumen. Er schien keine Angst vor mir zu haben, und das ließ mich vermuten, dass er mich schon eine ganze Weile beobachtet hatte, bevor er sich schließlich, aus welchem Grund auch immer, blicken ließ.

Während des nächsten Monats zeigte er sich alle zwei oder drei Tage. Er tauchte in den verschiedensten Situationen auf, immer wenn ich ihn am wenigsten erwartete. Ich wanderte beispielsweise durch den Wald, setzte mich irgendwohin, um eine Pause zu machen, lauschte dem Leben um mich herum, und plötzlich stand er auf der Lichtung. Oder ich legte eine Falle aus, aß etwas oder holte Wasser vom Fluss, schaute mich um und blickte in zwei große, bernsteinfarbene Augen, die mich beobachteten.

Ich hatte den Eindruck, dass er mir ständig folgte und von mir sehr viel mehr sah als ich von ihm. Ich sprach ihn nie an – ich wollte nicht, dass der Wolf mich als Menschen wahrnahm oder Menschen für harmlos hielt. Vielmehr plante ich, dem Wolf Angst einzuflößen, wenn ich den Wald verließ, so dass er einen nachhaltig negativen Eindruck von Menschen zurückbehielt. Aber so weit war es noch nicht. Vorläufig sollte er mir vertrauen, und so machte ich mich jedes Mal klein, wenn ich ihn sah, oder ich lag auf einen Ellbogen gestützt, um ihm zu zeigen, dass ich keine Bedrohung für ihn war.

Nach einigen weiteren Wochen der Werbung traten wir in ein neues Stadium ein. Es war früher Morgen, und ich lag noch im Halbschlaf, als ich den magischen Klang eines Heulens hörte. Es klang nicht so wie das übliche Heulen von Wölfen, sondern schien eher eine Anfrage zu sein. Was sollte ich tun. Antworten und meinen Standort verraten oder auf Sicherheit spielen und schweigen? Ich wog meine Optionen ab. Inzwischen kannte ich das Gebiet recht gut, und außer Rotwild hatte ich keine weiteren Spuren gesehen. Es gab keine Hinweise auf Raubtiere – auch wenn das nicht bedeutete, dass sich keine in der Gegend aufhielten. Ich beschloss, es zu wagen. Ich legte die Hände um den Mund und heulte die Antwort, die dieser Wolf hoffentlich hören wollte. Mit angehaltenem Atem wartete ich, während mir das Herz bis zum Hals schlug. Minuten vergingen, die mir wie Stunden vorkamen, und dann wurde die Stille von einem langen, einschmeichelnden Heulen durchbrochen, das mir die Nackenhaare zu Berge stehen ließ. Ich hatte meine Antwort bekommen. Ich konnte es kaum glauben; es war ein Wunder. Er oder sie hatte zurückgeheult. Ich hatte dieses Geschöpf immer noch nicht lange genug gesehen, um sein Geschlecht sicher bestimmen zu können, aber aus seiner Größe schloss ich, dass es sich um ein männliches Tier handelte, obwohl schwarze Wölfinnen ebenfalls meist recht groß sind.

Dieser Austausch war der Wendepunkt unserer Beziehung. Während der nächsten zwei Wochen verging kaum ein Tag, an dem ich diesen Wolf nicht sah – und es war ein junger Rüde. Er kam nicht sehr viel näher, aber ich stellte fest, dass er mich beobachtete, und wenn ich ihn bemerkte, schaute er mich an, wartete noch einen Moment oder zwei und verschwand dann zwischen den Bäumen. Nachts heulten wir uns gegenseitig an, und die Entfernung zwischen uns betrug nicht mehr als 200 bis 300 Meter.

Und dann machte ich eine verblüffende Entdeckung. Dieser Wolf war kein Einzelgänger. Er gehörte zu einem Rudel von fünf Tieren, und ich vermute, dass er sich mir entweder auf eigene Faust aus Neugier genähert hatte oder – was wahrscheinlicher war – von der Alpha-Wölfin geschickt worden war, um mich genauer in Augenschein zu nehmen.

Eines Nachmittags saß ich auf einer Lichtung an einen Felsen gelehnt, als er wieder einmal aus dem Wald heraustrat. Während ich ihn noch anschaute und mich fragte, ob er näher kommen würde, tauchte ein zweiter Wolf auf und dann ein dritter, vierter und fünfter. Einer nach dem anderen ließen sie sich ganz kurz am Waldrand blicken. Das Rudel bestand aus drei männlichen und zwei weiblichen Tieren, und als ich sie zusammen sah, wurde mir klar, dass der Rüde, der mit mir kommuniziert hatte, wahrscheinlich erst ein oder zwei Jahre alt war und eine der Wölfinnen seine Schwester sein musste. Bei den anderen handelte es sich um ausgewachsene Tiere, und auf keins von ihnen passte die Beschreibung der ausgewilderten Wölfe: Dies waren nicht B2, B3, B4 oder B5. Wenn ich mich nicht sehr irrte, dann bestand dieses Rudel wirklich aus wilden Wölfen.

Ich war so aufgeregt; ich konnte mein Glück kaum fassen. Das war ein absolut unglaublicher Anblick. Ich hatte gesehen, wovon andere nur träumten, und ich hatte diese Wölfe zu Gesicht bekommen, weil sie es selbst so wollten. Das war sehr viel besser als alles, was ich mir je hätte erhoffen können. Ich war in einer absoluten Hochstimmung. Aber so schnell meine Lebensgeister in die Höhe geschossen waren, so schnell kam ich wieder auf den Boden zurück. Die Wölfe verschwanden. Ich suchte nach ihnen. In der Annahme, dass sie mich seit Wochen, wenn nicht gar seit Monaten beobachtet hatten, bevor sie sich blicken ließen, wiederholte ich mein Verhaltensmuster, blieb in der Gegend und heulte nach ihnen, aber ich bekam keine Antwort. Ich begann mir Sorgen zu machen, dass der junge Rüde bestraft worden war, weil er sich mir zu sehr genähert hatte, dass sie darin einen Fehler sahen und zur Strafe weggezogen waren. Alle möglichen verrückten Gedanken gingen mir durch den Kopf, während ich meinen gewohnten Alltag lebte. Doch irgendwie konnte ich es nicht glauben; immer wieder kam ich zu meiner Überzeugung zurück, dass die erwachsenen Tiere den jungen Rüden losgeschickt hatten, um mich genauer unter die Lupe zu nehmen.

Einen Monat später saß ich erneut auf einer Lichtung

an einen Felsen gelehnt, als das Rudel so plötzlich und geräuschlos wieder auftauchte, wie es verschwunden war. Sie hatten ein Mitglied verloren; einer der älteren Rüden fehlte, und sie wirkten unausgeglichener als bei unserer ersten Begegnung. Sogar der junge Rüde schien ängstlich und argwöhnisch zu sein. Trotzdem ließen sie sich am Waldrand ungefähr 100 Meter von mir entfernt nieder, um sich auszuruhen und zu spielen. Die Jungtiere rangelten miteinander, knurrten und winselten, rissen sich los, fielen wieder übereinander her und quiekten, wenn das Spiel zu rau wurde. Die älteren knurrten gelegentlich verdrießlich, und als die Jungtiere von ihren Scheinkämpfen erschöpft waren, streckten sie sich auf dem Boden aus und schliefen, während die Erwachsenen Wache hielten.

In dieser Nacht hörte ich das Rudel heulen; vermutlich riefen sie nach dem fünften Tier. Ich fragte mich, wo es sein mochte und was mit ihm passiert war. Während des letzten Monats konnte der Wolf das Rudel verlassen haben oder ums Leben gekommen sein, aber er konnte sich genauso gut in diesem Gebiet hier aufhalten und sich irgendwo hinter mir darauf vorbereiten, mich in einem unachtsamen Moment zu erwischen. Ich war nicht so naiv zu glauben, dass sie mich für harmlos hielten, nur weil sie zurückgekommen waren und mir erlaubt hatten, sie beim Ausruhen zu beobachten. Ich hätte gerne gewusst, was sie wirklich von mir hielten, ob sie eine Ahnung davon hatten, dass sie den Höhepunkt meines Tages bildeten – oder wie unglaublich stolz ich auf meine Fortschritte mit ihnen war.

Die Fortschritte gingen weiter. Ich sah das Rudel nun fast jeden Tag. Ich behielt zwar meinen Schlafplatz bei, ging aber täglich zu der Lichtung, wo ich sie zum ersten Mal gesehen hatte, und obwohl sie immer noch ihre Distanz hielten, schienen sie sich jetzt in meiner Gegenwart sehr viel wohler und entspannter zu fühlen. In den folgenden drei oder vier Nächten heulten sie. Ich nahm an, dass sie immer noch nach ihrem verlorenen Familienmitglied riefen, doch die Antwort blieb aus. Eines Nachts nahm ich meinen Mut zusammen und antwortete stattdessen – so wie ein Einzelgänger, der sich für den freien Platz hätte bewerben wollen –, und das gesamte Rudel kehrte zu mir zurück. Das war ein weiterer denkwürdiger Augenblick, und mir wurde klar, dass ich dabei war, meine Angst zu verlieren. Ich fühlte mich in der Gegenwart des Rudels wohl und hatte den Eindruck, dass ich in gewisser Weise nun unter seinem Schutz stand, nachdem ich mich so viele Monate in dieser unwirtlichen Umgebung auf eigene Faust durchgeschlagen hatte. Ich fühlte mich nicht mehr so allein, und mir wurde klar, dass ich anfing, die Wölfe zu brauchen.

Ich hoffte und rechnete damit, dass sich die Distanz, die sie zu mir hielten, stetig verringern würde, aber was dann tatsächlich passierte, überraschte mich doch. Die beiden Jungtiere spielten ungefähr 50 Meter von mir entfernt, und die erwachsene Wölfin befand sich etwa 100 Meter weit weg. Den erwachsenen Rüden hatte ich nicht gesehen – und auch keinen Gedanken an ihn verschwendet. Plötzlich hörte ich direkt hinter mir einen Zweig knacken. Rasch drehte ich mich um, und da stand der Rüde, ein großes, mächtiges Tier, weniger als zehn Meter von mir entfernt. Ich saß am Boden, unfähig, mich zu verteidigen, und er hätte im Nu über mir sein können. Einmal mehr erkannte ich, wie verwundbar und unzulänglich ich in ihrer Welt war. Doch der Wolf wirkte nicht bedrohlich. Er sah mich nicht einmal an. Er schaute über meine Schulter auf die spielenden Jungtiere, und ich hatte das Gefühl, er würde mich in seine Familie einschließen, so wie die Füchse es damals in Norfolk getan hatten. Zuvor war ich ein Außenstehender gewesen, der ein Leben beobachtet hatte, an dem er nicht beteiligt war; jetzt empfand ich – zu Recht oder zu Unrecht – eine starke Welle der Zugehörigkeit.

Danach ging es sehr schnell voran. Ich hockte auf einem flachen Felsen und beobachtete das übliche Verhalten der Wölfe, als derselbe große Rüde sich von den anderen Tieren löste und direkt auf mich zutrabte, bis er schließlich sein Tempo verlangsamte. Ich rechnete damit, dass er sich jeden Moment abwenden würde, aber er kam immer näher, bis er nur noch etwa sieben Meter entfernt war. Seine Rute hob sich, und ich fragte mich, was er vorhatte. Ich hockte dort, das Hinterteil tiefer als die Knie, und befand mich dadurch in keiner guten Verteidigungsposition, denn es wäre schwierig gewesen, mich schnell aufzurichten. Aber wenn ich mich jetzt bewegte, würde ich vielleicht jedes Vertrauen zerstören, das wir bisher aufgebaut hatten. Er kam langsam näher, duckte sich dann und machte einen langen Hals, bis sein Kopf etwa 30 Zentimeter von meinen Beinen entfernt war – als wolle er seinen Körper nicht näher an mich heranbringen als unbedingt nötig. Dann begann er, meine Knie und anschließend meine Wanderstiefel abzuschnüffeln, wobei er sich besonders für den Rist zu interessieren schien. Das Herz schlug mir bis zum Hals. Wo würde das enden? So zielstrebig wie er gekommen war, drehte er sich um und ging zu den anderen zurück, wobei er mit der Rute hin und her wedelte, und sie begrüßten ihn, als sei er Wochen weg gewesen, und leckten ihm wild die Schnauze. Mitten in dieser Hektik wandte er sich der jungen Wölfin zu, knurrte und schnappte nach ihr, und sie ließ sich rasch auf den Rücken fallen und präsentierte ihm einen Moment lang unterwürfig den Bauch. Dann war sie wieder auf den Füßen, und das gesamte Rudel verschwand im Wald.

In dieser Nacht hörte ich nichts von ihnen und war enttäuscht. Die ganze Zeit versuchte ich herauszufinden, warum er sein Verhaltensmuster so plötzlich geändert hatte. Was würde er als Nächstes tun, und wie sollte ich mich darauf vorbereiten? Sollte ich das Gebiet in der Dunkelheit betreten? Ich entschied mich dagegen, denn das hätte bedeutet, den Wölfen alle Vorteile zu überlassen. Im Gegensatz zu mir waren diese Tiere für die Dunkelheit geschaffen, und wenn der große Rüde in der Nacht so auf mich zugekommen wäre wie am Tag, hätte ich vielleicht ganz anders reagiert, weil ich unsicherer gewesen wäre, und das hätte unangenehme Folgen haben können. Ich beschloss, bei meiner Routine zu bleiben und erst im Morgengrauen zurückzukehren – in der sicheren Erwartung, dass dies der Tag sein würde, an dem ich das gesamte Rudel kennen lernen und begrüßen würde.

13

Das Warten wird belohnt

Sie ließen sich nicht blicken, weder an diesem noch am nächsten Tag. Erst am Nachmittag des dritten Tages tauchten sie wieder auf. Ihr Energieniveau schien mir verändert, und sie wirkten selbstsicherer und zielstrebiger als vorher, als würden sie eine Art Plan verfolgen. Ich war erleichtert, sie zu sehen, und beobachtete ihren Umgang miteinander. Dann löste sich der große Rüde aus dem Rudel und kam direkt auf mich zu, so wie er es vorher schon getan hatte, doch diesmal mit mehr Selbstvertrauen. Er duckte sich nicht, sondern blieb stehen, während er mich abschnüffelte, und dann machte er plötzlich einen Satz und zwickte mich unterhalb des Knies mit seinen Schneidezähnen. Genauso hatte sich der Beta-Rüde im Wildpark von Sparkwell verhalten, bevor er mich in das Rudel aufnahm. Anschließend zog er sich sofort wieder zurück und schaute mich fragend an. Die Wunde tat weh und blutete etwas, schien aber nicht gefährlich. Am liebsten hätte ich von einem Ohr zum anderen gegrinst, doch ich zeigte überhaupt keine Reaktion. Wieder schnellte er vor und zwickte mich an derselben Stelle, insgesamt dreimal, wobei er nach jedem Biss zurücktrat und mich anschaute. Dann drehte er sich um, ging zum Rest des Rudels zurück und legte sich mit den anderen hin.

Zwei Tage später wurde diese Vorstellung wiederholt. Erneut war es der große Rüde, aber diesmal kamen die beiden Jungtiere mit und stellten sich als Beobachter rechts und links von ihm auf. Hin und wieder schnappte er nach ihnen und knurrte sie an, als wolle er dafür sorgen, dass sie nicht aus der Reihe tanzten. Er schnüffelte meine Knie und Füße ab und prüfte, ob es irgendwelche neuen Gerüche oder Gefahren gab, die sich aus meiner Gegenwart für ihn oder die Jungtiere ergeben könnten. Anschließend zwickte er mich mehrmals ins Knie, strich seitlich an mir entlang, so wie es auch Hunde tun, und beschnüffelte meinen Hinterkopf. Ich konnte seine Fänge in meinem Nacken spüren. Wie versteinert wartete ich darauf, dass seine Kiefer sich um meinen Hals schließen würden, was entweder meinen sofortigen Tod oder die Akzeptanz bedeutete, aber es kam nicht dazu. In diesem Moment zwickte mich der junge Rüde sehr viel sanfter ins Knie, während der ältere mich auf meinem Felsen aus der Hocke warf. Während ich fiel, streckte ich eine Hand aus, um mich abzustützen, und sie landete auf der Schulter des Jungtiers. Es wich nicht aus; sein Fell fühlte sich an wie kein anderer Wolf, den ich je berührt hatte, und in diesem Sekundenbruchteil übermannte mich eine Welle der Liebe zu diesem Geschöpf und seiner Familie und ein überwältigendes Bedürfnis, Teil dieser Gemeinschaft zu sein.

Ich wusste auf der Stelle: Wenn diese Wölfe zu dem dominanten weiblichen Tier zurückkehren würden, dann würde ich mit ihnen gehen. Es hieß jetzt oder nie, und ich musste einfach dieser unglaublichen Sehnsucht nach Akzeptanz nachgeben. Ich folgte ihnen auf allen vieren, was tollpatschig und schwerfällig aussah, aber sie schauten sich mehrfach um, sahen mich hinter sich und schienen davon unbeeindruckt, so dass ich weitermachte. Ich war überzeugt, die richtige Entscheidung getroffen zu haben, bis ich die Matriarchin erreichte. Sie reagierte feindselig, wollte mich nicht näher als 20 bis 30 Meter an sich heranlassen und war eindeutig extrem nervös. Sie bellte und knurrte, und die anderen wirkten gleich so, als würde ihnen klar, dass sie etwas falsch gemacht hatten. Die Jungtiere sprangen zu ihr hinüber, stellten sich neben sie und starrten mich an. Ich hatte den Eindruck, der ältere Rüde versuchte, als Vermittler die Situation zu entschärfen, aber am Ende galt seine Loyalität doch seiner Rudelführerin. Sie stand auf, legte die Ohren flach an den Kopf, bleckte die Zähne und gab ein bellendes Geräusch von sich, das mich warnte, nicht näher zu kommen. Dann rannte sie mit den Jungtieren in den Wald. Der große Rüde blieb in meiner Nähe; das männliche Jungtier tauchte wieder auf und stellte sich ein oder zwei Sekunden neben ihn. Dann drehten sie sich beide um und verschwanden.

Mich ergriff eine gewaltige Depression – und das Gefühl des Verlustes –, aber dann dachte ich daran, was ich an diesem Tag erreicht hatte. Drei von ihnen hatten mich akzeptiert. Die Wölfin hatte das nicht getan, und ihre Entscheidung hatte den Ausschlag gegeben, aber trotzdem waren das riesige Fortschritte. Als es dunkel wurde, ging ich zurück zu meinem Schlafplatz. Hätte mich die Wölfin akzeptiert, wäre ich vielleicht versucht gewesen, dem Rudel zu folgen und an diesem Abend um Aufnahme zu bitten, aber da sie das nicht getan hatte, hielt ich es nicht für sicher, während der Dunkelheit in diesem Gebiet zu bleiben. Ich dachte, die Wölfin könnte mir gefährlich werden.

Für die nächsten anderthalb Wochen ließ sich das Rudel nicht mehr blicken. Ich beschloss, zum Treffpunkt zu gehen. Ich konnte mich nicht erinnern, wie lange ich nicht mehr dort gewesen war, aber es musste ungefähr neun Monate her sein, und ich dachte, ich sollte Levi über die neuesten Entwicklungen informieren. Von meinem Schlafplatz bis zum Treffpunkt hatte ich ungefähr zweieinhalb Tage zu gehen, und während dieser Zeit überdachte ich, was passiert war. Ich war einerseits in Hochstimmung und fühlte mich andererseits tief deprimiert. Ich hatte keine Ahnung, wohin das Rudel verschwunden war, und alles Weitere hing ausschließlich davon ab, dass sie zurückkamen und mich fanden. Aber nachdem ich nun die Leitwölfin verärgert hatte, würde sie ihre Familie vielleicht nie zurückbringen.

Am Treffpunkt schrieb ich meine Nachricht und verbrachte dort einige entspannte Nächte, in denen ich wirklich gut schlief – was ich seit Monaten nicht mehr getan hatte –, bevor ich mich auf den Rückweg machte. Nachdem ich die ganze Nacht durchgeschlafen hatte, erschien es mir verlockend, irgendwo zu duschen, etwas menschliche Gesellschaft zu suchen und eine warme Mahlzeit zu genießen, aber ich war zu aufgeregt und zu nah am Ziel, um jetzt aufzugeben. Soweit mir bekannt war, hatte noch nie jemand größere Chancen gehabt, von einem Rudel wilder Wölfe aufgenommen zu werden. Ich musste einfach zurück.

Zweieinhalb Tage später erreichte ich wieder meinen Schlafplatz, und am nächsten Morgen ging ich die 16 bis 18 Kilometer zu der Lichtung, auf der ich die Wölfe bisher getroffen hatte. Niemand kam. Jeden Tag ging ich nun dorthin, aber es dauerte eine ganze Woche, bis die vier Wölfe wieder auftauchten. Keiner hatte geheult; sie kamen einfach unvermittelt aus dem Wald heraus und waren da. Wo immer sie gewesen sein mochten, sie waren gut genährt. Ich saß auf meinem Felsen, und wie gewöhnlich kamen der große Rüde und die Jungtiere sofort auf mich zu und schienen sich dabei sicherer zu fühlen als vorher. Die Wölfin blieb zurück, und ich respektierte ihr Bedürfnis nach Distanz. An diesem Abend verschwanden sie wieder im Wald, und ich ging zu meinem Schlafplatz. Am nächsten Morgen trafen wir uns erneut. Und so ging es nun zwei Wochen lang weiter, wenn nicht gar einen ganzen Monat. Wann immer ich versuchte, der Wölfin etwas näher zu kommen, legte sie ihre Ohren zurück, knurrte und lief weg, aber langsam, Stück für Stück, gelang es mir, näher an sie heranzukommen, bevor sie wegrannte, und schließlich blieb sie an Ort und Stelle und knurrte nur noch. Manchmal drängte mich der große Rüde weg.

Gleichzeitig beschäftigte ich mich weiter mit den drei anderen Rudelmitgliedern, und unsere Verbindung wurde allmählich intensiver. In mancher Hinsicht verhielten sie sich wie die gefangenen Wölfe, die ich kennen gelernt hatte, in anderer jedoch nicht. Ihre Körpersprache war ähnlich, aber diese Wölfe hier waren stärker und ständig auf der Hut, achteten aufmerksam auf jedes Geräusch, jeden Geruch und jede Veränderung in der Luft. Einer von ihnen wachte immer, und sogar die Jungtiere hielten gelegentlich mitten im Spiel inne und lauschten. Ihre Schaukämpfe und Rangeleien waren sehr viel intensiver als die der gefangenen Wölfe. Ihre Bisse waren schmerzhafter, und sie schonten mich nicht. Sie spielten mit mir genauso wüst und rau wie miteinander. Ich war über und über bedeckt mit kleinen Bisswunden und blauen Flecken, aber es ließ sich aushalten. Mein Overall war wattiert, doch das schützte mich nicht vor ihren kräftigen Kiefern, und es war immer noch beängstigend, wenn sie mich mit ihrem vollen Körpergewicht zu Boden drückten.

Wenn der Schmerz zu heftig wurde, musste ich schrill aufjaulen, damit sie von mir abließen, und dieses Geräusch schien die Wölfin auf den Plan zu rufen. Sie kam mir zwar nicht zur Hilfe, schien sich jedoch dafür zu interessieren, was vorging. Noch immer ließ sie mich nicht in ihre Nähe. Sobald ich den Versuch unternahm, knurrte sie und zog die Lefzen hoch. Aus uns beiden würden nie wirklich gute Freunde werden. Den einzigen Trost fand ich darin, dass sie mit den Jungtieren genauso unduldsam war wie mit mir.

Mir schien, wir hatten eine Pattsituation erreicht. Ich war fast ein Rudelmitglied, aber nicht ganz. Hin und wieder verschwanden sie immer noch im Wald und ließen mich zurück. Sie heulten aus der Ferne, aber damit gaben sie nur ihre Position bekannt – sie riefen mich nicht herbei. Sie luden mich nicht ein, mich ihnen anzuschließen, und ich hatte immer noch keine Ahnung, wohin sie verschwanden.

Eines Morgens war ich früh auf der Lichtung, als alle vier nach langer Abwesenheit erschienen. Wie gewöhnlich machte ich mich klein, als sie auf mich zukamen – diesmal näherte sich sogar die Wölfin, als wolle sie mich begrüßen. Sie kam bis auf etwa zehn Meter heran und setzte sich dann, um zu beobachten, wie der große Rüde Kontakt mit mir aufnahm. Ich spürte, dass sich die Stimmung im Rudel geändert hatte. Die Tiere waren lebhafter und hatten mehr Energie. Der Rüde rempelte mich um und begrub mich unter seinem mächtigen Körper, dessen Gewicht mich auf den Boden drückte. Das machte mir keine besonderen Sorgen, denn er hatte das früher schon öfter getan. Aber bevor ich begriff, was los war, hatte die Wölfin den Platz mit ihm getauscht, und so wie sie früher aus 30 Meter Entfernung geknurrt und die Zähne gefletscht hatte, tat sie es jetzt wenige Zentimeter von meinem Gesicht entfernt. Sie hatte die Lefzen hochgezogen, und ich konnte ihren warmen Atem spüren. Ich dachte, das wäre mein Ende. Der Rüde versuchte, sich einzumischen. Ich wusste nicht, ob er mir helfen oder sich an dem Gemetzel beteiligen wollte, aber sie schnappte nach ihm, biss ihn in die Schnauze, und er zog sich zurück. Ich lag hilflos am Boden und konnte nur abwarten, was auf mich zukam.

Sie war die längsten zwei oder drei Minuten meines Lebens über mir, doch sie krümmte mir kein Haar. Schließlich gab sie mich frei und ging wieder zu den anderen. Meine Disziplinierung war beendet. Dieser Vorfall schien ihre Haltung mir gegenüber nicht zu ändern, aber er änderte meine Einstellung zu ihr grundlegend. Ich wusste, sie hätte mich mühelos töten können, hatte sich jedoch dagegen entschieden, und das machte einen gewaltigen Unterschied. Bis zu diesem Moment hatte ich sie für gefährlich gehalten. Jetzt sah ich in ihr eine intolerante Zicke, ein Geschöpf, das unglaublich viel wusste, zu Recht respektiert wurde und meist das Sagen hatte, aber sie war eben auch fast immer schlecht gelaunt. Wir würden lernen, miteinander auszukommen.

Jede Nacht rang ich mit mir, ob ich die Wölfe verlassen sollte oder nicht. Allmählich fühlte ich mich in ihrer Gegenwart sicherer als in ihrer Abwesenheit, aber es gehörte zu meiner Routine, sie bei Einbruch der Dunkelheit zu verlassen und im Morgengrauen zurückzukehren. Eines Abends herrschte nur eine geringe Spannung, alle hatten gut gefressen, und sogar Frau Griesgram wirkte entspannt. Ich beschloss, zu bleiben und abzuwarten, was passieren würde. Der Kontrast hätte größer kaum sein können: Ich tat kein Auge zu – wach gehalten von einer Mischung aus Furcht und Erregung –, während die Wölfe fest bis zum Morgen schliefen. Der junge Rüde kam und legte sich neben mich, und obwohl er mich nicht berührte, konnte ich seine Wärme spüren. Es war auf seltsame Weise tröstlich, dass wieder ein anderes Wesen neben mir schlief, nachdem ich so viele Monate allein verbracht hatte. Ich hörte ihn atmen und spürte jedes Zucken. Als der Morgen nahte, ging ich auf Wolken. Ich hatte nicht mehr getan, als die Nacht mit diesen Wölfen zu verbringen, aber es bedeutete, dass sie mich akzeptiert hatten. Nicht einmal nach einem dreifachen Marathon hätte ich mit dem Erreichten zufriedener sein können.

Der nächste Schritt bestand nun in dem Versuch, ihnen in den Wald zu folgen, und wie jeder neue Schritt, den ich mit diesen Wölfen unternahm, steckte er voller Gefahren. Falls ich es schaffte, ihnen auf den Fersen zu bleiben – was überaus fraglich war –, würden sie mich womöglich in eine völlig unbekannte Gegend führen, und dann würde ich vielleicht nicht zurückfinden. Und falls sie zu jagen begannen, dann würde ich ihnen auf keinen Fall folgen können. Ich würde in einem Gebiet, das mir fremd war, ganz auf mich gestellt und entsprechend verwundbar sein. Doch dazu kam es nicht.

Im Laufe des nächsten Tages und der folgenden Nacht waren sie unruhig, und in den frühen Stunden des zweiten Tages machten sie sich auf den Weg. Ich war direkt hinter ihnen und tat mein Bestes, ihnen zu folgen, aber sobald wir uns zwischen den Bäumen befanden, konnte ich sie in der Dunkelheit nicht mehr erkennen, und sie waren verschwunden. Entmutigt und enttäuscht musste ich zur Lichtung zurückkehren und darauf warten und hoffen, dass sie wieder auftauchen würden.

Es dauerte lange, aber eines Morgens waren sie nicht nur wieder da, sondern die junge Wölfin hatte mir auch einen Rehlauf als Futter mitgebracht. Sie spielte ein wenig damit, bevor sie ihn mit Absicht neben mir fallen ließ. Ich begann zu essen, und sie saß neben mir und beobachtete mich dabei – also verhielt ich mich offenbar richtig. Ich war hungrig, und nachdem ich monatelang nichts Größeres als Kaninchen bekommen hatte, schmeckte es fantastisch. Während der nächsten Wochen entwickelte sich ein festes Muster: Das Rudel ging auf die Jagd und ließ mich zurück – sogar bei Tageslicht konnte ich den Wölfen nicht folgen –, aber wenn sie zurückkehrten, brachten sie mir immer etwas mit. Daraus schloss ich, dass sie mich bei der Jagd nicht dabeihaben wollten, mich aber gerne in ihrer Nähe hatten und mit Nahrung versorgten.

Wenn sie unterwegs waren, heulte ich, und manchmal, wenn sie für meine Ohren nicht zu weit entfernt waren, hörte ich ihre Antwort. Außerdem schienen sie immer dann zu heulen, wenn sie sich auf dem Rückweg zu mir befanden. Ihre Stimmen klangen für mich vertraut und tröstlich und vermittelten mir ein sehr warmes Gefühl. Mir wurde klar, wie sehr ich inzwischen an diesen Wölfen hing und wie abhängig ich von ihrer Anwesenheit geworden war. Ich würde mir Sorgen machen, wenn einer von ihnen ausblieb. Er könnte einen Unfall gehabt haben, verletzt oder sogar tot sein – so wie es vermutlich dem fünften Rudelmitglied ergangen war –, und ich hielt bei ihrer Rückkehr immer den Atem an, bis ich alle vier sicher am Waldrand erkennen konnte. Ich war sogar froh, die griesgrämige alte Wölfin wiederzusehen. Das alles kam mir so vor wie die Höllenqualen, die man erleidet, wenn man auf geliebte Menschen wartet, die zu spät nach Hause kommen. Es folgte eine eindrucksvolle Begrüßungszeremonie. Sie leckten mich im Gesicht und um den Mund herum genauso stürmisch ab, wie sie es bei der gegenseitigen Begrüßung taten, und ich war so begeistert, sie wiederzusehen, dass ich es ebenso machte, wie ein Jungtier zu jedem von ihnen hinrannte und sie hektisch leckte, beschnupperte und um ihre Aufmerksamkeit buhlte. Die einzige Ausnahme bildete die alte Wölfin, die mich immer noch nicht in ihre Nähe ließ – aber sie duldete die anderen ebenso wenig.

Manchmal erwischte ich mich selbst bei dem Gedanken, dass ich es als absurde Idee belächelt hätte, wenn mir jemand vor einem Jahr oder in der Zeit davor prophezeit hätte, dass ich glücklich drei Tage lang auf Nahrung verzichten und dann vom Anblick eines Rudels wilder Wölfe so begeistert sein würde, dass ich ihnen allen die

Schnauzen ableckte. Aber so wie die Dinge jetzt lagen, waren diese Wölfe das Wichtigste in meinem Leben; sie waren meine Familie, und ich liebte jeden einzelnen von ihnen. Gleichzeitig wusste ich, dass ich mich wieder von ihnen trennen musste.

14

Das Trippeln winziger Füße

In meinem Kopf tobte schon lange ein heftiger Kampf: Mehr als alles andere auf der Welt wollte ich bei diesen Wölfen bleiben und ein Teil ihrer Welt sein, aber im Innersten meines Herzens wusste ich, dass es Zeit war, sie zu verlassen. Das war eine der härtesten Entscheidungen, die ich je getroffen hatte, aber es gab für mich nicht den geringsten Zweifel, dass sie richtig war. Ständig hatte ich die Bedenken der Biologen im Hinterkopf, und meine Beziehung zu den Wölfen war inzwischen auf einer anderen Ebene angekommen. Ich hatte getan, was ich mir vorgenommen hatte, und befürchtete nun, wenn ich länger bleiben würde, könnten die Wölfe den falschen Eindruck bekommen, dass Menschen für sie keine Bedrohung darstellen, und das könnte sehr gefährlich für sie werden.

Ich hatte mir große Mühe gegeben, keine menschlichen Verhaltensweisen zu zeigen, und ich benahm mich in jeder Hinsicht wie ein rangniederer Wolf, aber die Tatsache, dass ich ein Mensch war, ließ sich nicht leugnen.

Im Frühling würde es Nachwuchs geben, und ich fragte mich, welche Rolle ich dabei spielen sollte. Würden sie mich auffordern, das Rudel zu verlassen, oder wollten sie, dass ich mich als Kindermädchen um die Welpen kümmerte? Das wäre eine gewaltige Verantwortung gewesen, und ich war mir nicht sicher, ob ich sie übernehmen konnte und sollte, oder ob die Tatsache, dass ich ein Mensch war, das zukünftige Schicksal der jungen Wölfe besiegeln würde. Würden sie lernen, Menschen genauso zu vertrauen wie ihren Artgenossen – mit katastrophalen Konsequenzen? Und so flüsterte ich ihnen meinen Abschiedsgruß »Lebt wohl und viel Glück« zu und machte mich auf zum Treffplatz.

Ich war zwei Tage und zwei Nächte unterwegs, und ich weinte fast die ganze Zeit. Jetzt endlich konnte ich die Emotionen rauslassen, die ich bei den Wölfen tief in mir verschlossen hatte, und endlich durfte ich wieder menschliche Laute von mir geben. Ich fühlte mich zutiefst beraubt, und obwohl ich alle Gründe kannte, die dafür sprachen, dass ich das Rudel verlassen musste, und sie mir auf dem Weg immer wieder vorbetete, oft sogar laut aussprach, konnte ich den Gedanken nicht loswerden, dass ich einen großen Fehler machte. Ich war so weit gekommen, durch so viele Reifen gesprungen – und trug die Narben am Körper, die es bewiesen. Monatelang hatte ich mich auf einer emotionalen und körperlichen Achterbahnfahrt befunden, hatte rund um die Uhr mit Angst und Gefahren gelebt – und nun sollte das alles vorbei sein. Ich war Teil des Rudels, die Wölfe akzeptierten mich, schützten mich, ernährten mich.

Niemand hatte das je zuvor getan. Es gab Geschichten über Kinder, die von Wölfen adoptiert worden waren, auf allen vieren aus dem Wald kamen und nicht sprechen konnten, aber niemand war bisher wie ich in den Wald hineingegangen und Teil einer Wolfsfamilie geworden. Als ich schließlich am Treffpunkt ankam, war mir klar, dass ich diese Wölfe genauso wenig verlassen konnte, wie ich fähig war, zum Mond zu fliegen. Ich schrieb Levi eine Nachricht und informierte ihn über das, was ich tat. Dann drehte ich mich auf dem Absatz um und machte mich auf den Rückweg.

Während meiner Abwesenheit hatte es einen Wettereinbruch gegeben. Der Winter nahte, und einige Wochen später fiel der erste Schnee. Das würde alles ändern. Nun würde es schwieriger sein, durch die Gegend zu streifen, aber andererseits würde der Schnee mir erlauben, den Wölfen in meinem eigenen Tempo zu folgen. Endlich würde ich herausfinden, wo sie sich während der langen Phasen ihrer Abwesenheit aufhielten. Doch ich stand immer noch vor der Frage, wie weit ich ihnen folgen sollte. Von der Lichtung aus konnte ich in etwas mehr als zwei Tagen in die Zivilisation zurückgelangen – diesen Weg hatte ich gerade zurückgelegt. Ich kannte das Gelände gut genug, um mich auch in der tiefsten Dunkelheit zurechtzufinden, und ich kannte die Tiere, die hier lebten. Wenn ich den Wölfen in ein Gebiet folgte, das zwei oder drei Tagesmärsche entfernt war, würde ich meine Komfortzone weit hinter mir lassen, und falls ich mir ein Bein brechen oder mich sonst irgendwie verletzen sollte, hätte ich keine realistische Chance mehr, mich zum Treffpunkt durchzuschlagen. Aber war ich wirklich so weit gekommen, um jetzt umzukehren, weil mir die Sache zu riskant erschien?

Als die Wölfe sich auf den Weg machten, folgte ich ihnen. Sie liefen langsamer als bei früheren Gelegenheiten, wo ich ihnen zu folgen versucht hatte, und sie schienen auf mich zu warten. Sogar die griesgrämige Wölfin blieb hin und wieder stehen und schaute zurück, um sich zu vergewissern, ob ich mithalten konnte. Wir müssen 15 bis 25 Kilometer in nordwestlicher Richtung zurückgelegt haben, und das Gelände wurde mit jedem Kilometer steiler und felsiger. Der Treffpunkt mit meinem Rucksack lag im Südosten der Lichtung, von der aus wir aufgebrochen waren, also in genau entgegengesetzter Richtung. Ich hatte angenommen, die Wölfe würden mich zu ihren Jagdgründen führen, aber darin hatte ich mich getäuscht. Stattdessen kamen wir an einen steilen, dicht bewaldeten Berghang; durch das etwa 600 Meter tiefer liegende Tal zog sich ein Fluss.

Noch hatte es nicht geschneit, und der Boden war dicht mit Kiefernnadeln bedeckt. Wie so oft verströmte der Wald auch hier einen angenehmen, aromatischen Duft. Außerdem roch es stark nach Wölfen, und aus der Art und Weise, wie das Rudel sich bei unserer Ankunft entspannte, schloss ich, dass sie oft hierherkamen. Vielleicht verbrachten sie in diesem Gebiet regelmäßig den Winter, oder die Jungtiere waren hier geboren worden. Jedenfalls deutete alles darauf hin, dass wir länger bleiben würden.

Ich durfte das Rudel nie zur Jagd begleiten. Wenn ich es versuchte, knurrte der große Rüde und bedrohte mich – das war seine Art, mich zu disziplinieren –, aber trotzdem musste ich nie hungern. Sie versorgten mich zuverlässig und reichlich mit Nahrung, und ich bekam immer so viel, wie ich essen konnte. Das Fleisch war von viel besserer Qualität, als ich es mir selbst hätte beschaffen können, und ich brauchte nur eine kurze Strecke ins Tal zu gehen, um sauberes, frisches Wasser trinken zu können. Wenn ich alleine war, nutzte ich auch die Gelegenheit, mich dort zu waschen, aber ich tat kaum mehr, als mich mit dem eisigen

Wasser zu bespritzen. Das befreite mich von einem Teil des Schlamms, der mich überzog, und ich fühlte mich danach etwas frischer. Mich wirklich frisch zu fühlen, war kaum möglich, denn meine Kleidung trug ich nun ununterbrochen seit rund anderthalb Jahren. Inzwischen war sie an manchen Stellen zerrissen, und der Overall zeigte die Spuren von Zähnen und Krallen, die er bei den Kämpfen und Rangeleien mit den Wölfen davongetragen hatte, aber noch hielt er. Auch wenn er längst nicht mehr wasserdicht war, wusste ich dieses robuste und warme Kleidungsstück doch bei vielen Gelegenheiten zu schätzen.

Nun begann die Paarungszeit, und plötzlich standen alle unter Strom. Die Energie der Rüden explodierte, und während sie mit ihrer Werbung begannen, blieb für mich nur die undankbare Rolle eines stets verfügbaren Prügelknaben. Sie standen in einem tödlichen Wettbewerb miteinander, und jeder versuchte die Leitwölfin verzweifelt davon zu überzeugen, dass er derjenige war, mit dem sie sich paaren sollte – der sie am effektivsten verteidigen konnte –, und sie waren bereit, sich auf jeden anderen Rüden zu stürzen, der ihnen in die Quere kam. Streitsüchtig trieben sie sich herum und zwickten sich oft gegenseitig in die Flanken, um eine Reaktion zu provozieren, und da mich kein Fell schützte, waren solche Übergriffe für mich sehr schmerzhaft. Sie waren einfach darauf aus, ihre Pheromon- und Adrenalinspiegel in die Höhe zu treiben, um für die Wölfin attraktiver zu werden, und je härter und aggressiver sie kämpften, desto mehr Adrenalin wurde freigesetzt. Also provozierten sie Kämpfe und ließen ihren Frust am rangniedrigsten Rudelmitglied aus – und das war ich.

Diese Kämpfe waren wesentlich heftiger als alles, was ich bisher mit den Wölfen erlebt hatte. Mein Overall hatte unter den Armen Lüftungsschlitze, und ihre Schneidezähne rissen mir dort Stücke Fleisch heraus, die so groß waren wie eine Zehn-Pence-Münze; das tat höllisch weh. Randvoll mit Hormonen schürften sie den Boden auf, rollten sich und markierten, um so der Wölfin eine mächtige Botschaft ihrer männlichen Leistungsfähigkeit zu hinterlassen. Die so Umworbene war ihrerseits damit beschäftigt, die rangniedere Wölfin zu unterdrücken.

Die meisten Bisswunden und blauen Flecken, die ich aus diesen Begegnungen davontrug, waren relativ oberflächlich. Wenn man mit einem Wolfsrudel lebt, muss man mit Verletzungen rechnen, aber die Tiere konnten auch sanft sein, und sie kümmerten sich um mich genauso, wie sie sich umeinander kümmerten. Sie leckten meine Wunden und verhinderten dadurch wahrscheinlich, dass sie sich entzündeten. Die größte Gefahr waren jedoch nicht die Bisse, sondern die Stöße gegen den Kopf, bei denen ich kurz das Bewusstsein verlor, und manchmal prallten sie gegen mich oder warfen mich mit solcher Gewalt zu Boden, dass ich anschließend mehrere Tage lang Blut im Urin hatte.

Allmählich machte mir auch meine Ernährung Sorgen. Ich hatte über einen sehr langen Zeitraum nichts als Proteine und ein paar Nüsse und Beeren zu mir genommen. Während des ersten Jahres oder sogar noch länger hatte ich mich dabei fitter und gesünder als je zuvor gefühlt, aber jetzt brauchte ich zusätzliche Energie, um mich gegen die testosterongeladenen Wölfe zu behaupten, und ich merkte, dass mir dafür die Reserven fehlten.

Die Rüden bedrängten mich nicht nur, indem sie mich ständig zwickten und mit mir kämpften, sondern sie versuchten, mich auch, wie jeden anderen Wolf im Rudel, zu besteigen. Das war eine völlig neue Erfahrung – ein gut 60 Kilo schwerer knurrender Wolf auf meinem Rücken, seine Zähne im Genick und seine Vorderläufe samt Krallen rund um meinen Hals. Ich war machtlos und konnte nur warten, bis er mich wieder freigab. Der alte Rüde überfiel mich manchmal von hinten, manchmal von der Seite und gelegentlich auch von vorne, und dabei knurrte er und schnappte die ganze Zeit nach dem jüngeren. Er demonstrierte sein Recht zur Paarung, und wenn ich versuchte, ihn abzuschütteln, packte er mich nur noch fester.

Diese Art der Werbung setzte sich zwei oder drei Wochen lang unablässig fort. Es waren die härtesten Wochen meines Lebens – und dabei hatte ich doch eine schonungslose militärische Ausbildung hinter mir. Tag und Nacht war ich auf den Beinen, schlief im Stehen und war völlig fertig. Ich wurde ein anderer Mensch: Statt die Ruhe und Harmonie in der Welt der Wölfe zu genießen, wurde ich immer öfter wütend darüber, wie sie mich behandelten. Wohin ich auch ging, ständig war ein Wolf über mir oder zwickte mich, alles tat mir weh und ich war total übermüdet. Ich war mehr als erschöpft. Endlich war ich an meine Grenzen gestoßen.

Als ich kurz vor dem Zusammenbruch stand, verschwand das Rudel und ließ mich anderthalb Wochen allein. Ich war so erleichtert, dass ich in Tränen ausbrach. Mit dieser Brutalität hätte ich keine Sekunde länger leben können; ich war körperlich und emotional am Ende. Wohin sie gingen, bleibt ihr Geheimnis, aber wahrscheinlich hat sich während dieser Zeit der eine oder der andere Rüde – oder beide – mit der Leitwölfin gepaart. Ich habe definitiv keine Paarung beobachtet, solange sie in meiner Nähe waren, und als sie zurückkehrten, hatte sich ihre Stimmung geändert. Es war so, als hätte jemand den Schalter umgelegt. Sie waren wie ein anderes Rudel – ruhig und entspannt. Sogar Frau Griesgram gab sich tolerant, wahrscheinlich weil sie mit anderen Dingen beschäftigt war. Sie kam zu mir und stellte sich neben mich, ohne dabei zu knurren und die Zähne zu fletschen. Es war so, als wüsste sie, dass sie ihre Familie in den nächsten Monaten brauchen würde. Das war so erfrischend und eine solche Erleichterung. Hätten sie sich genauso verhalten wie in den Wochen zuvor, hätte ich sie verlassen müssen.

Das Leben kehrte mehr oder weniger zur Normalität zurück. Nahrung schien reichlich vorhanden, und wenn sie ihre Beute mitbrachten, bekam ich immer meinen fairen Anteil. Aber einen Teil versteckten sie auch in den Höhlen der Umgebung, meist unten am Flussufer. Der Schlamm war ein natürliches Konservierungsmittel, und ich vermutete, dass sie auf diese Weise Vorräte für schlechte Zeiten anlegen wollten. Wahrscheinlich wussten sie, dass ihre Jägerin, die Leitwölfin, sie bei fortgeschrittener Schwangerschaft nicht mehr versorgen konnte. Eine weitere Verhaltensänderung bestand darin, dass der junge Rüde jetzt manchmal bei mir blieb, wenn die anderen auf die Jagd gingen.

Eine Wölfin braucht 63 Tage, um ihre Jungen auszutragen, und als sich das Ende des zweiten Monats näherte, war ihre Trächtigkeit nicht mehr zu übersehen. Sie wurde lethargisch, die Jagdausflüge waren sehr viel kürzer als früher, und ihr Leibesumfang nahm deutlich zu. Zu diesem Zeitpunkt begann sie, eine Höhle anzulegen. Sie begab sich auf einen Höhenrücken ungefähr 400 Meter oberhalb unseres Lagerplatzes am Waldrand und machte sich daran, unter einer kleinen Felsformation zu graben. Damit war sie über eine Woche beschäftigt, und immer wenn sie zum Ausruhen und Fressen herunterkam, waren Fell und Pfoten mit Schlamm bedeckt. Ich hätte sie zu gerne bei ihrer Arbeit beobachtet, aber es handelte sich offenbar um eine sehr private Angelegenheit – sobald die anderen sich näherten, wurden sie gleich weggescheucht, und so versuchte ich es gar nicht erst. Stattdessen überlegte ich, welche Rolle mir wohl nach der Geburt der Jungen zugedacht sein mochte. Die Wölfe hatten nicht versucht, mich loszuwerden, und ich fragte mich, ob sie mich als Menschen in einer Welt, die Menschen von Natur aus fürchtete, vielleicht als Schutz betrachteten.

Eines Tages ging die Wölfin in die Höhle und kam anderthalb Wochen nicht mehr heraus. Die Stimmung beim Rest des Rudels war sehr gedrückt; die Rüden verließen den Lagerplatz kein einziges Mal. Nur die junge Wölfin machte sich gelegentlich für kurze Zeit davon, aber auch sie blieb nie länger als 24 Stunden weg. Manchmal brachte sie bei ihrer Rückkehr etwas Futter mit, manchmal auch nicht. Falls die werdenden Väter sich Sorgen machten, zeigten sie es nicht, doch es war offensichtlich, dass jeder wusste, was in der Höhle vor sich ging.

Als die Wölfin schließlich wieder auftauchte, dünn und eindeutig säugend, wirkte sie siegestrunken. Sie war völlig verändert; kokett mit den Rüden und sogar dem Weibchen, lief sie hektisch vom einen zum anderen, kniff alle in die Lefzen und bettelte um Futter. Dann rannte sie hinunter zum Fluss, wo sie an zwei oder drei Stellen die Vorräte ausgrub und alles verschlang. An die ehemalige Frau Griesgram erinnerte sie nur ein einziges Mal, als der alte Rüde ihr zu nahe kam, während sie fraß, und sie auf ihn losging. Nach nicht mehr als einer Stunde lief sie wieder den Hügel hinauf und verschwand unter der Erde.

Es gab keine Möglichkeit zu erfahren, wie viele Junge sie zur Welt gebracht hatte und ob sie lebten. Es sah so aus, als hätte sie die Kleinen gesäugt, aber es bestand auch immer die Möglichkeit, dass sie sie nach ein paar Tagen unter sich begraben und erdrückt oder sie abgelehnt hatte. Erst nach weiteren fünf Wochen wurde meine Neugier befriedigt. Während dieser Zeit hatten wir unsere gewohnte Routine beibehalten. Die Rüden lagen herum, und die junge Wölfin brachte Futter – nicht viel, aber was es gab, wurde geteilt. Die alte Wölfin kam gelegentlich aus ihrer Höhle, aber sobald sie gefressen und etwas Wasser aus dem Fluss getrunken hatte, verschwand sie wieder. Nach fünf Wochen kam sie heraus, zielstrebig und wieder ganz ihr altes knurrendes und Zähne fletschendes Selbst. Gemeinsam mit dem alten Rüden und der anderen Wölfin verschwand sie für den Tag und ließ mich und den jungen Rüden als Wachtposten für die Höhle zurück. Als die drei wiederkamen, hatten sie dicke Bäuche, und jeder von ihnen trug ein Stück Fleisch im Maul, offenbar Teile eines großen Hirsches, den sie erlegt hatten. Die Mutter wollte jetzt vor allem ihre Jungen füttern, und in diesem Moment konnten wir sicher sein, dass es sich nicht um eine Scheinschwangerschaft gehandelt hatte. Sie rannte den Berg hinauf und rief nach den Kleinen, die nun im Abendlicht zum ersten Mal quiekend aus der Höhle krabbelten. Wir konnten sie nicht sehen, weil der Eingang zu gut versteckt war, aber aus den Geräuschen schloss ich, dass es mehrere Jungtiere waren. Während sie Futter für sie hervorwürgte und sie dann für die Nacht wieder in die Höhle brachte, gab es für den Rest von uns die erste ordentliche Mahlzeit seit Wochen. Ich war total ausgehungert, und es schmeckte unglaublich gut.

Dieser Prozess wiederholte sich ungefähr eine Woche lang, und dann rief sie eines Tages den alten Rüden zur Höhle herauf, nachdem sie ihn vorher in die Lefzen gezwickt und dadurch animiert hatte, Futter hervorzuwürgen. Wir konnten eine Menge Quieken hören, und schließlich kam er zurück und ließ sie oben bei den Jungen. Das spielte sich nun jeden Morgen und Abend ab, bis sie an einem magischen Morgen aus der Höhle kam und hinter ihr zwei kleine schwarze Fellbündel den Berg hinunterpurzelten.

Die anderen Wölfe waren unglaublich aufgeregt. Sie wuselten durcheinander und fielen übereinander, um an die Welpen heranzukommen, sie abzuschnüffeln, zu knuffen und Kontakt mit ihnen aufzunehmen, worauf die Jungen vollkommen unbeeindruckt reagierten. Sie rollten sich auf den Rücken und präsentierten ihre kleinen blassen Bäuche – so wie die Mutter es ihnen in der Höhle beigebracht hatte –, kamen dann wieder auf die Füße und machten sich auf Futtersuche. Nicht einmal mir gegenüber verhielten sie sich scheu, obwohl ich völlig anders als ihre Mutter aussah, und es dauerte keine zwei Minuten, bis sie mich mit ihren nadelscharfen kleinen Zähnen in den Mund zwickten. Ihre Erziehung hatte vor Wochen, als sie noch blind waren, unter der Erde begonnen, und sie wussten schon genau, wem sie trauen konnten und wie sie sich den Erwachsenen gegenüber zu benehmen hatten. Ihre Mutter hatte sie mit meinem Geruch und dem der anderen Rudelmitglieder vertraut gemacht. Jedes Mal, wenn sie aus der Höhle gekommen war, hatte sie sich der Reihe nach an allen gerieben und den Geruch mit zu den Jungen genommen, die dadurch schon jedes Mitglied ihrer Familie kannten und sicher sein konnten, dass wir alle vertrauenswürdig waren.

Während ich diese außergewöhnliche Szene wölfischen Familienlebens beobachtete, wurde mir klar, wie privilegiert ich war, dass mich dieses Rudel seit fast zwei Jahren als einen der Ihren akzeptierte. Und gerade jetzt, während diese beiden kleinen Fellbündel in meinem Gesicht – einem menschlichen Gesicht – herumzwickten und mich um Futter anbettelten, war ich Zeuge eines Wunders geworden.

15

Knapp entkommen

Den ausgeprägten Familiensinn der Wölfe hatte ich immer schon geliebt, aber erst durch mein Zusammenleben mit ihnen verstand ich wirklich ihre Sozialstruktur, die Rangordnung und die verschiedenen Aufgaben, die jeder innerhalb der Familie erfüllte. Ich wusste, es gab einen, der war aggressiver als die anderen, und es gab einen, auf den alle hörten. Außerdem gab es einen Beobachtungsposten, aber mein Wissen war doch recht oberflächlich. Ich wusste nicht, welchen Wert ich für sie hatte, doch schien es so, als habe dieses Rudel mir die Rolle zugedacht, mich um die Welpen zu kümmern und ihnen etwas über die Welt beizubringen.

Bevor die Wölfe auf die Jagd gingen, zeigten sie ein besonderes Interesse an der Art und Weise, wie ich mich bewegte. Sie benutzten mich als Spielzeug, wollten wissen, wie schnell ich laufen konnte, und stellten mir ein Bein, indem sie mich von hinten in die Fußgelenke zwickten, so als wollten sie meine Stärken und Schwächen testen. Angesichts der Entfernungen, die sie zurücklegen konnten, und der Zeit, die sie oft unterwegs waren, konnte ich nur vermuten, dass sie durchaus in die Nähe von Farmern, Viehzüchtern und sogar bis an den Rand von Städten gelangten. Die Menschen kamen ihrer Welt so nahe, dass ständig die Gefahr bestand, einem zu begegnen, und es schien so, als wollten sie lernen, uns und unsere Reaktionen auf eine solche Begegnung einzuschätzen, um zu wissen, ob wir ihnen gefährlich werden konnten.

Die Welpen waren ungefähr neun Wochen alt, als ihre Mutter und der große Rüde sich auf die Jagd begeben hatten. Die beiden waren schon ein paar Tage weg, und niemand konnte wissen, wann sie zurückkehren würden. Wie gewöhnlich hütete ich gemeinsam mit dem jungen Rüden das Gebiet um die Höhle, und wie gewöhnlich streifte die junge Wölfin als Beobachtungsposten auf dem Bergkamm herum.

Ich hatte mich nicht besonders wohl gefühlt. Das Wetter war umgeschlagen, es herrschte Frühling, und die Sonne brannte heiß. Ich hatte viel geschwitzt und mir war schwindlig, fast so, als würde ich gleich ohnmächtig werden. Außerdem quälte mich ein gewaltiger Durst. Wahrscheinlich revoltierte mein Körper einfach gegen all das, was ich ihm in den letzten zwei Jahren zugemutet hatte. Zum Glück waren es bis zum Fluss nur ungefähr 600 Meter, und da ich fast stündlich dorthin ging, um zu trinken, führte inzwischen ein Trampelpfad nach unten.

Am späten Nachmittag hatte ich wieder einmal das dringende Bedürfnis nach Wasser, und so machte ich mich erneut auf den gewohnten Weg hinunter ins Tal. In diesem Moment kam der junge Rüde von der anderen Seite der Höhle auf mich zugeflogen und warf mich zu Boden. Er war ein großer, starker Wolf, und ich kam mir so vor, als hätten sich beim Rugby drei Spieler gleichzeitig auf mich gestürzt. Schockiert und atemlos lag ich da, unfähig mich zu bewegen. Dieses Verhalten war absolut ungewöhnlich, aber er meinte es ernst. Knurrend stand er über mir, mit lodernden Augen und eng angelegten Ohren, das Nackenfell gesträubt, die Rute erhoben und die Zähne gebleckt. Selbst wenn ich in einer besseren Verfassung gewesen wäre, hätte ich nicht mit ihm debattieren mögen.

Mit einem Ausdruck, als wolle er mir gleich an die Kehle, drängte er mich in die dunkle Höhle eines Baumstamms, durch den offensichtlich vor einigen Jahren der Blitz gefahren war. Als Gefangener kauerte ich in dieser Vertiefung aus Holzkohle, während er über mir stand, und wann immer ich mich zu bewegen versuchte, knurrte er und schnappte mit seinen Kiefern in die Luft. Ich wusste, dass diese Kiefer mir sämtliche Knochen brechen konnten. Noch nie hatte ich ein solches Verhalten bei ihm erlebt. Nicht einmal während der Paarungszeit, als er so dominant und energisch gewesen war, hatte ich je den Eindruck gehabt, dass er mich töten wollte. Jetzt kam es mir so vor, und ich begann, um mein Leben zu fürchten. Während der nächsten Dreiviertelstunde hielt er mich in Atem.

Ich kam nicht dahinter, was los war oder womit ich seine Feindseligkeit ausgelöst haben könnte. Schließlich dachte ich, er würde vielleicht auf die Rückkehr der anderen Rudelmitglieder warten, bevor er mich tötete. Mein Leben lief wie im Film vor mir ab, und mir wurde klar, dass ich mich selbst durch meine Starrköpfigkeit in diese Lage gebracht hatte. Alle hatten mir gesagt, dass es Wahnsinn war, mit einem Rudel wilder Wölfe leben zu wollen, und nun würde sich zeigen, dass sie Recht hatten. Wilde Wölfe unterschieden sich ganz offensichtlich von gefangenen, und sosehr ich auch geglaubt hatte, sie würden mich akzeptieren, ich hatte mich getäuscht. Die Wölfe duldeten Menschen zwar eine Weile, wandten sich jedoch gegen sie, wenn sie nicht mehr nützlich waren. Während die Minuten verstrichen, wuchs mein Entsetzen. Ich hatte keine Chance gegen ihn; ich war allein, meilenweit von jeder möglichen Hilfe entfernt. Ich begann sogar, die griesgrämige alte Wölfin herbeizuwünschen; als Rudelführerin hätte sie mich vielleicht gerettet. Niemand würde mich hier finden – sie wussten ja gar nicht, wo sie überhaupt nach mir suchen sollten.

Mit der beginnenden Dämmerung änderte sich seine Stimmung plötzlich. Die Aggression verschwand, und er wirkte wieder ruhig und gelassen. Mit sanften Augen schaute er mich an und zwinkerte. Doch ich traute ihm nicht. Aha, dachte ich, jetzt will er mir ein falsches Gefühl der Sicherheit geben, aber er begann mein Gesicht und meine Mundpartie abzulecken, als wolle er sich entschuldigen. Das war nicht mehr der Wolf, der mich hatte umbringen wollen, sondern wieder der Bruder, den ich die ganze Zeit gekannt und geliebt hatte.

Zitternd kroch ich aus dem hohlen Baumstamm, und er machte keinen Versuch, mich aufzuhalten. Dann begann er, über den Trampelpfad ins Tal hinunterzugehen, so wie ich es vorher versucht hatte. Nach ein paar Schritten blieb er stehen und schaute sich um – also wollte er, dass ich ihm folgte. Ich tat es, und die Welpen kamen hinter mir her. Nach 70 bis 80 Metern blieb der Rüde stehen und markierte eine Kratzspur am Boden, und als ich genauer hinschaute, sah ich einen gewaltigen Haufen Bärenkot, der ganz anders aussah und roch als üblich. Am Boden und in der Rinde der Bäume rundum waren tiefe Kratzspuren zu erkennen. Hier hatte ein riesiger Grizzly seine Krallen geschärft und seine Visitenkarte hinterlassen. Später erklärten mir die Indianer, dass ein Bär seine Absichten durch das kundtut, was er auf dem Boden hinterlässt, und dieser Bär hatte die Absicht zu töten.

Plötzlich wurde mir alles klar. Der Wolf hatte mir nicht weh tun wollen. Im Gegenteil: Wäre ich eine Dreiviertelstunde früher über diesen Pfad gegangen, hätte mich der Bär erwischt. Der Wolf hatte mich vor dem sicheren Tod bewahrt und außerdem verhindert, dass der Bär auf die Höhle und die Welpen aufmerksam wurde. Ich verdankte ihm mein Leben.

Ungefähr drei Wochen später kniete ich am Fluss und spritzte mir Wasser ins Gesicht. Dabei sah ich kurz mein Spiegelbild, das erste Mal seit Monaten, und ich erkannte mich selbst nicht mehr. Mein Gesicht war hager und ausgemergelt, die Augen eingesunken und von dunklen Rändern umgeben, das lange Haar verfilzt und der Bart buschig. Nichts erinnerte mehr an den frisch aussehenden jungen Mann, der zwei Jahre zuvor das Lager verlassen hatte. Ich sah aus wie ein Wilder und war von meinem eigenen Anblick bis ins Mark erschüttert. Ich hatte über 20 Kilo Gewicht verloren, und mein Gesundheitszustand verschlechterte sich zusehends. Den Welpen ging es gut. Sie brauchten mich nicht, und wenn ich in dieser Wildnis nicht umkommen wollte, dann musste ich mich auf den Heimweg machen, und zwar bald.

Ich brach am frühen Morgen auf und dachte, ich würde ungefähr eine Woche bis zum Treffplatz brauchen. Ich war völlig ausgelaugt; meine Energie reichte gerade noch aus, um einen Fuß vor den anderen zu setzen. Sie reichte nicht einmal mehr zum Weinen. Keiner der Wölfe hatte versucht, mich aufzuhalten, aber woher sollten sie auch wissen, dass wir uns nie wiedersehen würden? Ich schaute nur einmal zurück, um zu sehen, ob mir einer von ihnen folgte, aber das tat keiner. Sie waren schon unterwegs zur Höhle und zu den Welpen, um einen neuen Tag zu beginnen. Das Leben ging bereits ohne mich weiter.

Ich hatte mir ein paar Stücke Fleisch von der letzten Beute in die Taschen gesteckt und legte hin und wieder eine Pause ein, um mich auszuruhen, zu essen und zu trinken. Ich kam nur langsam voran. Wenn ich mir nicht ganz sicher war, in welche Richtung ich gehen sollte, folgte ich dem Fluss, aber meist war mir der Weg vertraut. Abends suchte ich mir einen Lagerplatz und schlief tief und fest bis zum nächsten Morgen. Ich war so müde, dass ich mir nicht einmal Sorgen wegen der Raubtiere machte. Vielleicht war mir auch einfach alles egal. Nach genau einer Woche erreichte ich den Treffpunkt, wo mein alter Rucksack immer noch so im Baum hing, wie ich ihn zurückgelassen hatte; nur das Wetter hatte ihm etwas zugesetzt. Ich holte ihn herunter und setzte mich mit dem Rücken gegen den Baumstamm, um darauf zu warten, dass mich jemand fand. Jetzt kamen endlich auch die Tränen, und ich weinte lange Zeit. Der Schmerz und die Trauer über all das, was ich zurückgelassen hatte, stürzten auf mich ein, und ich weinte und schluchzte, bis ich keine Tränen mehr hatte.

Ich wusste nicht, ob Levi immer noch, wie ursprünglich verabredet, alle zwei Tage einen Wagen hierherschickte. Seit meiner letzten Nachricht waren Monate vergangen, und ihm musste klar sein, dass ich mich auf ein gefährliches Unternehmen eingelassen hatte. Vielleicht hielt er mich längst für tot und schickte den Wagen nicht mehr so regelmäßig.

Während ich wartete, dachte ich darüber nach, welche Risiken ich tatsächlich eingegangen war – und ich erschrak selbst bei der Erkenntnis, wie knapp ich dem Tod entronnen war. Eigentlich konnte niemand das überleben, was ich hinter mir hatte. Allein schon die Umgebung und die Wetterbedingungen hätten tödlich sein können, ganz zu schweigen von dem Nahrungsmangel und meiner einseitigen Diät. Dazu kamen die Wölfe – ihre Kraft und Größe, die Art und Weise, wie sie mit meinem Körper umgegangen waren, und die Angst, die ich gehabt hatte. Andererseits waren es gerade die Wölfe, denen ich mein Leben verdankte. Sie hatten mich ernährt, gewärmt und beschützt. Ich könnte diese Zeilen heute nicht schreiben, wenn der junge Rüde mich an jenem Nachmittag nicht daran gehindert hätte, zum Fluss hinunterzugehen. Der Bär hätte mich zweifellos getötet. Doch mein Körper hatte sich einfach nicht an die Ernährung der Wölfe gewöhnen können. Eine Weile war er zwar mit ausschließlich rohem Fleisch zurechtgekommen, aber leider nicht auf Dauer. Und während ich nun dort saß und darüber nachdachte, wie meine Rückkehr in die Zivilisation wohl verlaufen würde, verspürte ich einen echten Heißhunger auf Honig.

Nach 24 Stunden hörte ich das Motorgeräusch eines Wagens, der den Weg heraufkam. Es war ein Geländewagen aus dem Lager, doch den Fahrer kannte ich nicht. Im Laufe der letzten zwei Jahre hatte das Personal gewechselt, so dass mein Aussehen für diesen Burschen nicht so schockierend war, wie es für jemanden gewesen wäre, der mich von früher kannte. Mein Geruch war natürlich ein anderes Thema, aber der Fahrer war zu höflich, um ein Wort darüber zu verlieren. Ich sprach nur wenig auf dem Weg ins Lager. Es gab einfach zu viel – und doch nichts – zu sagen. Ich hatte seit zwei Jahren mit keinem Menschen mehr geredet, und ich fühlte mich fremd und desorientiert.

Als Levi mich erblickte, zeichnete sich auf seinem gewöhnlich unergründlichen Gesicht das blanke Entsetzen ab. Ich war auf diese heftige Reaktion nicht vorbereitet, doch sie sagte mir, dass die Veränderung, die er in mir sah, weit über die äußere Erscheinung hinausreichte, was ja auch tatsächlich so war, und als er die Arme öffnete, um mich an sich zu drücken, brach ich zusammen. Diese zwei Jahre hatten mich in jeder Hinsicht verwandelt, und mir dämmerte allmählich die Ungeheuerlichkeit meiner Erfahrungen. Ich hatte überlebt, aber ich hatte alles zurückgelassen, was ich liebte, und ich würde nie wieder dorthin zurückkehren können. Ich fühlte mich schwach, ohnmächtig und emotional verwirrt. Von den Leuten, die jetzt hier waren, kannten mich nur wenige von früher, aber diese wenigen reagierten bei meinem Anblick genauso schockiert wie Levi. Sie konnten kaum glauben, dass ich derselbe Mensch war. Levi fragte mich, ob ich etwas brauchte. »Honig«, sagte ich, und jemand rannte los, um ihn zu holen. Während Levi und alle anderen, die sich versammelt hatten, um mich herumstanden und zusahen, verschlang ich ein halbes Glas davon.

Von dem, was danach geschah, habe ich nur verschwommene Erinnerungen, aber ich weiß noch, dass mich jemand nach Winchester fuhr, damit ich duschen konnte, und während ich das warme Wasser über meinen Körper rinnen ließ – ein unglaubliches Gefühl –, dachte ich, dass Zivilisation genau das bedeutete. Es war eine entsetzliche Dusche in einem Holzschuppen, und der Wasserdruck war miserabel, aber ich kam mir vor wie im Ritz. Unbekleidet sah ich ziemlich merkwürdig aus. Gesicht und Hände waren tief gebräunt und wettergegerbt, der Rest des Körpers dagegen lilienweiß, und nach dem Rasieren hatte ich ein zweifarbiges Gesicht. Mein Körper war vollkommen ausgemergelt. Ich bestand nur noch aus Haut und Knochen, und obwohl ich mir unter der Dusche eine unglaubliche Menge Schmutz abgewaschen hatte, war ich längst noch nicht wirklich sauber. Ich sah aus, als würden mein Kopf und meine Hände nicht mir gehören – um den Kopf zog sich nun allerdings ein reinweißes Band, wo vorher der Bart gewesen war –, und ich fragte mich, was die Leute wohl von mir halten würden, wenn ich so zurück nach Großbritannien reiste.

Jeder wollte meine Geschichte hören, aber es gab so viel zu erzählen, dass ich eine Art Stenogrammstil entwickelte und mich nur an die Fakten hielt. Die Biologen wollten Daten: Wie viele Wölfe gehörten zum Rudel, wie waren sie, haben sie sich gepaart, wie viele Junge hatten sie, wo haben sie sich aufgehalten, wo gejagt, wohin sind sie gegangen und auf welchen Wegen? Aus meinen Berichten schlossen sie, dass es sich bei diesem Rudel wohl tatsächlich nicht um Tiere aus dem Auswilderungsprogramm handelte, sondern fast mit Sicherheit um wilde Wölfe, die über die alten Korridore, von denen Levi gesprochen hatte, eingewandert waren. Jeder war begeistert, dass Levis Theorien auf diese Weise bestätigt wurden. Aber es gab immer noch Leute im Lager – überwiegend Biologen –, die stark missbilligten, was ich getan hatte. Sie interessierten sich zwar genauso wie die anderen dafür, wie ich in dieser Umgebung überlebt hatte, wie ich es geschafft hatte, ins Rudel aufgenommen zu werden, und wie ich meine geistige Gesundheit bewahrt hatte – was ich mich gelegentlich selbst fragte –, aber sie betrachteten mich nicht als Helden. Sie waren verärgert darüber, dass ich mich und die Wölfe in Gefahr gebracht hatte, während andere meine Leistungen für erstaunlich hielten. Die Indianer betrachteten sie zwar als anerkennenswert, aber nicht als bemerkenswert. Diese Menschen gingen immerhin seit Jahrhunderten hinaus in die Berge, um dort an der Seite von wilden Tieren zu leben.

Ich war versucht, sofort ins Flugzeug zu steigen. Nachdem ich die Wölfe nun unwiderruflich verlassen hatte, drängte es mich wirklich nach Hause. Ich war es leid, für meine Taten verurteilt und verdammt zu werden, aber ich ließ mich überreden, noch ein paar Wochen im Lager zu bleiben, um mich gesundheitlich zu erholen und wieder an ein normales Leben zu gewöhnen. Doch das war nicht leicht. Ich wusste, dass ich gedanklich und gefühlsmäßig einen weiten Weg vor mir hatte, aber es überraschte mich, wie lange ich brauchte, um wieder zu einer normalen Ernährung zurückzufinden, und wie schwierig das war. Ich hatte Heißhunger auf Junkfood – ich hätte sonst was für Peperoni-Pizza und Eiskrem gegeben –, aber ich vertrug das Zeug einfach nicht. Es rauschte durch meinen Verdauungskanal, ohne die Wände zu berühren, und ich fühlte mich dann wirklich krank. Mein Magen war so geschrumpft, dass ich nur kleinste Mengen essen konnte – was ich heute bei einer Mahlzeit auf dem Teller habe, hätte mir damals für drei Tage gereicht –, und während der ersten Wochen musste ich nach Kohlenhydraten erbrechen oder bekam Durchfall davon.

Am schwierigsten war es jedoch, mich wieder an die Menschenwelt zu gewöhnen. Die Welt, aus der ich zurückgekehrt war und der ich mich zugehörig fühlte, war so einfach und stimmig. Es gab keinen Betrug, keine Bosheit und keine willkürliche Grausamkeit. Alles wurde aus Gründen getan, die jeder verstand, und obwohl die Wölfe rau und aggressiv sein und für das kämpfen konnten, was ihnen gehörte, hatten sie auch eine freundliche und fürsorgliche Seite. Ich hatte gesehen und erlebt, wie sie sich mit großer Zärtlichkeit umeinander kümmerten. Sicherheit und ausreichend Nahrung für die eigene Familie stand bei diesen Tieren an erster Stelle, aber sie respektierten auch die Geschöpfe, mit denen sie ihre Welt teilten. Sie töteten, weil sie Hunger hatten; niemals zum Spaß und nie mehr, als sie brauchten.

Im Gegensatz dazu hielten so viele Menschen alles für selbstverständlich. Sie waren gierig und selbstsüchtig und plünderten die Erde, als seien sie die einzige Gattung, die zählte. So vieles in unserer Menschenwelt ist gefährlich und rücksichtslos. Während ich am Flughafen auf meinen Heimflug wartete, beobachtete ich, wie Eltern ihre Kinder zurechtwiesen und sie grundlos bestraften. Am liebsten hätte ich gesagt: »Hört auf damit. Freut euch an euren Kindern. Lernt zu schätzen, was ihr habt.«

16

Ein anderer Weg

Während der letzten Wochen war ich emotional zerrissen gewesen, und nun, wieder zu Hause, kreisten meine Gedanken ausschließlich um die Frage, wie ich dazu beitragen könnte, das Leben der Wölfe in Gefangenschaft zu verbessern. Ich hatte so viel über sie gelernt, so viele Dinge, die ich durch eine bloße Beobachtung aus der Ferne nie erfahren hätte. Ihre Verhaltensweisen wurden so oft falsch interpretiert, ihre Bedürfnisse so oft vernachlässigt, und ich brannte darauf, das zu ändern.

Ich fuhr unverzüglich nach Plymouth, um Jan zu besuchen. Ich war völlig pleite und brauchte einen Job, der ordentlich bezahlt wurde, aber es war mir genauso wichtig, mit Tieren zu arbeiten. Ich hörte mich um, fragte nach und nutzte dann die Kontakte aus meiner Zeit beim Militär, um an einem Kursus für Hundebetreuer teilzunehmen, den die Armee in Melton Mowbray, Leicestershire, durchführte. Zunächst stand der allgemeine Umgang mit Hunden auf dem Programm, später folgte die Ausbildung von Militärhunden, bei der die Hunde lernten, Eindringlinge am Arm zu fassen, und schließlich die Zwingerführung. Der Kurs dauerte ungefähr drei Monate, und ich lernte alles, von der Fütterung und Versorgung der Tiere bis zur Ausbildung der Militärhunde und der Hundeführer.

Hunde werden von der Armee für die verschiedensten Aufgaben eingesetzt: In Kriegsgebieten spüren sie Sprengstoffe auf, sie bewachen die geschlossenen Einrichtungen und werden wie Polizeihunde darauf trainiert, Eindringlinge zu fassen, indem sie die Personen am Arm festhalten. Aber anders als die Polizeihunde leben sie nicht bei ihren Hundeführern, und sie wissen nicht zwischen Gut und Böse zu unterscheiden. Jeder, der sich unbefugt im eingezäunten Gebiet befindet, gilt als Eindringling, und die Hunde lernen, ihn anzugreifen und festzuhalten.

Das war zwar kein Training nach meinem Geschmack, aber ich betrachtete es als Mittel zum Zweck. Ich konnte mir auf diesem Weg ein Einkommen sichern und mit den Tieren arbeiten. Dies war ein hartes, militärisches Umfeld, wo jeder, von den Männern bis zu den Hunden, jedem Befehl bedingungslos gehorchte. Der Diensthabende war ein Oberfeldwebel, ein großer, dünner Mann namens Sid Gillam, den wir Blakey nannten, nach dem autoritären Typen in *On The Buses*, einer englischen Sitcom aus den frühen Siebzigerjahren.

Blakeys Trainingsmethoden waren absolut unflexibel. Den Hundeführern brachte er bei, sich dominant zu verhalten. Hier gab es keinen Raum für meine Theorien, den Tieren zu erlauben, mich zu dominieren. Niemand wagte, seine Methoden in Frage zu stellen – auch ich nicht –, obwohl für mich offensichtlich war, dass es freundlichere und effektivere Wege gab. Ich hatte Furcht und Einschüchterung noch nie für eine gute Beziehungsgrundlage gehalten, und diese Tiere waren wesentlich stärker und schneller als ihre Hundeführer, und sie hatten zweifellos ein sehr viel besseres sinnliches Wahrnehmungsvermögen.

Doch von den Indianern hatte ich gelernt, dass niemand das Recht hat, einem anderen zu sagen, was er tun soll, und so behielt ich meine Ansichten für mich. Meine indianischen Brüder würden mir sagen, dass es zwar gut war, einen Traum zu haben, dass dieser Traum aber sinnlos ist, solange der Welt die Bereitschaft fehlt, ihn zu empfangen. Blakey gehörte zu einer Generation, die durch Regeln und Vorschriften gebunden war, und er stellte die gängige Praxis nicht in Frage. Für irgendwelche Neuerungen war er nicht offen – er setzte beim Training der Hunde nicht mal Leckerchen als Belohnung ein, wie es bei zivilen Ausbildern schon seit Jahren üblich war. Diese Hunde wurden mit roher Gewalt trainiert.

Blakey nahm sich selbst und seinen Job sehr ernst, und wir zogen ihn nur zu gerne auf – was ungeheuer einfach war. Jeden Morgen beim Frühstück stahl ich ein Würstchen und steckte es mir in die Tasche, was dazu führte, dass die Hunde, mit denen ich arbeitete, mir nicht von der Seite wichen. Ihr Verhalten war tadellos – ohne dass ich Gewalt hätte anwenden müssen, und am Ende der Trainingseinheit bekamen sie ihr Würstchen. Ich schnitt jedes Mal als Klassenbester ab. Blakey ahnte zwar, dass ich einen Trick hatte, aber er kam nie dahinter.

Kurz nachdem ich die Ausbildung beendet und Melton Mowbray verlassen hatte, trat er in einer Fernsehsendung auf, in der professionelle Hundetrainer berühmten Stars helfen sollten, ihre Hunde zu erziehen. Blakeys Partner war der Komiker Julian Clary, der einen kleinen Schoßhund hatte. Es war eine brillante – und niederträchtige – Vorstellung. Die beiden Männer hätten unterschiedlicher nicht sein können. Blakey trainierte große Hunde, die in

Kriegsgebiete geschickt werden und als Sieger zurückkehren sollten, und hier war er nun auf den Mattscheiben der Nation zu sehen, wie er einen Flaumball an einer pinkfarbenen Leine führte. Der arme Mann hat es nie verwunden. Als ich ihn das nächste Mal sah und ihn nach Julian fragte, gab er mir eins auf die Rübe und verbot mir, den Namen je wieder zu erwähnen. Aber Blakey war ein guter Mann, und ich hatte eine Menge Respekt vor ihm. Er gehört zu den wenigen Leuten, die mein Leben nachhaltig beeinflusst haben. Er leitete nicht nur das Trainingszentrum, sondern führte auch tierärztliche Kontrollen durch. Alle drei Monate machte er seine Runde durch die Baracken und prüfte, ob die Hunde gesund waren. Also hielt ich Kontakt zu ihm, und eins muss ich ihm lassen: Als er kam, um zu sehen, was ich mit den Hunden machte, die ich in meiner Obhut hatte, ließ er sich überzeugen, dass seine Methoden nicht zu den gewünschten Ergebnissen führten. Und Jahre später besuchte er mich in Devon, um sich meine Arbeit mit den Wölfen anzusehen.

Meinen ersten Job nach der Ausbildung bekam ich als Co-Trainer in einem Zwinger bei Headquarters Land Command am Rand von Wilton in Wiltshire. Ich hatte mich um ungefähr sechs Hunde zu kümmern, die in den Zwingern der Erskine-Kasernen gehalten wurden. Die Aufgabe der Tiere bestand darin, das Lager zu schützen und zu bewachen, und ich hatte dafür zu sorgen, dass sie rund um die Uhr im Top-Zustand waren, um diese Aufgabe zu erfüllen. Unter den Hunden gab es einige wirklich eindrucksvolle Exemplare, aber sie hatten nichts mit Haustieren zu tun. Es waren Arbeitshunde – Deutsche Schäferhunde –, gezüchtet und abgerichtet, um

Menschen anzugreifen, harte Burschen, mit denen man sehr sorgfältig umgehen musste. Mir taten sie leid. Das Training der Hunde erstreckte sich über sechs bis acht Wochen, während die Hundeführer nur eine zweiwöchige Ausbildung bekamen. Meiner Ansicht nach hätte es genau umgekehrt sein müssen. Einige der Hundeführer hatten keine Ahnung, was sie da eigentlich taten, und die Hunde steckten sie locker in die Tasche.

Es gab einen netten jungen Soldaten, den wir wegen seines starken Birmingham-Akzentes Yim Yam nannten. Er wollte so gerne Hundeführer sein, hatte aber nicht die geringste Erfahrung mit Hunden. Wann immer er sein Tier von der Leine ließ, rannte der Hund nicht etwa los, um sein Zielobjekt zu fassen, sondern lief daran vorbei und pinkelte an einen Laternenpfahl. Aber der Mann liebte den Hund über alles und kam jeden Morgen in den Zwinger, um ihn zu begrüßen. Anschließend ging er von einem Zwinger zum nächsten und begrüßte alle anderen Hunde mit Namen. Eines Abends war ich in der Kneipe gewesen und beschloss, bei einem der Hunde im Zwinger zu übernachten, statt den weiten Weg nach Hause zu gehen. Früh am nächsten Morgen, es dämmerte gerade erst, kam der junge Soldat, um wie gewöhnlich die Hunde zu begrüßen. Er ging von einem Zwinger zum anderen und sagte: »Morgen, Shadow!, Morgen, Dusty! Morgen, Kelly!«, und als er an den Zwinger kam, in dem ich lag, sagte ich mit einer sehr tiefen Stimme: »Morgen, Yim Yam!« Es war noch so dunkel, dass er mich nicht sehen konnte, und ich ergötzte mich an seinem fassungslosen Gesichtsausdruck. Wahrscheinlich denkt er bis heute, dass der Hund mit ihm geredet hat.

Mit einem fünf Tage alten Wolfswelpen in den Händen.
Roger Cooke

Mit Helen und der acht Monate alten Cheyenne.
Linda Cowen

Mit Cheyenne und Nataa im Alter von achtzehn Monaten.
Linda Cowen

Beim täglichen Vortrag über Wölfe im Wolfsgehege des Combe Martin Wildlife Parks. *Roger Cooke*

Zarnesti, der europäische Wolf, der als Welpe verletzt worden ist und auf so bewegende Weise mit dem behinderten Kind Kontakt aufgenommen hat. *Linda Cowen*

Elu im Alter von zehn Jahren, die Matriarchin des Wolfsrudels, Mutter von Yana, Tamaska und Matsi (geboren 2004) sowie Cheyenne, Nanoose, Nataa und Tejas. *Roger Cooke*

Das Wolfsrudel bei der Fütterung. *Roger Cooke*

Matsi verteidigt seinen Anteil bei der Rudelfütterung. Die Ohrenposition signalisiert den anderen, dass sie sich fernhalten sollen. *Roger Cooke*

Oben: Cheyenne ist wachsam. *Roger Cooke*

Mitte: Mit drei Wochen alten Welpen. *Roger Cooke*

Unten: In der Omega-Rolle während einer angespannten Situation zwischen zwei erwachsenen Wölfen. *Roger Cooke*

Matsi, Tamaska und Yana, in Gefangenschaft, aber keineswegs zahm. *Roger Cooke*

Shadow, der überraschend im Januar 2009 gestorben ist. *Roger Cooke*

Mit meinem indianischen Bruder Levi Holt.
Bernard Walton

Mit Tejas.
Roger Cooke

Eine traditionelle Wolfsbegrüßung von Tamaska, während Yana Matsis Schnauze festhält. *Simon Frazier*

Matsi begrüßt mich.
Simon Frazier

Manchmal ging es in den Kasernen lustig zu. Es gab dort einen Hauptfeldwebel namens Tony »Frangie« Frangos, der in derselben Kommandoeinheit gewesen war wie ich. Er war sehr fit, aber etwas klein geraten, und aus irgendeinem Grund spielten wir ihm ständig Streiche. Ich erinnere mich daran, wie jemand ihm einmal Himbeermarmelade auf seinen Telefonhörer geschmiert hat, und bei einer anderen Gelegenheit haben wir am Abend vor einem wichtigen Treffen mit dem Spieß der Kompanie und allen Großkopferten des Fallschirmspringer-Regiments seine Mütze in die Gefriertruhe gelegt. Frangie saß dabei, während die Mütze still vor sich hin taute und ihm das Eiswasser in den Kragen lief, unfähig, auch nur ein Wort zu sagen. Und die schändlichste unserer Taten: Der Kommandeur des Stützpunkts hatte entdeckt, dass Messingarmaturen, Griffe, Türklinken, Klopfer und andere wertvolle Teile aus einem unbenutzten Gebäude, das abgerissen werden sollte, verschwanden. Als Täter hatte man Frangies Männer im Verdacht. Er verteidigte uns wie eine Tigermutter ihre Jungen. Völlig ausgeschlossen, dass seine Männer stahlen. Das war eine empörende Verleumdung. Er konnte sich für jeden von uns verbürgen. »Keine Sorge, Jungs«, sagte er, als er uns die Geschichte berichtete; und dann fügte er hinzu: »Ihr habt das Zeug doch nicht genommen, oder?« Wir mussten ihm reinen Wein einschenken. Unsere Spinde waren vollgestopft mit Messing.

Das eigentliche Problem beim Umgang mit den Hunden lag darin, dass die Armee kein Verständnis für die natürliche Rangordnung bei Hunden hatte und den Tieren Dinge abverlangte, für die sie einfach nicht geschaffen waren. Man kann aus einem Alpha-Tier keinen Angreifer machen. Das widerspricht seiner Natur. Das Alpha-Tier trifft die Entscheidungen und ist das wertvollste Mitglied des Rudels. Sein ganzer Instinkt rät ihm, sich von der Gefahr fernzuhalten, sich hinter seinem Hundeführer zu verstecken und den gefährlichen Job jemand anderem zu überlassen. Ein niederrangiges Tier eignet sich ebenso wenig als Angreifer, weil es von Natur aus nicht aggressiv genug ist. Der perfekte Kampfhund ist das Beta-Tier. Ihm gefällt diese Aufgabe, denn er ist hartnäckig und furchtlos. Aber die Armee nahm auf solche Unterschiede keine Rücksicht und verlor dadurch eine Menge guter Hunde.

Mit der Hundepsychologie stand es nicht wesentlich besser. Wenn ein Hund sich beim Training in den Arm des Eindringlings verbissen hatte, rief der Hundeführer »Aus!«, das Kommando zum Loslassen, und wurde wütend, wenn der Hund nicht gehorchte. Anscheinend verstand niemand, dass so etwas in absolutem Widerspruch zu den natürlichen Instinkten der Tiere stand. Wenn ein wild lebender Wolf seine Beute gepackt hat, wird er sie erst wieder loslassen, wenn sie tot ist. Nur so kann er selbst überleben und sein Rudel ernähren. Dem Hund wurde dagegen befohlen, seine Beute loszulassen, wenn sie noch lebte und sich heftig wehrte, und natürlich verwirrte ihn das – er verstand den Ruf im Sinne einer Ermutigung durch das Rudel. Aber ich musste mich mit Kommentaren zurückhalten. Ich war der Neuling unter den Kollegen und konnte nicht über Nacht alles umkrempeln. Außerdem hatte ich im Moment nur meine Theorien, die ich erst noch in der Praxis testen musste.

Zu den für mich angenehmen Seiten meines Jobs gehörten die ungewöhnlichen Arbeitszeiten. Es war nicht unüblich, sich mitten in der Nacht im Zwinger aufzuhalten, weil die Hundeführer Schichtdienst hatten, und um diese Zeit ließen sich die Hunde gut trainieren, weil es keine Ablenkungen gab. Das eröffnete mir die Möglichkeit, hin und wieder schwarzzuarbeiten, und es dauerte nicht lange, bis ich bei den zivilen Mitarbeitern im Lager und bei den Bewohnern der umliegenden Dörfer ein gefragter Hundetrainer war. Das beruhte auf reiner Mundpropaganda, aber ich fand es sehr befriedigend zu sehen, wie bereitwillig die Leute annahmen, was ich ihnen sagte. Außerdem brachte es zusätzliches Geld ein. Damals arbeiteten die traditionellen Hundeschulen, auch für Haustiere, noch überwiegend auf der Basis von Zwang, und das stellte ich auf den Kopf. Ich nutzte das natürliche Belohnungssystem der Tiere, Nahrung und Wärme, zur Motivation und die artgerechten Formen der Strafe, Entbehrung und Kälte, als Abschreckungsmittel. Außerdem bestand ich darauf, dass die Hundebesitzer mit ihrer ganzen Familie zum Unterricht erschienen, weil Hunde sich selbst als Teil des Familienrudels betrachten, sogar wenn der Haushalt nur aus zwei Menschen besteht, und wenn man einem Hund beibringt, nur einem einzigen Mitglied des Rudels zu gehorchen, läuft das seinen natürlichen Instinkten zuwider. Und ein verwirrter Hund kann gefährlich werden, wenn kleine Kinder im Haushalt leben.

Der Hund ist selten das Problem, wenn etwas schiefläuft. Das Problem sind ausnahmslos die Menschen, die sich für ein Tier entschieden haben, das nicht zu ihrer Lebenssituation passt, und es nicht in der Sprache erziehen, die ein Hund versteht. Oft geben sich die Leute große Mühe, alles richtig zu machen, aber am Ende hat doch der Hund die Herrschaft übernommen und zerstört ihr Leben.

Zu meinen Klienten gehörte ein Paar mit einem wunderschönen Retriever, der Bälle und Spielzeug apportierte, die seine Menschen für ihn im Garten warfen. Irgendwann weigerte sich der Hund, das Spielzeug, das er geholt hatte, herzugeben, und er knurrte, wenn jemand versuchte, es ihm wegzunehmen. Niemand wagte, ihm Grenzen zu setzen, und im Alter von zwei Jahren war der Hund uneingeschränkter Herr im Haus. Herrchen und Frauchen hatten nur noch einen Schrank unter der Treppe für sich, weil der Hund den Rest des Hauses allmählich in Besitz genommen hatte. Wann immer die Menschen ein Zimmer betraten, knurrte er so aggressiv, dass sie sich kaum zu rühren wagten. Es brach den Menschen zwar das Herz, aber dieser Hund war so besitzergreifend geworden, dass sie nicht anders konnten, als ihn wegzugeben.

Das Problem ist, dass wir die Natur des Hundes missachten, wenn wir ihn auffordern, einen Gegenstand zu apportieren und uns dann zu geben. Draußen in der Wildnis gehört ihm das, was er holt – und wenn er den anderen Rudelmitgliedern zeigen will, dass ihm etwas gehört, dann verdeckt er den Gegenstand mit seinen Ohren. Er lässt seine Ohren wie die Tragflächen eines Flugzeugs abstehen, und mit diesem Signal fordert er die Rudelmitglieder auf, sich fernzuhalten. Aber wir haben das Aussehen der Hunde durch Züchtung so stark verändert, dass die Ohren bei den meisten herabhängen und die Tiere sie nicht mehr zur Kommunikation benutzen können. Stattdessen knurren sie. Handelt es sich bei dem Hund um ein hochrangiges Tier, das knurrt, wenn sein Besitzer ihm den Ball wegnehmen will, und zieht der Besitzer sich auf dieses Knurren hin zurück, dann lernt der Hund schnell, dass er auf diese Weise nicht nur über den Ball, sondern über alles herrschen kann, was er haben will. Also müssen wir versuchen, dieses instinktive Verhaltensmuster zu überwinden, aber das bedeutet, dass wir nicht nur den Hund, sondern auch seinen Besitzer erziehen müssen – was gewöhnlich sehr viel schwieriger ist.

Ich erinnere mich noch daran, wie mich die Sprechstundenhilfe einer Tierarztpraxis anrief und fragte, ob ich einem über 80 Jahre alten Mann helfen könnte, der Probleme mit einem seit kurzem bei ihm lebenden acht Monate alten Collie-Mischling hatte. Er würde mit dem Tier nicht fertig, sagte sie, und fragte nach meinen Preisen. Ich sagte, fünfeinhalb Pfund, was nur knapp meine Benzinkosten deckte, aber sie handelte mich runter. Der Mann sei ein armer, alter Rentner, argumentierte sie, und so gab ich mich schließlich mit vier Pfund zufrieden. Als ich der Wegbeschreibung folgte und in das Dorf fuhr, kam ich zu einem riesigen Haus. Wenn das seins ist, dachte ich … aber das war es nicht. Seins war nebenan und noch größer. Mehr noch, ihm gehörte fast das gesamte Dorf. Reichlich verärgert murrte ich leise vor mich hin, aber das änderte sich, sobald ich den Mann sah. Er liebte seinen Hund, doch er war stark gehbehindert, und er hatte ein Tier, das meilenweit laufen und Schafherden hüten wollte. Die beiden passten überhaupt nicht zusammen. Aber der Mann hatte eine Haushälterin, und so ließ ich ihn den Hund an der Leine in eine Koppel hinter dem Haus führen. Ich platzierte ihn an das eine Ende der Wiese und die Haushälterin an das andere Ende. Ich stattete beide mit Leckerchen aus, und dann wurde der Hund abgeleint. Er rannte von dem alten Mann zur Haushälterin, wurde mit einem Leckerchen belohnt, rannte wieder zurück zu dem alten Mann und erhielt von ihm ebenfalls seine Belohnung. Jedes Mal, wenn der Hund vom einen zum anderen gerannt war, ließ ich die beiden Menschen ein paar Schritte aufeinander zugehen, so dass der Hund, während er zwischen ihnen hin und her lief, den Eindruck gewann, er würde sie langsam auf die Mitte der Koppel »zutreiben«. Er konnte auf diese Weise seinen natürlichen Instinkten folgen und bekam die Bewegung, die er brauchte. Als der Mann und seine Haushälterin die Mitte der Koppel erreicht hatten, nahm der Mann den Hund wieder an die Leine, und alle drei gingen langsam zurück ins Haus.

Damals experimentierte ich viel. Die Leute kamen mit ihren Welpen zum Training, brachten aber auch ältere Hunde mit Verhaltensstörungen wie den Collie-Mischling und den Retriever, und ich wandte bei allen das an, was ich über das Verhalten der Wölfe gelernt hatte. Doch ich stand immer noch am Anfang – es gab viele Dinge, die ich über die Wölfe nicht wusste –, so dass ich ebenso wie die Tierhalter aus der Erfahrung lernte. Was ich den Leuten sagte, schien aber anzukommen, und viele stellten fest, dass sich ihre Hunde veränderten. Das Timing hätte kaum besser sein können. Das Interesse an Hundepsychologie lebte plötzlich wieder auf, und die Leute begannen, den Wolf als Wegweiser zu einem besseren Verständnis ihrer Hunde zu betrachten. Die Welt schien plötzlich bereit zu sein, doch während andere Verhaltensforscher ihre Lehren auf Beobachtungen der Wölfe aus der Ferne gründeten, hatte ich eine ganz einzigartige Perspektive zu bieten: Ich hatte mit den Wölfen zusammengelebt.

Nicht dass mich das dafür qualifiziert hätte, jedes Problem zu lösen. Eines Tages war ich im Park in der Nähe von Salesbury. Ich begleitete ein älteres Paar – sie waren zwischen sechzig und siebzig – und ihren Deutschen Schäferhund, mit dem sie nicht fertig wurden. Plötzlich tauchte eine sehr herrische Dame auf – äußerlich ein Barbara-Woodhouse-Typ –, kam zu mir herüber und fragte, ob ich ein qualifizierter Hundetrainer sei. Das nicht grade, antwortete ich, aber ich wüsste einiges über Hunde und würde einem Freund helfen. Sie berichtete, ihr Collie sei ein Albtraum. Ich gab ihr meine Karte und sagte, wenn sie keinen Trainer finden könne, solle sie mich anrufen, und ich würde sehen, ob ich ihr helfen könne.

Ungefähr zehn Minuten später erschien dieser Collie im Park. Er fiel mir sofort auf; die Frau, die mich angesprochen hatte, war nicht weit hinter ihm, und zu meiner Überraschung lief der Hund direkt auf mich zu. Schlimmer noch, er bohrte seinen Kopf zielsicher in meinen Schritt. Reflexartig drehte ich mich weg, und seine Zähne senkten sich in die Innenseite meines Oberschenkels, haarscharf an den Kronjuwelen vorbei. Es tat höllisch weh – aber die Sache wäre noch viel übler ausgegangen, hätte ich nicht so schnell reagiert.

»Sehen Sie?«, sagte die Frau triumphierend. »So was macht er!« Ich bot ihr nicht meine Hilfe an.

17

Probieren geht über Studieren

Die Indianer sagen, wenn man denkt, dass sich ein gefangenes Tier in einem Käfig befindet, dann wird das Tier ebenso denken. Wenn man dem Tier aber den Eindruck vermittelt, dass der Käfig seinem Schutz und seiner Sicherheit dient, und wenn man sein Leben innerhalb dieses abgeschlossenen Raumes bereichert, dann wird das Tier seinen Käfig als Zuflucht und nicht als Gefängnis betrachten. Ich hatte den Eindruck, dass die meisten gefangenen Wölfe sich wie in einem Käfig fühlten. Diejenigen, die ich kennen gelernt hatte, erinnerten kaum an ihre wilden Artgenossen. Ihre Seele war gebrochen, und selbst wenn man das Tor zu ihrem Gehege weit geöffnet hätte, hätten sich wohl nur die wenigsten für die Freiheit entschieden.

Ich war überzeugt, dass ich das Leben dieser Tiere verbessern konnte, indem ich es dem Leben in der Wildnis ähnlicher machte. Aber ich musste meine Glaubwürdigkeit unter Beweis stellen. Ich hatte Erfahrungen mit Wölfen, die weit über das hinausreichten, was die meisten Biologen zu bieten hatten, doch mir fehlten die akademischen Titel, und deshalb gründete ich eine Organisation, die ich Wolfpack Management nannte. Sie war damals zwar nur ein Einmannbetrieb, aber ich fand den Namen eindrucksvoll. Ich musste meine Theorien unbedingt in der Praxis testen. Meine Arbeit mit den Hunden machte mir zwar Spaß, aber meine eigentliche Mission waren die Wölfe. Ein glücklicher Zufall wollte es, dass Wilton ganz in der Nähe des Longleat Safariparks lag, wo es immer noch ein Rudel Timberwölfe gab.

Longleat war und ist immer noch einer der angesehensten Wildparks im Land, und ich wusste, dass ich für Studienzwecke kein besseres Rudel finden konnte. Der Park befindet sich auf dem Gelände eines großartigen Herrenhauses, das dem 7. Marquess of Bath gehört. Das Haus ist im Elisabethanischen Stil gebaut – Ende des 16. Jahrhunderts – und an sich schon eine Attraktion, und es ist zusätzlich von einer phantastischen Parklandschaft umgeben, die Capability Brown, der große Landschaftsgärtner des 18. Jahrhunderts, gestaltet hat. Der Park erstreckt sich über rund 365 Hektar mit weiteren 3200 Hektar Wald, Seen und Ackerland – unverbaute Natur, so weit das Auge sehen kann, und dort leben die Tiere. Das Wolfsgehege war zwar nicht so groß wie in Idaho, aber doch unvergleichlich größer als die enge Anlage in Sparkwell, und es war erfreulich zu sehen, dass die gefangenen Wölfe – zusammen mit Löwen, Tigern und allen möglichen anderen Wildtieren – in England unter so guten Bedingungen gehalten wurden.

Ich besuchte den Leiter des Parks, Keith Harris, den ich noch nicht kannte, berichtete ihm, was ich bisher getan hatte, und fragte ihn, ob ich einige meiner Theorien bei seinem Wolfsrudel praktisch testen dürfe. Obwohl die Wölfe unter guten Bedingungen gehalten wurden und gesund waren, hatte Longleat ein Problem: Die Wölfe bekamen keinen Nachwuchs. Damals verstand man noch recht wenig vom Rudel-Management und wusste nicht, dass vier Jahre Abstand zwischen den Generationen nötig waren, um eine erfolgreiche Fortpflanzung zu gewährleisten. Wie üblich hatte man Wölfe von anderen Wildparks übernommen, die überzählige Tiere abzugeben hatten, und daraus ein neues Rudel gebildet, dessen Mitglieder alle ungefähr im gleichen Alter waren. Und nun wurden sie allmählich zu alt für die Fortpflanzung.

In der Wildnis besteht ein Rudel immer aus mehreren Generationen, und es gibt ständig junge, fortpflanzungsbereite Weibchen. Sie sorgen für Nachwuchs, damit es neue Rudelmitglieder gibt, die das Revier verteidigen, auf die Jagd gehen und die Linie fortsetzen. In Gefangenschaft wurden die Wölfe jedoch mit ausreichend hochwertiger Nahrung versorgt, die man ihnen sozusagen frei Haus lieferte, und ihr Revier war nicht bedroht. Also gab es für sie keinen Grund, die Zahl der Rudelmitglieder zu erhöhen, und deshalb verzichteten sie darauf. Wölfe verfügen über eine außergewöhnliche Fähigkeit, ihre Körperfunktionen zu steuern und zu entscheiden, ob sie Nachwuchs haben wollen oder nicht. Bei den weiblichen Tieren kommt es häufig zu Scheinschwangerschaften, oder sie werden tatsächlich trächtig, können jedoch willentlich Fehlgeburten herbeiführen. Wenn eine Wölfin die Zeit oder die äußeren Umstände nicht für geeignet hält, um Junge zur Welt zu bringen, kann sie die Schwangerschaft beenden, indem sie die Embryonen in ihrem Körper absorbiert.

Ich glaubte zuversichtlich, dass ich das Leben dieser Wölfe verbessern und sie vielleicht sogar zur Fortpflanzung ermutigen konnte, aber es war schwierig, die Parkleitung zu überzeugen, dass sie mir ein Gehalt zahlen sollte, wo doch ihre Wölfe, abgesehen von den Fortpflanzungsproblemen, in jeder Hinsicht gesunde und glückliche Tiere waren. Keith Harris interessierte sich jedoch für das, was ich bei den Nez Percé getan hatte, und erklärte sich bereit, mich als unbezahlten Freiwilligen arbeiten zu lassen. Da es mir hauptsächlich darum ging, den Wölfen zu helfen, und ich mein Gehalt von der Armee bekam, war ich mit seinen Bedingungen einverstanden – und Longleat bot mir das ideale Testgelände.

Die Besucher fahren im Auto durch den Park – Hunderttausende pro Jahr. Als er 1966 eröffnet wurde, war Longleat der erste Safaripark außerhalb Afrikas, durch den man im Auto fahren konnte. Da sich die Tiere jedoch nicht im afrikanischen Busch aufhalten, sondern in der üppig grünen englischen Landschaft, und da die Gehege sehr viel kleiner sind als in den afrikanischen Safariparks, haben die Tiere keine Angst vor Autos, und die Besucher können sie sehr viel besser aus der Nähe betrachten. Longleat wurde dadurch zum Modell für viele Zoos überall auf der Welt.

Der Wolfswald lag hinter den Revieren der Tiger und Löwen und umfasste ein Gebiet von anderthalb bis zwei Hektar. Im Zentrum befand sich ein Hain von ausgewachsenen Bäumen, überwiegend Eichen, ohne Unterholz oder eine andere Bodenbedeckung. Das gesamte Gehege war mit Gras bewachsen, und in einer Ecke nahe beim Zaun befand sich ein künstlich angelegter Teich, an dem die Tiere trinken konnten. Ich erinnere mich noch daran, wie ein junger Rüde eines Tages eine Krähe belauerte, die in diesem Teich badete. Der Wolf hatte den Teich aus einiger Entfernung beobachtet und dabei offenbar bemerkt, dass der Vogel nach dem Baden länger als gewöhnlich brauchte, um sich wieder in die Luft zu schwingen, weil seine nassen Federn ihn schwerfälliger machten. Also kroch der Wolf bis auf etwa 50 Meter an den Teich heran, um die Krähe zu fangen. Obwohl ich es für aussichtslos gehalten hatte, erwischte er den Vogel tatsächlich.

Das einzige Gebäude im Gehege war eine schlichte Hütte aus Ziegelsteinen, die bei Bedarf von den Tierärzten benutzt wurde. Das gesamte Gelände war, wie jedes andere Gehege auch, mit Zäunen und Toren gesichert. Während der Öffnungszeiten saßen Mitarbeiter des Parks in schwarz-weiß gestreiften Geländewagen, die an Zebras erinnerten, und wachten an jedem Gehege darüber, dass die Besucher auf keinen Fall ihre Autos verließen. Mir taten diese Freiwilligen leid, die sich um Jobs im Park beworben hatten, weil sie mit Tieren arbeiten wollten, und ihre Tage auf diese Weise als Parkwächter in Ehren verbrachten.

Autos waren ein Teil der Landschaft. Fußgänger gab es hier nicht, denn die Tiere, so harmlos sie wirken mochten, wenn man sie aus dem Wageninneren betrachtete, waren gefährlich. Nicht einmal ich durfte das Wolfsgehege zu Fuß betreten – die Versicherung des Parks hätte das nicht abgedeckt –, und so verbrachte ich die freien Tage, die mir mein Brotjob ließ, in meinem Auto, damals ein weißer Citroën-Kombi, von dem aus ich die Wölfe beobachtete und allmählich näher kennen lernte. Die Wölfe ihrerseits erkannten bald mein Auto, und sobald ich damit ins Gehege fuhr, kamen sie herbei, um ihre Duftmarken darauf zu hinterlassen. Ich dachte mir weiter nichts dabei, bis ich feststellte, dass die Löwen sich anscheinend sehr für mein Auto interessierten. Gewöhnlich folgte ich abends beim Verlassen des Parks dem Fahrzeug der Wärter, dem die Löwen nicht die geringste Aufmerksamkeit schenkten, während sie auf mein Auto zurannten – vor allem die weiblichen Tiere. Eines Abends versetzte eine der Löwinnen dem Heck einen so massiven Prankenhieb, dass der gesamte Wagen schwankte. Ich konnte mir diese Reaktion nur so erklären, dass sie nachdrücklich gegen den Wolfsgeruch protestierte. Am nächsten Abend spritzte ich den Wagen ab, bevor ich den Park verließ, und die Löwen hoben nicht einmal den Kopf, als ich durch ihr Gehege fuhr.

Nachts, wenn ich mich nicht im Gehege aufhalten durfte, richtete ich mich auf der anderen Seite des Tals in einem kleinen Wäldchen ein, das ungefähr 500 Meter Luftlinie von den Wölfen entfernt lag. Es war ein günstiger Aussichtspunkt, von dem aus ich beobachten und hören konnte, was auf der anderen Seite vor sich ging. Ich fühlte mich sehr heimisch, wenn ich mich dort Nacht für Nacht mit einer Taschenlampe, einem Fernglas, belegten Broten und einer Thermoskanne voll heißem Tee niederließ. Ich saß unter einer großen Eiche mit hohlem Stamm, die sich auch ein paar Eulen als Quartier auserkoren hatten, und eingehüllt von der Dunkelheit und den Geräuschen der Nacht konnte ich mich fast wieder als Kind fühlen, so wie damals zu Hause in Norfolk, als mich die Schreie der Eulen und anderer Geschöpfe der Nacht in den Schlaf begleitet hatten. Es hatte etwas Magisches an sich, hier mitten in einer der schönsten englischen Landschaften zu sitzen und mit den Wölfen zu heulen, die meinen Ruf erwiderten.

Nachdem ich das Verhalten des Rudels einige Wochen lang beobachtet hatte, begann ich mit dem, was ich als »Bereicherungsprogramm« bezeichnete. Ich baute an verschiedenen Stellen außerhalb des Geheges Lautsprecher auf – unter anderem in dem Wäldchen mit meinem hohlen Baum –, und während der Morgen- und Abenddämmerung, wenn die Wölfe am aktivsten sind, spielte ich Kassetten mit Wolfsgeheul ab, die ich in Idaho aufgenommen hatte. Dahinter steckte die Idee, den Wölfen vorzugaukeln, dass sich auf der anderen Seite des Tals ein rivalisierendes Rudel befand, und ich hoffte, die Alpha-Wölfin würde sich dadurch zur Fortpflanzung bewegen lassen.

Das Wissen, dass sich in der Region ein größeres und stärkeres Rudel befindet, das versucht sein könnte, das eigene Revier zu übernehmen, schweißt ein Wolfsrudel genauso zusammen, wie Menschen durch die Androhung einer feindlichen Invasion zusammengeschweißt werden. Und instinktiv reagiert jede Gattung, die um ihre zukünftige Sicherheit fürchtet, mit einer gesteigerten Fortpflanzungsbereitschaft. Lässt man ein Rudel wissen, dass sich dort draußen eine Alpha-Wölfin aufhält, die für die eigene Leitwölfin eine Konkurrenz sein könnte, dann wird diese sich entweder der Herausforderung stellen oder sich unterwerfen, zugeben, dass sie ihre beste Zeit hinter sich hat, und ihre Rolle dem Tier überlassen, das besser dafür gerüstet ist.

Das war zumindest meine Theorie, die ich praktisch überprüfen wollte. Ich hatte keine Ahnung, wie sich ein Rudel, das nie in der freien Wildbahn gelebt hatte, tatsächlich verhalten würde. Ich verließ mich einfach auf ihr genetisches Erbe.

Meine Ausrüstung war ziemlich primitiv. Sie musste leicht zu transportieren sein, weil Wolfsrudel viel herumziehen, und wenn die Herausforderung realistisch sein sollte, dann gehörte dazu, dass das Heulen aus wechselnden Richtungen kam. Gleichzeitig musste die Anlage jedoch geeignet sein, Töne über weite Entfernungen auszustrahlen und zu empfangen. Von einem kleinen Elektroladen in Wilton erbettelte ich mir eine Satellitenschüssel, die sich hervorragend für meine Zwecke eignete. Ich verband sie mit einem Kassettenrekorder und einem Lautsprecher. Das sah nicht besonders elegant aus, aber es war effektiv, und ich konnte die Anlage überall im Park aufstellen. Doch meine Basisstation war immer die hohle Eiche.

Das Abspielen der Kassetten zeigte offenbar Wirkung, und nach einigen Wochen der Unsicherheit gab es bei Macha, der Alpha-Wölfin, eindeutige Hinweise auf eine Trächtigkeit. Ich habe im Laufe der Jahre so viele Wölfe kennen gelernt, und so viele von ihnen hatten einen wunderbaren Charakter, aber im Wolfswald von Longleat gab es eine Wölfin, an die ich mein Herz für immer verloren habe. Sie hieß Daisy, und sie war diejenige, die Macha als Kindermädchen für ihre Welpen auswählte. Sie war ein dominantes Weibchen, ein wunderschönes Tier, doch anscheinend dazu ausersehen, immer die Brautjungfer und niemals die Braut zu sein. Ich erinnere mich, wie sie in diesem Frühjahr – so wie wir alle – geduldig darauf wartete, dass ihre Leitwölfin die Jungen zur Welt brachte, und nach 63 Tagen Trächtigkeit war der Moment gekommen. Macha hatte sich in die Geburtshöhle zurückgezogen, die sie vorher gegraben hatte, und nun lag

Daisy ganz in der Nähe im Schatten einer großen Eiche und wartete auf das verräterische Fiepen, aus dem sie schließen konnte, dass alles gut gegangen war. In dem Moment, als sie dieses Winseln und Fiepen hörte, sprang sie auf die Füße und lief eilig zum Höhleneingang, wo sie einige Augenblicke lauschend stehen blieb; zwei Welpen waren geboren worden und saugten nun zufrieden. Daisy konnte es offensichtlich kaum erwarten, in ihre Nähe zu kommen, doch sie musste sich noch fünf Wochen gedulden, bis sie die Kleinen übernehmen und ihre Aufgabe erfüllen konnte.

Bei Wölfen ist es üblich, dass die Jungen nach der Geburt fünf Wochen in der Höhle bleiben. Während dieser Zeit sehen sie nur ihre Mutter, die sie säugt und wärmt und damit die beiden wichtigsten Voraussetzungen für ihr Wohlergehen erfüllt. Bisher weiß man noch nicht mit Sicherheit, ob die Welpen schon mit der Rangordnung geboren werden, die den erwachsenen Tieren später zusteht, oder ob sich diese Rangordnung während der ersten Lebenswochen herausbildet – ob sie also angeboren oder erworben ist –, aber es spielt eine wichtige Rolle, an welcher Zitze sie saugen, und darauf kann die Mutter Einfluss nehmen. Die Jungtiere, die an einer mittleren Zitze saugen bzw. saugen dürfen, haben später einen höheren Rang als diejenigen, die eine Zitze am Rand belegen. Die Milch in der Mitte ist von besserer Qualität, und der Welpe, der dort trinkt, wird von seinen Geschwistern zu beiden Seiten warm gehalten. Diese Tiere werden innerhalb des Rudels einen höheren Rang einnehmen als diejenigen, die an den Rand gedrängt werden, und folglich wird ihre Duftmarke intensiver sein. Was in den ersten fünf Lebenswochen beginnt, setzt sich später im Erwachsenenalter fort. Die höherrangigen Tiere bekommen die reichhaltigste Nahrung, sie riechen stärker und fordern von anderen den höchsten Respekt.

Aber die Welpen lernen während der ersten fünf Wochen in der Höhle noch mehr: Die Mutter bringt ihnen bei, wer zur Familie gehört, wie das Rudelsystem funktioniert und wie jedes einzelne Rudelmitglied schon bei der ersten Begegnung zu begrüßen ist. Sobald die Mutter aus der Höhle kommt, um zu fressen, und dabei den Geruch ihrer Welpen an sich trägt, reibt sie sich an anderen Rudelmitgliedern und bringt deren Geruch zurück zu den Jungen in die Höhle. Wenn der Wolf, an dem sie sich gerieben hat, ein hochrangiges Rudelmitglied ist, nimmt sie den Kopf oder Nacken des Welpen zwischen die Zähne und dreht das Jungtier sanft auf den Rücken, so dass es seine Kehle darbietet, die sie dann ausgiebig leckt. Auf diese Weise lernt der Welpe, dass er sich bei einer Begegnung mit dem hochrangigen Rudelmitglied auf den Rücken rollen, Bauch und Kehle präsentieren und sich unterwerfen muss. Allein durch den Geruch macht sie ihre Jungen mit allen Familienmitgliedern bekannt – und die Familie mit den Jungen –, und wenn der Nachwuchs dann, immer noch wacklig auf den Beinen und halb blind, aus der Höhle torkelt, kennt er schon den Charakter und die soziale Stellung jedes einzelnen Rudelmitglieds und weiß, wie er sich jedem gegenüber zu verhalten hat.

Nach fünf Wochen beginnt das Abstillen, und die Kleinen werden an feste Nahrung gewöhnt, die zunächst aus hervorgewürgtem Fleisch besteht. Anfangs ist es noch die Mutter, die ihre Jungen auf diese Weise versorgt, aber dann übernimmt das Kindermädchen ihre Pflichten, und wenn die Welpen größer werden, können sie jedes Rudelmitglied animieren, ihnen Futter auszuwürgen, indem sie die Erwachsenen mit ihren nadelscharfen, kleinen Zähnen in die Lefzen zwicken. Solange die Mutter noch säugt, kann sie sich nicht weit von der Höhle entfernen, und deshalb versorgen andere Rudelmitglieder sie mit Nahrung. Wenn sie Beute gemacht haben, tragen sie ein Stück Fleisch oft bis zu 60 Kilometer weit, um es der Alpha-Wölfin zu bringen, und dasselbe tun sie für das Kindermädchen, sobald dieses seine Aufgabe übernommen hat. Manchmal wird das Kindermädchen aber auch kurzfristig von einem der anderen Wölfe abgelöst, damit es einer zu diesem Zweck deutlich angelegten Spur bis zu der Stelle folgen kann, wo die Beute liegt.

Die Aufzucht der nächsten Generation ist eine Gemeinschaftsaufgabe. Die Mutter verlässt die Welpen, um das Rudel in ihrer Funktion als Alpha-Wölfin wieder führen zu können, während sich das Kindermädchen und manchmal auch andere Rudelmitglieder um die Erziehung und Versorgung der Jungen kümmern.

Als ich nun Daisy beobachtete, die sich so hingebungsvoll, tolerant und weise verhielt, musste ich immer wieder an meine eigene Kindheit denken. Sosehr ich meine Großeltern geliebt hatte, war ich doch verletzt und wütend darüber gewesen, dass meine Mutter mich ihrer Fürsorge überlassen hatte. Weder meinen Freunden noch meinen Vettern und Cousins war es so ergangen. Aber was ich jetzt bei der Wolfsmutter erlebte, ließ mich das Leben aus einer anderen Perspektive betrachten. So viele meiner Kindheitserfahrungen schienen dem zu gleichen, was hier geschah, und plötzlich hatte ich das Gefühl, dass es einen Sinn ergab. Mir war nichts vorenthalten worden; weit gefehlt. Meine Kindheit war bereichert worden durch die Geduld und Weisheit, die mit dem Alter kommt – etwas, das meine Mutter als alleinstehende junge Frau mir niemals hätte geben können. Sie musste zur Arbeit gehen, um uns alle mit Nahrung zu versorgen, genau wie es die Alpha-Wölfin tat, und sie überließ die Sorge für ihr Kind dem Familienmitglied, das sie für das qualifizierteste hielt. Ich fühlte mich eins mit den Wölfen.

18
Gespaltene Loyalität

Als ich den Zwingerjob in Wilton bekam, mietete ich ein kleines Haus auf einer Farm direkt am Rand von Salisbury, und Jan war bei mir eingezogen, zusammen mit zwei ihrer Kinder aus einer früheren Beziehung und einigen Huskys, die ich gerettet hatte.

Gemeinsam in diesem kleinen Haus zu wohnen hielt ich für die Erfüllung all meiner Wünsche, und Jan war ein absoluter Star. Sie hatte zwar keine Erfahrung mit Hunden, ganz zu schweigen von großen, gefährlichen Tieren, aber sie half mir bei der Arbeit mit den Zwingerhunden, und sie beschäftigte sich intensiv mit Wölfen. Sie muss sich oft gefragt haben, worauf sie sich da eingelassen hatte, denn sie hatte sich unser Leben etwas anders vorgestellt. Sie hatte eine konventionelle Zukunft im Auge gehabt, einen Bürojob, ein hübsches Auto, das Leben in einem Reihenhaus, für das wir mühelos die Hypothek abzahlen könnten. Scherzhaft hat sie einmal gesagt, die aufregendste und gefährlichste Entscheidung, die sie vor meiner Zeit habe treffen müssen, sei die gewesen, welche Orangensaftmarke sie in den Einkaufswagen legte. Das alles änderte sich, als sie mich im Winter oft nachts begleitete, um mit mir gemeinsam draußen in der Dunkelheit und im strömenden Regen zu sitzen und mir beim

Bedienen des Kassettenrekorders zu helfen, um die Wölfe davon zu überzeugen, dass wir ein rivalisierendes Rudel auf der anderen Seite des Tals waren.

Ich hätte mir keine bessere Lebenspartnerin wünschen können. Nie beklagte sie sich über meinen bizarren Lebensstil oder darüber, dass ich die meisten Abende und Wochenenden in Longleat verbrachte. Sie gab mir jeden Freiraum, den ich für meine Interessen brauchte, und als wir Kinder hatten, war sie eine phantastische Mutter. Aber rückblickend wird mir klar, dass es vermutlich für keinen von uns die große Leidenschaft war, sondern einfach nur eine Beziehung, die uns beiden zu diesem Zeitpunkt gut passte. Wir haben uns gegenseitig das gegeben, was wir jeweils brauchten – Kameradschaft, Freundschaft, ein Heim und Kinder –, aber obwohl wir damals glaubten, uns zu lieben und auch sehr liebevoll und fürsorglich miteinander umgegangen sind, bin ich nicht überzeugt, dass es jemals wirklich die große Liebe war. Aber vielleicht habe ich unserer Beziehung auch nie eine Chance gegeben. Ich war damals so in meine Arbeit vertieft und hing so leidenschaftlich an den Wölfen und an allem, was ich über sie lernte und entdeckte, dass ich mich frage, ob überhaupt irgendein Mensch mir wirklich hätte nahekommen können. Hätte ich mich entscheiden müssen, ob ich eine Nacht im Wolfsgehege oder zu Hause verbringen sollte, dann hätte ich mich, ehrlich gesagt, wohl eher für die Wölfe entschieden.

Insgesamt waren wir elf Jahre zusammen und haben vier gemeinsame Kinder – Kyra, Beth, Jack und Sam –, die alle ganz großartig sind. Jan hatte aus einer früheren Beziehung schon drei Kinder, von denen aber nur zwei bei uns lebten. Als bei Kyras Geburt die Wehen einsetzten, wusste Jan also ganz genau, was auf sie zukam, und war völlig entspannt. Sie ließ sich in aller Ruhe ein Bad ein. Kein Grund zur Panik, sagte sie mir. Doch kurz darauf schrie sie: »Es kommt!«, und war plötzlich genauso panisch wie ich. Ich packte sie ins Auto und fuhr sie in halsbrecherischem Tempo nach Salisbury ins Krankenhaus. Dort hatte ich vor der Abfahrt noch schnell angerufen und gesagt, dass die Geburt kurz bevorstand. Jan lag auf dem Rücksitz, und als ich mich zu ihr umdrehte, konnte ich den Kopf des Babys bereits sehen. Ich dachte schon, ich würde sie im Auto entbinden müssen, aber als ich mit quietschenden Reifen vor dem Krankenhaus ankam, erwarteten uns am Eingang zwei Schwestern, die Kyra Sekunden später in Empfang nahmen, die strampelnd und schreiend in die Welt hereinplatzte.

Nach Kyras Geburt musste Jan zu Hause bleiben und sich um das Baby kümmern, so dass unsere gemeinsamen Abende unter dem Sternenhimmel – oder im strömenden Regen – begrenzt waren. Ich arbeitete Tag und Nacht, und mein Interesse an dem, was ich tat, wurde immer mehr zur Besessenheit. Sogar wenn ich zu Hause war, notierte ich meine neuesten Erkenntnisse, hörte die Tonkassetten ab und versuchte, die Informationen, die ich von diesem Rudel gefangener Wölfe erhalten hatte, einzuordnen und zu interpretieren. Ich war fasziniert von den Wölfen und nicht minder fasziniert von dem, was ihr Verhalten mir über die Zwingerhunde sagte, mit denen ich tagsüber arbeitete, und auch über die Haustiere, die mir andere Leute zum Training brachten. Ich erkannte, wie sehr wir Menschen in unserer Ignoranz unsere besten Freunde schmählich im Stich ließen und wie sehr wir unser Denken ändern mussten, wenn wir uns selbst erlösen wollten.

Ich wusste, dass ich bisher nur die Oberfläche angekratzt hatte und noch sehr viel mehr lernen musste, wenn ich den Wölfen und den Hunden helfen wollte – und der Ort, wo ich das lernen konnte, war Idaho. Ich beschloss, dorthin zurückzukehren, um meine indianischen Freunde wiederzusehen und meine Zeit mit Wölfen zu verbringen, die ich aus nächster Nähe studieren konnte. Zwar war ich in England zu Hause, meine Familie – meine Blutsverwandten – lebte hier, und ich würde immer wieder das Bedürfnis haben, hierherzukommen, aber meine spirituelle Heimat war der Nordwesten Amerikas. Die Indianer waren meine Brüder, die Wölfe meine Adoptivfamilie, und Jahr um Jahr sehnte ich mich danach, zu ihren Füßen zu sitzen und ihren Worten der Weisheit zu lauschen. Sobald ich dort war, schien die Verantwortung, die mich an Heim und Familie band, Millionen von Meilen entfernt zu sein.

Meine Abwesenheit schien Jan recht zu sein. Wir wurden zu einer Art Dienstleistungsfamilie, ganz ähnlich wie es zu meiner Zeit bei der Armee gewesen war, als ich auch oft über lange Zeit Einsätze im Ausland gehabt hatte. Jan richtete sich ihr Leben mit den Kindern, ihren Freunden und der Familie ein, die in Plymouth wohnte, wo wir schließlich gemeinsam ein Haus kauften. Sie war sehr unabhängig, und vermutlich habe ich die stille Ordnung ihres Lebens nur gestört, wenn ich wieder einmal auftauchte. Wahrscheinlich war sie ohne mich glücklicher und schaltete in meiner Abwesenheit so vollständig ab, dass es ihr schwerfiel, sich wieder auf mich einzustellen.

Ich sprach mit Blakey über meine geplante Rückkehr nach Idaho und bat ihn, bei den Vorgesetzten ein gutes Wort für mich einzulegen. Tatsächlich überzeugte er sie, dass mein weiteres Training bei den Nez Percé letztlich auch den Zwingerhunden zugutekommen würde. Sie gaben mir zusätzlichen Urlaub, der sich zusammen mit meinem Jahresanspruch auf sechs Wochen belief. Dafür lohnten sich die Reisekosten. Kurz nach der Geburt von Machas Welpen in Longleat machte ich mich auf den Weg. So gerne ich beobachtet hätte, wie sie aufwuchsen und sich entwickelten, noch mehr sehnte ich mich danach, wieder in den Bergen und bei den wilden Wölfen zu sein.

Wann immer ich nach Idaho zurückkehrte, stellte ich mir vor, dass meine Erfahrung und mein Alter mir mittlerweile das Anrecht auf ein besseres Tipi eintragen würden. Doch immer wieder wurde ich in dem alten, abgerissenen Zelt am Waldrand einquartiert, weit weg vom Zentrum des Lagers. Anfangs hatte ich gedacht, es hätte damit zu tun, dass ich ein Neuling war. Später vermutete ich, dass sie mich als Weißen für die Sünden des weißen Mannes bestrafen wollten, der die Indianerstämme Jahrhunderte lang verfolgt hatte. Als ich zum dritten oder vierten Mal dieses Zelt am Waldrand zugewiesen bekam, fasste ich mir endlich ein Herz und fragte Levi nach dem Grund. Seine Antwort war typisch für ihn: Er erzählte mir eine Geschichte. Damals schien sie mir nicht besonders sinnvoll, aber im Laufe der Zeit verstand ich, was er mir sagen wollte.

Eines Tages, so die Legende, sammelte eine Indianerin Feuerholz für das Dorf, als sie ein Wolfsjunges fand, das durch Hunger und Kälte schon dem Tod nahe war. Sie schaute sich nach seiner Mutter und nach anderen Rudelmitgliedern um, aber es war niemand zu sehen. Statt den Welpen also dem sicheren Tod zu überlassen, wickelte sie ihn in eine Decke, legte ihn in ihren Korb und trug ihn nach Hause in ihr Tipi. Sie kümmerte sich um das Tier, fütterte es mit frischer warmer Milch und pflegte es wieder gesund. Sie zog es auf wie ihr eigenes Kind, gab ihm Fleisch zu fressen, als es älter wurde, und wohin sie auch ging, immer trottete der junge Wolf an ihrer Seite. Die beiden wurden unzertrennlich; sie gingen gemeinsam, um Feuerholz zu sammeln und Wasser vom Fluss zu holen, wo sie beieinander saßen und ihre Spiegelbilder in der frühen Morgensonne betrachteten. Wenn es abends kühler wurde, rannten und spielten sie im Wald, bevor sie heimgingen, um aneinandergekuschelt zu schlafen.

Eines Morgens gingen sie wieder hinunter zum Fluss, um Wasser zu holen, saßen dort wie gewöhnlich nebeneinander und schauten in die unergründlichen Tiefen, doch statt ihres eigenen Spiegelbildes blickten der Frau nun zwei Wölfe entgegen. Ihr eigenes Gesicht war zu dem einer Wölfin geworden. Erschrocken rannte sie zurück ins Dorf, suchte einen der Stammesältesten auf, erklärte ihm, was geschehen war, und fragte ihn, warum dieser Fluch sie getroffen habe. Der Älteste sagte: »Das ist kein Fluch, sondern ein Geschenk als Dank für deine Freundlichkeit. Du musst deine Sachen zusammenpacken und dich mit allem, was dir gehört, am Waldrand niederlassen, wo du zwischen den beiden Welten leben wirst – der Welt der Menschen und der Welt der Wölfe.«

Levi sagte mir damit, dass auch ich eine besondere

Gabe empfangen hatte und dass mir die Rolle zugedacht war, zwischen den beiden Welten zu leben.

Als ich eines Tages ins Lager zurückkehrte, wartete ein Brief von Jan auf mich. Er enthielt traurige Nachrichten. Kurz nach meiner Abreise war Macha, die Mutter der Wolfsjungen von Longleat, gestorben. Es kam mir so vor, als habe mich eine liebe, mir sehr nahestehende Freundin verlassen. Ich wusste, das Rudel hatte für sie geheult, und ich war tief enttäuscht, dass ich nicht mit ihnen hatte heulen und ihre Trauer hatte teilen können. Stattdessen ging ich nun hinaus zum Wolfsgehege, legte die Hände um den Mund und gab alleine mein trauriges Heulen von mir, in der Hoffnung, dass Macha mich irgendwo, irgendwie hören und wissen würde, dass ich sie vermisste. Und als ich an diesem Abend im Bett lag, im dämmrigen Bewusstseinszustand zwischen Wachen und Schlafen, meinte ich ihre vertraute Stimme zu einem letzten Lebewohl zu hören.

Wölfe haben nicht unsere Emotionen und können sich die Sentimentalität nicht leisten, in der wir Menschen oft schwelgen. Das Rudel hatte sich unverzüglich eine neue Struktur gegeben, und zu meiner großen Freude nahm Daisy nun Machas Platz als Alpha-Wölfin ein. Im folgenden Jahr war sie dann trächtig. Ich befand mich gerade wieder zu einem Besuch in Idaho, der inzwischen alljährliche Gewohnheit geworden war, als sie ihre Jungen zur Welt brachte, aber die Sache ging gründlich schief. Die Wärter hatten Daisy gefunden, wie sie im Gehege umherwanderte, während ein toter Welpe halb aus ihrem Geburtskanal herausragte. Sie befand sich in einer schlimmen Notlage und brauchte sofort tierärztliche Hilfe. Sie setzten sie mit einem Beruhigungsmittel matt und operierten sie, um den Welpen zu entfernen. Ein Junges hatte sie schon vorher geboren, aber man fand noch mehrere tote Welpen in ihrer Gebärmutter. Da Daisy nicht mehr jung war, stand zu befürchten, dass sich so etwas bei einer weiteren Trächtigkeit wiederholen würde, und deshalb entschied man sich widerstrebend zu einer Sterilisierung.

Als ich kurz darauf heimkehrte, fand ich eine unmögliche Situation vor. Das Rudel hatte eine Alpha-Wölfin, die nicht mehr fortpflanzungsfähig war. Irgendwie würde man sie überreden müssen, ihre Führungsrolle einem jüngeren Weibchen zu überlassen. Die Frage war, ob ich das mit Hilfe meiner Tonkassetten bewerkstelligen konnte. Wenn es mir gelang, sie und den Rest des Rudels davon zu überzeugen, dass sie von einer stärkeren, jüngeren Wölfin herausgefordert wurde, die alleine war und nach einem freien Platz im Rudel suchte, konnten wir vielleicht darauf hoffen, dass sie für eins ihrer eigenen Rudelmitglieder zurücktrat, eine jüngere, dominante Wölfin wie Zeva, eine von Machas ersten Töchtern.

Mit Hilfe von Jan und einem der Wärter spielte ich zunächst – wie ich es früher schon getan hatte – an verschiedenen Stellen alle Kassetten ab, auf denen ein komplettes Rudel heulte, um den Eindruck zu vermitteln, dass es in der Nähe ein rivalisierendes Rudel gab. Dadurch sollte der familiäre Zusammenhalt gestärkt werden. Dann ließ ich an verschiedenen Punkten, die näher am Gehege lagen, Kassetten mit dem Heulen einer Alpha-Wölfin laufen, um den Eindruck zu erwecken, dass sie näher in die Pufferzonen zwischen den Rudeln rückte. Das Heulen einer Wölfin, die nicht fortpflanzungsfähig ist, klingt völlig anders als das Heulen einer fortpflanzungsfähigen, und ich wusste, wenn Daisy auf die Herausforderung dieser einzelnen Wölfin antwortete, dann würde das Rudel den Unterschied bemerken und sie unter Druck setzen. Ich befürchtete jedoch, das Rudel könnte Daisy ausstoßen, falls sie sich weigerte, ihre Position zu räumen, und dann würde es nirgendwo einen Platz für sie geben.

In der Wildnis wird eine solche Situation dadurch gelöst, dass ein unerwünschtes Tier das Rudel verlässt und sich ein neues sucht. In der Gefangenschaft ist das nicht möglich, und so wird der unerwünschte Wolf angegriffen. Die anderen Wölfe beißen ihn in den Schwanzansatz, wo sich die Duftdrüsen befinden. Werden diese Drüsen durch eine offene Wunde zerstört, verliert das betreffende Tier seine Identität und damit jeden Status, darf nicht mehr fressen und stirbt häufig oder wird getötet.

Zum Glück akzeptierte Daisy ihre Degradierung. Anschließend mussten wir das Rudel überreden, eine andere Wölfin aus den eigenen Reihen zu befördern, denn die einzelne Wölfin, die so intensiv nach einem neuen Rudel gesucht hatte, existierte ja nicht. Ich begann, ihr Heulen wieder mit dem Heulen eines kompletten Rudels zu durchsetzen, in der Hoffnung, dadurch den familiären Zusammenhalt zu stärken. Außerdem sorgte ich dafür, dass die Wölfe bei der nächsten Fütterung statt der sonst üblichen Fleischstücke unzerlegte Kadaver bekamen. In der Wildnis spielt die Beute eine wichtige Rolle für die Definition der Rangordnung innerhalb des Rudels. Die einzelnen Stücke, die Wölfe in der Gefangenschaft oft bekommen, verwischen die Unterschiede, und dieses Rudel musste seine Hierarchie neu ordnen.

Es dauerte weitere fünf Tage, bevor die Stimme der neuen Alpha-Wölfin als Antwort auf die Herausforderung erklang. Es war eine lange und nervenaufreibende Wartezeit gewesen, aber in den frühen Morgenstunden des fünften Tages durchbrach Zevas Heulen als Antwort auf die Herausforderung der einzelnen Wölfin die Stille. Ihre Stimme hatte eine neue Autorität gewonnen, und sie verteidigte ihre Position und ihr Revier kraftvoll. Der Rest des Rudels unterstützte sie, und die Stimmen der anderen zeigten deutlich, dass sie fest hinter ihr standen. Sogar Daisy war zu hören und bestätigte, dass sie die neue Anführerin akzeptierte.

Das war für mich ein wirklich ergreifender Moment, der die vielen Nächte, die ich draußen in der Kälte und Nässe zugebracht hatte, mühelos aufwog. Wenn das nicht alles zufällig geschehen war, was ich für sehr unwahrscheinlich hielt, dann war ich gerade Zeuge eines unglaublichen Durchbruchs geworden. Wir hatten diesem Rudel von außen eine neue Struktur gegeben; allein mit Hilfe einiger Tonkassetten hatten wir zeigen können, dass es möglich war, das Verhalten und die Hierarchie eines Wolfsrudels zu verändern, und das waren gute Nachrichten für Biologen und Farmer, die nach Möglichkeiten suchten, Wölfe von den Viehherden fernzuhalten. Was wir erreicht hatten, erschien mir als große Hoffnung für die Zukunft.

Als Kindermädchen für die Welpen wählte Zeva ironischerweise Daisy, die damit einmal mehr die Rolle erfüllte, die sie schon so oft vorher übernommen hatte. Sie kümmerte sich mit großer Sorgfalt um die Kleinen, und als sie 18 Monate alt waren, legte sie sich eines Tages in den Schatten ihres Lieblingsbaumes, um diese Welt in aller Stille zu verlassen. Sie war eine ganz besondere Wölfin, die mich tief berührt hat, und ihr Tod ist mir nahegegangen.

19

Ein Zuhause finden

Neuigkeiten verbreiten sich schnell in der Welt der Tiere, und mein Erfolg in Longleat brachte mir allmählich Anerkennung. Eine ganze Reihe anderer Wildparks und Zoos nahmen Kontakt mit mir auf und baten mich um Rat und Hilfe beim Umgang mit ihren Wolfsrudeln. Außerdem begann ich mit den Besuchern zu arbeiten. Abends führten Jan und ich Besucher zu einem Wäldchen in der Nähe des Wolfsgeheges und veranstalteten ein Howl-in, eine Heul-Sitzung. Ich erklärte den Leuten, warum die Wölfe im Mondschein ein unheimliches Heulen von sich geben, das in jedem Horrorfilm zu hören ist und einem eine Gänsehaut über den Rücken jagt. Ich heulte ein paarmal so, als wollte ich mein Rudel um mich scharen, und dann heulte Jan so, als würde sie sich ihrem Leitwolf anschließen. Daraufhin erklang von der anderen Seite des Parks das gemeinsame Heulen des gesamten Rudels, das damit sein Revier gegen uns verteidigen wollte.

Lange haben wir Menschen geglaubt, dass die Wölfe heulen, weil sie um ein verlorenes Rudelmitglied trauern. Aber das stimmt nicht. Das Geheul kann sich zwar wie eine triste Klage anhören, aber die Wölfe heulen aus den verschiedensten Gründen – in ganz unterschiedlichen Tonlagen, so wie wir Menschen auch sprechen –, und ihr

Heulen enthält eine Menge Informationen. Es *kann* sein, dass sie ein Rudelmitglied verloren haben, das sie mit ihrem Geheul zurückrufen wollen, aber sie heulen auch, um ihr Revier zu verteidigen, um einem Artgenossen oder einem anderen Rudel mitzuteilen, wo sie sich aufhalten, und um die Truppen zu sammeln. Wenn das Heulen nach kurzer Zeit abreißt, bedeutet das Gefahr – bleib, wo du bist, mach Schluss mit dem, was du tust, ich übernehme das Kommando. Wenn sich das Heulen in die Länge zieht und langsam ausläuft, bedeutet es das genaue Gegenteil: Mach weiter mit dem, was du tust. Ein tiefes Heulen dient der Verteidigung und warnt rivalisierende Rudel, sich fernzuhalten. Wenn sich das Rudel bedroht fühlt, heulen alle gemeinsam, und die Tiere, die einen mittleren Rang einnehmen, verfremden sogar ihre Stimmen. Sie jaulen und kläffen dann zwischendurch, um den Eindruck zu vermitteln, dass mehr Wölfe zu ihrem Rudel zählen, als es tatsächlich der Fall ist.

Wölfe winseln, wenn sie nahe beieinander sind. Sie heulen, um über größere Entfernungen zu kommunizieren, die wir Menschen per Telefon überbrücken würden, und sie können die Lautstärke anpassen, um über kurze, mittlere und lange Entfernungen gehört zu werden. Wenn ein Rudelmitglied nicht von der Jagd zurückgekehrt ist, heult das Rudel, um dem fehlenden Wolf seinen Standort mitzuteilen, falls er die Orientierung verloren hat. Und wenn der fehlende Wolf den Ruf seines Rudels hört, wird er antworten, damit die anderen wissen, dass er auf dem Weg zu ihnen ist. Jedes Tier hat seine individuelle Stimme, die es wie Aussehen, Geruch und Gang von allen anderen unterscheidet. Wenn man erst einmal anfängt, die Wölfe zu beobachten und unter ihnen zu leben, bemerkt man schnell, wie unterschiedlich sie sind. Jeder von ihnen ist genauso einzigartig wie jeder Mensch, und für ihre Stimmen gilt das ebenfalls. Ich weiß sogar in der Dunkelheit, welcher Wolf sich gerade nähert, weil ich seine Schritte und seinen Geruch erkenne, und ich kann auch genau sagen, welche Tiere eines Rudels gerade heulen.

Jeder Rang innerhalb der Hierarchie hat sein eigenes Heulen. Die Stimme der Alpha-Tiere ist tief, und sie heulen mit Unterbrechungen. Nach fünf bis zehn Sekunden legen sie eine genauso lange Pause ein, bevor das Heulen erneut beginnt. Die Pause ist wichtig, weil der Wolf während dieser Zeit auf eine Antwort lauscht. Je nachdem, wie sie ausfällt, wird er die anderen Rudelmitglieder auffordern, ebenfalls ihre Stimmen zu erheben, oder er wird seinen Standort wechseln und von einer anderen Stelle aus heulen. Die Beta-Tiere haben ebenfalls eine tiefe Stimme, aber sie heulen drei- oder viermal so lang wie die Alpha-Wölfe. Und so ziehen sich die Unterschiede durch das gesamte Rudel – jeder Rang bis hin zu den Omega-Tieren hat seine individuelle Stimme.

Auf diese Weise kann ein einzelner Wolf, der auf der Suche nach einem neuen Rudel durch die Wildnis streift, genau erkennen, wo und wann der geeignete Moment für einen Annäherungsversuch gekommen ist. Wenn er ein Rudel mehrere Tage lang nach einem fehlenden Mitglied heulen hört und die Antwort ausbleibt, weil der fehlende Wolf vielleicht tot ist, dann weiß er, dass es einen freien Platz geben könnte. Wölfe sind nicht sentimental. Ihre Hauptsorge gilt dem Überleben, und in der Wildnis bedeutet das, ausreichend Nahrung zu finden und das eigene Revier verteidigen zu können. Wenn ein bestimmter Rang im Rudel nicht besetzt ist, kann das schwierig werden, und das Rudel wird verwundbar.

Andererseits wird kein Rudel einen einzelnen Wolf aufnehmen, der krank oder behindert ist, und ich habe auch schon erlebt, dass Wölfe zu allen möglichen Listen greifen, die sogar bis zum vorsätzlichen Mord reichen können. In diesem besonderen Fall hatten die Alpha-Tiere einem Rang im Rudel das Heulen verboten, was dem einzelnen Wolf den Eindruck vermittelte, dass dieser Rang nicht besetzt war. Als er sich dann anbot, die Lücke zu füllen, hat der Beta-Wolf ihn getötet.

Ich habe meine Arbeit in Longleat sehr genossen. Es war eine phantastische Gelegenheit, meine Theorien in die Praxis umzusetzen, und es hat Spaß gemacht zu beobachten, wie die Gesichter der Besucher, vor allem der Kinder, aufleuchteten, wenn sie die Wölfe heulen hörten. Ich bin sicher, dass man im Park meine Arbeit ebenfalls schätzte, obwohl ich lediglich für die Howl-ins bezahlt worden bin. Das bedeutete, dass ich rund um die Uhr arbeiten und alle meine anderen Aktivitäten mit meinem Job bei der Armee und dem privaten Hundetraining abstimmen musste, um meine Familie ernähren zu können.

Nach einigen Jahren in Wilton zog ich nach Warminster. Ich hatte mich erfolgreich für einen Job in den Battlesbury-Kasernen des Land Warfare Centre beworben, das sehr viel näher an Longleat lag, und der Longleat Estate vermietete mir ein Haus im Dorf Corsley Heath. In Warminster hatte ich sehr viel mehr zu tun. Es gab mehr als 20 Zwingerhunde zu betreuen – in Wilton waren es nur sechs gewesen –, und der gesamte Arbeitsbereich war ebenfalls größer. Aber die Bezahlung war nicht sonderlich gut, und da Jan wieder ein Kind erwartete, wurde das Geld allmählich knapp.

Eine Lösung für dieses Problem zeichnete sich erst ab, als eines Tages die BBC in Longleat auftauchte, um ein Pilotprogramm über Wölfe zu produzieren. Der Arbeitstitel lautete *The Beast Within*, und die Sendung wurde von Philippa Forrester moderiert. Es ging darum, die Ähnlichkeiten zwischen Wölfen und Haushunden zu verdeutlichen. Ich wurde um Mitarbeit gebeten, und der Sender bezahlte mich wesentlich besser als irgendeiner meiner früheren Arbeitgeber. Es ging um ein Thema, das ich so gut kannte wie meine Westentasche, und wir hatten bei der Produktion viel Spaß. Ein Teil der Sendung wurde im Park gefilmt, aber für andere Aufnahmen war ich auch in den Studios der BBC in Bristol. Das Programm war ein großer Erfolg. Alle schienen mit dem Ergebnis und meinem Anteil daran hochzufrieden. Begeistert wurde über eine Serie diskutiert, die nach dieser guten Pilotsendung in Auftrag gegeben werden sollte. Zuversichtlich rechnete ich damit, dass mir eine neue Karriere winkte. Doch die Zeit verging, und ich hörte nichts. Dann lief eines Abends der Fernseher – und Philippa Forrester präsentierte die erste Folge einer brandneuen Serie über Wölfe. Ohne mich.

Völlig verblüfft rief ich die BBC an, um herauszufinden, was passiert war. Man sagte mir, jemand im Produktionsbüro habe Kontakt mit Longleat aufgenommen, um mich für die Serie zu buchen, dort jedoch zur Antwort bekommen, ich würde nicht mehr im Park arbeiten, und sie hätten keine Ahnung, wo ich zu finden sei. Ich schäumte vor Wut. Natürlich wusste man in Longleat genau, wo ich war: Ich steckte mitten in den Vorbereitungen für ihr Zuchtprogramm – es war eine ungeheuer wichtige Zeit für sie –, und ich kann nur annehmen, dass sie befürchteten, mich zu verlieren. Es war wirklich eine wichtige Zeit, und ich kann ihre Befürchtungen verstehen, aber ich hätte trotzdem gerne selbst die Entscheidung getroffen, den Fernsehjob abzulehnen.

Das war der Anfang vom Ende. Ich blieb noch ein paar Monate, aber ich wusste, dass es Zeit war, mich von Longleat zu trennen. Es ging nun schnell bergab; sie wollten mehr von mir, als ich zu geben bereit war. Volle vier Jahre hatte ich dort verbracht und mich immer etwas darüber geärgert, dass sie von meiner Forschung und meinem Fachwissen profitierten, ohne mir je eine Gegenleistung anzubieten. Sie hatten mir zwar ein Haus zur Verfügung gestellt, aber das war nicht besonders komfortabel; außerdem musste ich Miete dafür bezahlen, und ich hatte die ganze Zeit knausern und sparen müssen. Die BBC war mein letzter Strohhalm gewesen. Aber sie hatten mir die Chance vorenthalten, dort Geld zu verdienen und mir halbwegs einen Namen zu machen. Ich sagte ihnen, so könne ich nicht weitermachen; entweder sie würden mir ein Gehalt zahlen, oder ich würde anderswohin gehen müssen.

Wenn ich noch irgendwelche Zweifel gehabt hätte, dann hätte Jan sie ausgeräumt. Eines Tages kam sie ins Esszimmer unseres Hauses, wo Beth, unsere gerade geborene jüngste Tochter in ihrer Wiege schlief, und sah auf dem Baby eine Ratte sitzen, die sich gerade den Schnurrbart putzte. Jan hatte vieles ertragen und mir heldenhaft mit den Wölfen geholfen, aber jetzt hatte sie die Nase voll. Sie wollte zurück nach Plymouth, wo ihre Familie lebte, und dagegen konnte ich nichts einwenden. Wir kauften ein Haus, das nicht weit von dem ihrer Eltern entfernt war, und sie brachte unsere beiden Kinder Kyra und Beth sofort dorthin. Ein weiteres Kind, Jack, war unterwegs. Ich sagte Longleat, dass ich wegziehen würde und reichte meinen Abschied bei der Armee ein.

Es war kein Geheimnis, dass ich davon träumte, meine eigenen Wölfe zu haben, und ungefähr um diese Zeit wurden mir zwei Timber-Rüden angeboten – vom Paradise-Wildpark in Broxbourne, wo ich früher gelegentlich ausgeholfen hatte. Sie waren fast drei Monate alt und mussten umgesiedelt werden, weil ihr Eigentümer, ein Privatmann aus West Midlands, zu spät damit angefangen hatte, sie an Menschen zu gewöhnen, so dass sie nie so zahm sein würden, wie er es sich wünschte. Sie waren absolut perfekt für mich, und ich hätte sie liebend gerne genommen, aber ich besaß kein Land, und so konnte ich nicht zusagen. Wie es in solchen Situationen oft passiert, sprach ich kurz darauf mit ein paar Jungs, die zu einem Howl-in gekommen waren. Sie gehörten zu einer Gruppe, die Szenen aus dem Mittelalter nachspielte, und diese Leute hatten ein besonderes Interesse an Wölfen, weil die englischen Wälder während des Mittelalters voller Wölfe gewesen waren. Sie fragten mich nach meinen Plänen, und als ich ihnen sagte, ich sei auf der Suche nach einem Grundstück, empfahlen sie mir, Kontakt mit einem ihrer Freunde aufzunehmen. Stuart Barnes-Watson war ein Australier, der gerade 20 Hektar in Nord-Devon gekauft hatte. Da er zu ihrer Gruppe gehörte, interessierte er sich ebenfalls für die englische Geschichte und folglich auch für Wölfe. Er beabsichtigte, eine Art Abenteuerpark samt Bildungszentrum für Kinder aufzubauen, wo sie etwas über das Leben im Wald und die Tiere, die es dort einmal gegeben hatte, lernen konnten. Sie gaben mir seine Telefonnummer und meinten, ich solle ihn anrufen.

Ich meldete mich bei ihm, und was er mir über seine Pläne berichtete, gefiel mir. Ich sagte ihm, ich könne diese beiden Wolfsjungen bekommen, und er war hellauf begeistert von der Aussicht, Wölfe auf seinem Park anzusiedeln. Also fuhr ich nach East Buckland, um ihn zu treffen und mir das Gelände anzuschauen. Es war ein wunderbarer Standort: Fichtenwälder säumten ein Tal, das von einem Fluss durchzogen wurde. Außerdem kamen wir hervorragend miteinander aus. Er sagte, ich könne mir eine beliebige Stelle für das Wolfsgehege aussuchen. Ich entschied mich für ein Areal im unteren Teil, das mich an Idaho erinnerte. Es fiel steil ab, war dichter bewaldet und natürlich sehr viel kleiner, aber es wirkte einfach malerisch. Ich konnte mir vorstellen, wie die Wölfe im Nebel des frühen Morgens aus dem Farn hervortraten – und wie aufregend es für die Kinder sein würde, dort zu zelten –, und ich liebte die Sonnenflecken unter den Baumkronen. Es war ein ideales Postkartenbild. Zwar würde es nicht einfach sein, an dieser Stelle ein Gehege anzulegen, aber ich hätte mir kein perfekteres Zuhause für die Wölfe erträumen können und sagte Broxbourne sofort, dass ich die Welpen nehmen würde.

Während ich das Gehege einrichtete, wurden die beiden Wolfsjungen, die ich Shadow und Pale Face nannte, im Linton-Zoo einquartiert, einem Familienbetrieb in Cambridge. Dort stand gerade ein Gehege leer, in dem später einige Löwen untergebracht werden sollten. Man bot mir an, die Wölfe und mich kostenlos zu beherbergen, bis ich mit ihnen nach Devon umziehen konnte. Im Gegenzug hielt ich Vorträge und half bei der Betreuung der anderen Tiere. Eine meiner Aufgaben bestand darin, Hunderte von Hühnern zu rupfen, die dem Zoo gespendet worden waren, und ich erinnere mich noch, dass ich das Gefühl hatte, die Federn seien mit Superkleber befestigt worden.

Zwei Monate hauste ich in einem sehr bescheidenen Container, wo ich mein Essen nur in einer Mikrowelle erwärmen konnte. Also borgte ich mir eine Cash-and-carry-Karte, fuhr in die nächste Großhandlung und deckte mich mit Fertignudeln ein, die nicht gekocht werden mussten und einigermaßen schmackhaft waren. Weil man aber bei Cash-and-carry nur Großverbrauchermengen kaufen konnte, musste ich mich für eine einzige Sorte entscheiden und aß in den nächsten zwei Monaten morgens, mittags und abends Nudeln mit Hühnchen und Pilzen. Für den Rest meines Lebens will ich keine Fertignudeln mehr sehen.

Das Wolfsgehege anzulegen war ein Albtraum. Ich hatte zwar ein paar Kerle, die mir halfen, aber das Projekt brachte uns fast um. Der einzige Zugang führte über einen Waldweg, und der Lastwagen, den ich für den Transport von Baumaterial und Ausrüstung gemietet hatte, blieb dauernd im Schlamm stecken. Am Ende mussten wir alles selber schleppen – und das über eine Entfernung von ungefähr 600 Metern. Wir hoben auf der gesamten Strecke der Einzäunung einen Graben von etwa 1,20 Meter Tiefe aus, denn Wölfe sind berüchtigt dafür, sich unter einem Zaun durchzugraben, und befestigten den Draht an Pfählen, die in den Boden einzementiert wurden. Das war die Grundstruktur, die nicht solider oder sicherer hätte sein können. Zuvor hatte ich einen Schweißer in Plymouth beauftragt, die Spitzen der Pfähle in einem Winkel von 45 Grad zu biegen. Diese Biegung zeigte nun nach innen, so dass es für die Wölfe kein Entkommen geben konnte. Wir haben gebettelt, geborgt, gestohlen und Spenden gesammelt, um das Geld für die Anlage zusammenzubekommen, aber der größte Teil wurde in Form von Schweiß, Blut und Tränen bezahlt.

Stuart hatte schon früh eine Lizenz für die Haltung gefährlicher Tiere beantragt, und als wir mit unseren Baumaßnahmen fertig waren, rückten die Planungsinspektoren zur Prüfung an. Dazu gehörte ein Tierarzt, den ich von Longleat kannte, ein Vertreter der Polizeibehörde und ein Kommunalbeamter. Sie testeten den Zaun, wollten den Versicherungsschein der Haftpflichtversicherung sehen, fragten nach den Sicherheitsvorkehrungen, wollten wissen, wer von uns einen Waffenschein besaß und ob diese Personen auch erreichbar sein würden, falls ein Wolf entkommen sollte. Es blieb wirklich keine Frage offen. Beim Abschied machten sie einen zufriedenen Eindruck und sagten, ihre Entscheidung würde uns in angemessener Zeit mitgeteilt werden. Wir waren zuversichtlich, dass der Rest nur noch eine Formalität sein würde, und trafen unsere Vorkehrungen, die beiden Wolfsjungen aus Linton zu holen. Kim, der Eigentümer von Linton, war begeistert, denn seine Löwen konnten nun täglich eintreffen.

An Heiligabend erhielt ich einen Anruf. Der Grafschaftsrat hatte unseren Antrag abgelehnt. Sie sagten, es habe vor Ort Einwände gegeben, Wölfe in der Gegend zu halten. Wir könnten Einspruch einlegen, aber das würde 2000 Pfund kosten. Es war unglaublich. Jetzt steckte ich echt in der Klemme. Viel länger konnten die Wölfe nicht mehr in Cambridge bleiben, und ich hatte auch kein Geld für den Einspruch. Ich hatte nicht einmal Geld, um meinen Kindern Weihnachtsgeschenke zu kaufen. Ich wusste nicht, wo ich die Wölfe lassen sollte, und ich hatte keine Idee, was ich nun unternehmen könnte. Es war kein frohes Weihnachtsfest.

Zum Glück hatte sich die örtliche Zeitung *The Journal* für unsere Aktivitäten in South Buckland interessiert, und als unser Antrag abgelehnt wurde, schickten sie eine Journalistin, die mich interviewte. Sie schrieb einen langen Artikel über meine Misere, und an dem Tag, als er erschien, erhielt ich einen Anruf von Bob Butcher, der ungefähr 20 Kilometer entfernt nahe der Küste den Combe Martin Wildlife and Dinosaur Park betrieb. Er hatte die Geschichte gelesen und sagte, er hätte noch Platz für meine Wölfe. Wenn ich – auf seine Kosten – ein Gehege für sie einzäunen würde, dann könnte er ihnen kostenlos ein Heim bieten. Natürlich sah man von mir nur noch eine Staubwolke: Ich konnte mein Glück kaum fassen und raste unverzüglich los, um ihn zu treffen. Ich fand ihn sofort sympathisch und war beeindruckt von dem, was er auf dem Gelände zustande gebracht hatte, wie auch von seinem offensichtlichen Interesse an den Tieren, die gut versorgt wurden. Der Park umfasste insgesamt eine Fläche von gut zehn Hektar am Rande von Exmoor, und wie der Name schon vermuten ließ, beherbergte er neben wilden Tieren auch eine Ausstellung von lebensgroßen

Computer-animierten Dinosauriern, die dafür sorgten, dass scharenweise Kinder herbeiströmten. Die Sammlung wilder Tiere war recht bescheiden: Es gab Raubvögel, Schneeleoparden, Meerkatzen, Affen, Seelöwen und tropische Schmetterlinge, und wahrscheinlich hatte Bob sich überlegt, dass die Wölfe zusätzliche Besucher anziehen und meine Forschungsarbeiten eine Empfehlung für ihn und seinen Park darstellen würden. Wilde Tiere in Gefangenschaft zu halten wird dadurch gerechtfertigt, dass man sie schützt und ihr Wohlbefinden fördert, und ihm schien sehr daran gelegen, alles richtig zu machen.

Der Platz, den Bob mir für das Wolfsgehege anbot, war nur knapp 4000 Quadratmeter groß, viel kleiner als in East Buckland, und er war sehr nass. Ursprünglich hatte sich dort ein Pelikanteich befunden, und obwohl es noch ein paar Bäume gab, war mehr Wasser als Erde vorhanden. Aber Bettler dürfen nicht wählerisch sein. Ich konnte das in Ordnung bringen, und in anderer Hinsicht war das Gelände gut geeignet. Es befand sich nahe am tiefsten Teil des Grundstücks, nicht weit entfernt vom Affenhaus mit freiem Blick über die angrenzenden Felder und die offene Landschaft, die hügelig, bewaldet und unbebaut war. Ich erklärte mich einverstanden, es für die Wölfe zu nehmen, und wir besiegelten das Abkommen per Handschlag. Im Gegenzug für die Beherbergung der Wölfe würde ich während der Saison jeden Tag Vorträge über sie halten, und Bob erlaubte mir Phasen der Abwesenheit, um meine Forschungsprojekte fortzuführen.

Kim Simmons vom Linton-Zoo erklärte sich freundlicherweise bereit, Shadow und Pale Face noch einige Monate in Cambridge zu behalten, und ich besorgte mir einen Bagger, um den Teich mit Erde zu füllen, die ich weiter oben von den Hügeln holte, und um das Gehege landschaftlich umzugestalten. Dann kam die echte Knochenarbeit: Wieder einmal musste für die Umzäunung ein 1,20 Meter tiefer Graben ausgehoben werden – in erschöpfender Handarbeit, denn mit irgendwelchen Maschinen kamen wir dort unten nicht hin. Also blieb nur die Schaufel übrig, mit der ich ständig auf massive Baumwurzeln traf. Es gab dort zwar nicht viele Bäume, aber die vorhandenen waren sehr alt, und ihre gigantischen Wurzeln zogen sich durch das gesamte Areal. Ich arbeitete zusammen mit einem unterhaltsamen schottischen Schweißer namens Arthur, der den strapazierfähigen Metallzaun an die Metallpfosten schweißte. Der Höhepunkt unseres Tages war ein gewaltiges Frühstück im örtlichen Pub, dem London Inn. Aber meine stärkste Erinnerung an Arthur ist eine andere: Wann immer ich den Zaun berührte, während er im hinteren Teil des Geheges schweißte, lief ein Prickeln durch meinen Arm. Ich konnte es mir nicht erklären, bis ich eines Tages bemerkte, dass das Elektrokabel seines Schweißgerätes vom Affenhaus mitten durch den Teich im Wolfsgehege verlief. »Sag mal, Kumpel, ist das in Ordnung?«, fragte ich ihn. Und er antwortete in seinem breiten schottischen Akzent: »Kein Problem. Das mache ich immer so.«

Meine erste Saison in Combe Martin war ein riesiger Erfolg. Die örtliche Zeitung hatte seit Weihnachten immer wieder darüber berichtet, wo ich mich aufhielt, und nun kamen die Besucher von fern und nah, um die Wölfe zu sehen. Jeden Nachmittag hielt ich einen Vortrag, ging dann ins Gehege und heulte, und die Wölfe begannen zuverlässig mit mir zu heulen. Die Kinder waren begeistert, und ich war es ebenfalls. Es machte solchen Spaß, ihren Gesichtsausdruck zu beobachten, und es war eine großartige Gelegenheit, Jung und Alt zu zeigen, dass die Wölfe ihren dämonischen Ruf nicht verdienen.

Die Wölfe schienen sich in ihrem neuen Zuhause glücklich zu fühlen, aber mein eigenes war 130 Kilometer entfernt und kein besonders angenehmer Aufenthaltsort mehr. Meine intensive Beschäftigung mit den Wölfen und ihrem neuen Gehege hatte meine Beziehung zu Jan nicht gerade verbessert. Sie hatte zu lange die zweite Geige spielen müssen, und die Anspannung war nicht mehr zu übersehen. Die Fahrt nach Plymouth dauerte gut anderthalb Stunden, und ich hatte diesen Weg bisher zweimal täglich zurückgelegt. So fiel es Bob nicht besonders schwer, mich zu überreden, mir ein Zimmer in dem Haus zu mieten, das er auf dem Parkgelände etwas halbherzig als Hotel betrieb. Dort wohnte ich, bis mir der Falkner des Parks, der sich um die Raubvögel kümmerte, seinen feuchten, heruntergekommenen alten Wohnwagen zum Kauf anbot, der neben der Straße geparkt war. Von dort zum Wolfsgehege war es nur ein kurzer Fußweg den Hügel hinauf.

Ich sage geparkt, aber fahrtüchtig war der Wohnwagen schon lange nicht mehr. Hätte man ihn zu bewegen versucht, wäre er auseinandergefallen. Ich zahlte 20 Pfund dafür – und das war der reinste Wucher! In den winzigen Wohnwagen passte nicht mehr als ein Bett und ein kleiner Gaskocher. Er befand sich in einem schockierenden Zustand, innen alles verschimmelt – und es gab keine Toilette, so dass ich in einen Eimer pinkeln musste, der früher Spachtelmasse enthalten hatte –, aber es war ein Schlafplatz, und es war alles, was ich mir leisten konnte. Bob hatte einen Shop auf dem Parkgelände, wo die Besucher Andenken kaufen konnten, und gelegentlich verkaufte ich dort ein paar Kleinigkeiten, die mir etwas Geld einbrachten, aber ich bekam kein Gehalt mehr, und meine Ersparnisse waren aufgebraucht.

Es war fantastisch, meine eigenen Wölfe zu haben, Tag und Nacht bei ihnen sein zu können, nach meinen Vorstellungen mit ihnen umgehen zu können, sie zu füttern und ihr Verhalten zu studieren. Was ich mir jetzt wünschte, war eine Wölfin für sie. Ich wollte einen Wurf von ihnen, um zu sehen, ob ein Rudel in Gefangenschaft mir erlauben würde, seine Welpen aufzuziehen, und wenn ja, ob ich ihnen etwas über beide Welten beibringen konnte, die der Wölfe und die der Menschen. Howletts Wild Animal Park in Kent beantwortete meine Gebete und bot mir eine drei Jahre alte Wölfin namens Elu an, die umgesiedelt werden musste. Es ist unter den Wildparks üblich, sich gegenseitig Tiere zu überlassen, für die man selbst keinen Platz mehr hat oder die von ihrem eigenen Rudel gemobbt werden – Tiere, die in der Wildnis ausgestoßen würden und sich einem anderen Rudel anschließen müssten.

Elu war eine prachtvolle schwarze Wölfin, aber als ich sie zum ersten Mal sah, fiel mir gleich auf, wie ungebärdig sie sich verhielt. Keiner der Wölfe aus ihrem Rudel war in irgendeiner Weise an Menschen gewöhnt, und sie gingen praktisch die Wände hoch, wenn sich jemand dem Gehege näherte. Mein erster Gedanke war, ob mein Zaun das aushalten würde – vor allem die Teile, die wegen der Baumwurzeln nicht tief genug verankert waren. Aber die

Wölfin schien lieber zu klettern als zu buddeln, und die Pfleger versicherten mir, dass sie zufrieden sein würde, wenn sie irgendwo ein unterirdisches Versteck hatte. Zum Glück hatte ich im Gehege bereits eine Höhle angelegt. Ich hatte ein Holzgerüst gebaut, es mit einem Geflecht versehen und anschließend verputzt. Der Eingang war groß genug, dass ich notfalls hineinkriechen konnte. Wir vereinbarten einen Termin, an dem ich die Wölfin abholen würde.

Drei Freiwillige begleiteten mich auf der Fahrt. Ich hatte mir von einem Mitarbeiter des Parks einen altersschwachen Lieferwagen geborgt und einen großen Käfig in den Laderaum gestellt. Zwei Begleiter fuhren vorne bei mir mit, der dritte folgte uns in einem anderen Auto, für den Fall, dass der Lieferwagen unterwegs eine Panne hätte. Es war eine weite Strecke; die Fahrtzeit betrug jeweils sechs Stunden. Die Leute im Howletts Wild Animal Park waren sehr tüchtig und professionell. Als wir ankamen, war der Tierarzt schon da gewesen und hatte die Wölfin betäubt. Seine Untersuchung hatte ergeben, dass sie fit und gesund war, und sie lag transportbereit auf einer Bahre. Wir trugen sie zum Käfig. Ich gab ihr eine Spritze, um die Wirkung der Betäubung aufzuheben und sie wieder auf die Beine zu bringen, und deckte den Käfig mit einer großen Plane ab. Manche Leute halten Tiere während der Fahrt sediert, aber nach meiner Erfahrung bekommt es vor allem Wölfen besser, wenn sie bei vollem Bewusstsein sind. Wir haben durch den Transport unter Betäubung zu viele Tiere verloren – und wenn der Käfig abgedeckt ist, so dass sie nicht sehen können, was um sie herum vorgeht, bleiben menschenscheue Tiere meist einigermaßen ruhig.

Wir waren ungefähr eine Dreiviertelstunde gefahren, als wir aus dem hinteren Teil des Wagens Lärm hörten – Geräusche wie von einer Rauferei und Rappeln am Käfig. Also beschlossen wir, eine Kaffeepause einzulegen und nachzusehen, was los war. Während die anderen sich um die Thermoskanne kümmerten, schaute ich nach der Wölfin. Sie war hellwach und ziemlich verzweifelt. Als Rudeltier litt sie offenbar sehr darunter, allein zu sein, und suchte mit Zähnen und Klauen nach einem Ausweg. Ich machte mir keine Sorgen, dass sie aus dem Käfig entkommen könnte – Arthur, der schottische Schweißer hatte ihn für mich gebaut, er war so stabil, dass er einem Rhinozeros standgehalten hätte, und wog auch ungefähr so viel –, aber wir hatten noch mehr als fünf Stunden Fahrt vor uns, und wenn es uns nicht gelang, die Wölfin zu beruhigen, würde sie sich bei ihren Ausbruchsversuchen bestimmt verletzen.

Ich weiß nicht, was bei dem, was ich nun tat, über mich gekommen ist – aber das gilt eigentlich für mein gesamtes Leben. Ich habe immer wieder Dinge getan, die einem vernünftigen Menschen nie in den Sinn gekommen wären. Jedenfalls öffnete ich den Käfig, kletterte hinein und verbrachte den Rest der Fahrt nach Combe Martin in einem engen Raum von etwa 60 cm mal 1,20 Meter mal 1,50 Meter zusammen mit einem gefährlichen Raubtier, das vorher noch nie Kontakt zu einem Menschen gehabt hatte.

Meine Begleiter beobachteten mich ungläubig mit offenem Mund. Sie schlossen die Käfigtür, deckten die Plane wieder über den Käfig und ließen dabei nur einen kleinen Schlitz offen, so dass ich gerade genug Licht hatte, um

Elu zu sehen. Dann fuhren sie los. Die Veränderung der Wölfin war unglaublich. Als ich zu ihr in den Käfig geklettert war, hatte sie sich ganz in den hinteren Teil zurückgezogen, aber keinen Fluchtversuch unternommen. Jetzt wurde sie vollkommen ruhig; während der nächsten fünfeinhalb Stunden lag ihr Kopf auf meinem Schienbein und sie knabberte an meinen Schnürsenkeln. Sie ließ es sich sogar gerne gefallen, dass ich sie streichelte und ihr sanft das Hinterteil kraulte, wie man es bei einem Hund machen würde. Ich habe immer noch ein paar lose Haare von ihr als Erinnerung an diesen Tag. Ich staunte über ihr Vertrauen und fühlte mich enorm geschmeichelt.

Als wir spät am Abend ankamen, war es stockdunkel. Deshalb wollte ich Elu nicht direkt zu den Rüden ins Gehege lassen, denn ich wusste nicht, wie sie aufeinander reagieren würden. Ich steckte sie in einen größeren Käfig in der Nähe meines Wohnwagens und verbrachte selbst die Nacht darin, damit sie Gesellschaft hatte. Im Laufe der Nacht begann sie mit den anderen Wölfen Kontakt aufzunehmen, was ein wirklich gutes Zeichen war. Am nächsten Morgen zogen wir zunächst gemeinsam wieder in den kleinen Käfig um, der mit uns beiden darin auf einen Kipplader verfrachtet und zum Gehege gebracht wurde. Sie ging durch die offene Tür und dann geradewegs an Pale Face und Shadow vorbei, ohne sie eines Blickes zu würdigen, und während die beiden ihr wie verliebte Teenager folgten, schnüffelte sie den Zaun ab, hinterließ ihre Duftmarken daran und machte nicht den geringsten Versuch zu entkommen. Die Rüden waren seit ihrer Kindheit keinem Weibchen mehr begegnet, und Elu übertraf eindeutig alle ihre Erwartungen.

20
Polen

Die Biologen, mit denen ich zusammenarbeitete, hatten sich immer skeptisch geäußert, ob es sinnvoll war, das Verhalten von Wölfen und Hunden zu vergleichen. Sie hielten sie für grundverschiedene Geschöpfe und teilten nicht meine Überzeugung, dass der Wolf, wenn wir ihm nicht Einhalt gebieten, sich allmählich in den Hund verwandeln wird, wie wir ihn heute kennen – und der Hund in den Wolf. Ich glaube, dass wir beide dazu bringen könnten, sich gegenseitig zu helfen. Wenn man sich das Verhalten der Wölfe anschaut, wie sie in Ländern wie Polen und Finnland, wo es weniger Platz gibt als im amerikanischen Nordwesten, näher an menschliche Siedlungen heranrücken, dann erkennt man, dass sie ähnliche Wesenszüge entwickeln. Ursprünglich hatten sie so viel Angst vor den Menschen, dass sie draußen in den Wäldern und Bergen blieben und sich selten blicken ließen. Als sie sich allmählich den Farmen näherten, konnte jeder Farmer ein Rudel von vier oder fünf Wölfen problemlos verscheuchen, indem er sich einfach zeigte. Sobald sie ihn sahen, machten sie kehrt und rannten weg. Heutzutage haben sie so viel Selbstvertrauen, dass ein Rudel von vier oder fünf Wölfen nicht einmal dann von der Stelle weicht, wenn ein Mensch mit einem Mülltonnendeckel und einem Besen bewaffnet auftaucht. Die Wölfe knurren und greifen ihn vielleicht sogar an.

Mein Interesse an Polen begann vor einigen Jahren. Eine ehrenamtliche Helferin im Park namens Angela, die leider nicht mehr bei uns ist, bat mich, dorthin zu reisen, weil sie hoffte, ich würde den dortigen Kleinbauern helfen können, deren Vieh Opfer marodierender Wölfe wurde. Sie hatte als Studentin in den Wäldern des Nordwestens an Forschungsprojekten teilgenommen, hielt es für dringend erforderlich, dass dort etwas unternommen wurde, und verfügte noch über Kontakte in der Region. Ich war noch nie in Polen gewesen und hielt diese Anfrage für eine großartige Gelegenheit, mehr über die europäischen Wölfe zu erfahren und vielleicht mit ihnen arbeiten zu können. Polen gehört zu den wenigen Regionen in Europa, wo die Wölfe zwar auch gejagt und verfolgt, aber nie vollständig ausgerottet wurden. Bis 1997 war es ein Sport, die Wölfe in den Wäldern zu jagen. Dann gab die polnische Regierung dem Druck von Umweltschützern nach und verbot die Wolfsjagd, doch Verstöße wurden nicht ernsthaft verfolgt, so dass Wilderer ihre große Stunde hatten, und daher war es nicht überraschend, dass die Zahl der Wölfe sich kaum änderte. Für das Stagnieren der Bestände, so erfuhr ich, gab es außerdem zwei weitere Gründe: Die Zahl der Beutetiere war dramatisch gesunken, und als Folge des schnellen Wirtschaftswachstums in Polen waren die noch verbliebenen Lebensräume der Wölfe stark zersplittert.

Als der Combe-Martin-Park 2002 für den Winter geschlossen wurde, ließ ich ein Team von freiwilligen Helfern zurück, die sich um meine Wölfe kümmern würden, und flog für den ersten von mehreren kurzen Besuchen nach Polen, um dort so viel wie möglich über die Wölfe und ihren Lebensraum zu lernen und herauszufinden, warum sie über die Viehherden der Bauern herfielen. Ich flog nach Gdansk und fuhr von dort aus acht Stunden mit dem Bus zur Rominter Heide an der russischen Grenze. Auf der russischen Seite heißt dieser Wald Krasnij Les nach dem Namen des Flusses Krasnaja, der hindurchfließt. Das Waldgebiet, das völlig unberührt wirkte, war ein erstaunlicher Anblick. Hier hatte man wirklich den Eindruck, die Zeit sei stehengeblieben. Es war eine faszinierende Vorstellung, dass früher einmal, vor Jahrtausenden, der größte Teil Mitteleuropas mit dichten Wäldern voller massiver Bäume wie hier bedeckt gewesen war und dass diese Wälder die Heimat wilder Tiere waren, die inzwischen in vielen Gegenden ausgerottet sind. Neben Dutzenden anderer Lebewesen gab es hier Elche, Wildschweine, Rotwild und Damwild, Füchse, die seltenen Luchse und natürlich Wölfe.

Ich wohnte mitten im Wald in einer Hütte, wo sich während der Saison viele Leute aus aller Herren Länder aufhielten, die zur Jagd kamen. An den Wänden hingen Geweihe und Fotos, die das Waldleben vieler Jahre dokumentierten. Das Essen war fantastisch: Suppen, Fleisch, Gemüse und mächtige Kuchen, alles frisch hergestellt von der Frau, die diese Pension betrieb. Es war eine Ernährung, die einem ordentlich Kraft gab, wenn man im Wald unterwegs war, und alle Gerichte waren preiswert. An der Wand hing eine Preisliste, über die ich lachen musste. Für jede Nationalität gab es eigene Preise, und am meisten mussten die Deutschen bezahlen, denen immer einige Euros mehr als allen anderen abgeknöpft wurden. Meinen fragenden Blick beantwortete Romick, mein Begleiter und einer der Förster, mit einem breiten Grinsen.

Romick sprach kein einziges Wort Englisch, und ich sprach kein einziges Wort Polnisch, aber ich hatte einen Führer, der besser Englisch sprach als ich selbst, und durch seine Vermittlung erfuhr ich alles, was es über dieses Gebiet und die dort lebenden wilden Tiere zu wissen gab. Romick war einer von mehreren Förstern, die sich um den Wald kümmerten. Ihnen allen brachten die Bewohner der Gemeinde genauso viel Respekt entgegen, wie man bei uns den Dorfpolizisten zollt. Die Jobs wurden vom Vater auf den Sohn vererbt. Die Förster waren Sachwalter der Natur und Hüter der Wildnis, und Romick hatte sich beim Militär genauso wohl gefühlt wie ich. Wir hatten ganz ähnliche Ziele: Meine Aufgabe bestand darin, ihm bei der Arbeit mit den Geschöpfen seines Waldes zu helfen, und er kümmerte sich um den Wald, der die Heimat dieser Geschöpfe war. Trotz der Sprachbarriere wuchs zwischen Romick und mir eine enge Verbindung. In der Abenddämmerung nahm er mich mit zu seinem Hochsitz, den er im Wald gebaut hatte. Dort hockten wir dann und beobachteten die Wölfe und all die anderen wild lebenden Tiere, ohne selbst gesehen zu werden, und währenddessen zeigte und erklärte er mir ständig irgendwelche Dinge, und ich antwortete, so gut ich konnte. Wir entwickelten eine Art der Kommunikation, die über Worte hinausging und ein Teil der Natur war. Ich respektierte diesen Mann zutiefst. Er war ein ehrlicher, aufrichtiger Mensch, der meinte, was er sagte, und sein Wort hielt. Und das galt, wie ich feststellte, für die meisten Menschen hier. Wenn wir etwas daherreden, bedeutet es uns nichts, aber diesen Menschen bedeutete ein Wort alles.

Bei einer späteren Reise begleiteten mich einige Kollegen vom Combe-Martin-Park, denen ich ein wenig Erfahrung mit wilden Wölfen vermitteln wollte. Nach einem Abend, an dem wir reichlich dem Wodka zugesprochen hatten, lud einer von ihnen einen der Förster nach England ein – so etwas machen wir alle gelegentlich, und es ist für uns nicht mehr als eine freundliche Geste gegenüber einem Fremden, mit dem wir ein paar schöne Stunden verbracht haben. Gewöhnlich denken wir uns nichts weiter dabei. Als ich das nächste Mal in Polen war, benahm sich der Förster auffallend spröde. Ich war diesmal allein gekommen und wunderte mich. Ich hatte keine Ahnung, womit ich ihn beleidigt haben könnte, und so fragte ich meinen Führer, ob irgendetwas nicht in Ordnung sei. »Ja«, antwortete der ganz unverblümt. »Als du letztes Mal hier warst, hat ihm jemand eine Reise nach Großbritannien versprochen, aber daraus ist nie was geworden.« Dieser Jemand, der ihn eingeladen hatte, war längst nicht mehr da, aber mir blieb nichts anderes übrig, als für diesen Mann und seinen Sohn Tickets zu kaufen, damit er mich eine Woche lang in Devon besuchen konnte. Der Sohn musste ihn begleiten, weil niemand sonst in der Familie Englisch sprach. Sie liebten die Wölfe, und ich verbrachte eine schöne Woche mit ihnen, aber mir wurde dadurch auch klar, wie wichtig es ist, die Kultur anderer Menschen zu respektieren – und wie gefährlich Wodka sein kann.

Die Bekanntschaft mit einem der Bauern, der einen Teil seines Viehs an die Wölfe verloren hatte, versetzte mich in meine Kindheit zurück, und ich empfand sofort eine große Sympathie für den Mann. Stanislaw lebte mit Frau und Tochter auf einem kleinen Stück Land, das auf zwei Seiten an den Waldrand grenzte. Sie besaßen nicht mehr als 20 Rinder, die so sehr zur Familie gehörten und ihnen so teuer waren, dass jedes Tier einen Namen hatte. Es gab keine neumodischen Traktoren oder Maschinen, sondern nur einen zweckmäßigen Wirtschaftshof und ziemlich heruntergekommene Stallungen. Die nervös herumrennenden Wachhunde sahen aus wie eine Mischung aus Deutschem Schäferhund und Pyrenäenberghund. Die Wölfe hatten nicht nur Rinder, sondern auch einige der Hunde getötet – trotz der Stachelhalsbänder, die man ihnen zum Schutz angelegt hatte. Das überraschte mich nicht, denn schon mit sechs Wochen haben Wolfsjunge gelernt, sich vor Hirschgeweihen in Acht zu nehmen, und sie würden einem Stachelhalsband genauso ausweichen. Interessant fand ich dagegen, dass die Wölfe diese Hunde offenbar nicht als Artgenossen respektierten.

Stan und seine Familie lebten sehr schlicht in einem traditionellen zweistöckigen, erdfarbenen Haus. Sie hielten Hühner und Gänse, und der Hof war unverkennbar ihr Lebensinhalt und ihre einzige Einkommensquelle. Stan, der einen Overall und einen Strohhut trug, berichtete mir mit Hilfe des Dolmetschers, was geschehen war. Eine Weile hatten sich die Wölfe durch ein Band mit Fähnchen am Zaun abhalten lassen, aber inzwischen half das genauso wenig wie der Zaun selbst. Sie hatten gerade erst vor meinem Besuch ein Kalb gerissen, und er zeigte mir ein Video, auf dem klar zu erkennen war, welche Teile des Kalbs die Wölfe gefressen hatten.

Für einen Bauern wie diesen war der Verlust eines

Kalbs so schlimm wie der Verlust eines Beines. Aber noch schlimmer war es, wenn er eine ausgewachsene Milchkuh oder einen bewährten Bullen verlor. Die Regierung zahlte zwar einen Ausgleich, aber kein Geld konnte ein Tier ersetzen, das Jahre gebraucht hatte, um sich zu seiner höchsten Leistungsfähigkeit zu entwickeln. Kleinbauern wie Stan züchteten für den Eigenbedarf, damit sie immer jüngere Tiere als Ersatz hatten, wenn die älteren nicht mehr arbeiten konnten. Wenn die Wölfe nun eins dieser Jungtiere töteten, musste der Bauer vielleicht jahrelang warten, bis es ersetzt war.

Dieser Mann hatte mehr Grund, die Wölfe zu hassen, als irgendjemand sonst, und doch tat er es nicht. Ich konnte in seinen Augen erkennen, dass er den höchsten Respekt vor ihnen hatte. Als Kind hatte Stanislaw von seinem Vater und seinem Großvater Geschichten über die Wölfe gehört. Er wusste, dass sie für ein natürliches Gleichgewicht unter den Tieren im Wald sorgten, Nahrung für sich selbst und andere beschafften und dazu beitrugen, dass es weniger Krankheiten gab. Obwohl sie sein Vieh angriffen, was ihm und seiner Familie schwer zu schaffen machte, war ihm doch klar, dass er die Wölfe so sehr brauchte wie diese seine Rinder.

Ich besuchte zwei weitere Bauernhöfe in der Gegend, deren Gelände ebenfalls an den Waldrand grenzte. Sie betrieben ebenso eine Bedarfsdeckungswirtschaft wie Stanislaw und seine Familie und hatten ähnlich verheerende Verluste erlitten. Aber wie Stanislaw gingen sie damit bemerkenswert philosophisch um. Sie verstanden, dass die Wölfe für den Wald wertvoll waren, und wären froh gewesen, wenn man sie einfach hätte abschrecken können, statt sie zu töten. Einer dieser Höfe hatte auf seinem Gelände einen Friedhof aus dem Ersten Weltkrieg, und das tote Kalb, das sie mir zeigten, war direkt am Rand des Friedhofs gerissen worden. Während ich die Überreste untersuchte, hörten wir, wie eine Tür zugeschlagen wurde und ein Auto den Weg hinunterraste. Auf unserem Rückweg zum Haus sprangen vier junge Hunde über die Felder auf uns zu. Mein Führer erklärte mir, es sei nicht ungewöhnlich, dass Leute ihre unerwünschten Welpen einfach aussetzten, und es habe sich herumgesprochen, dass sich Tierexperten in der Gegend aufhielten. Die Kleinen kamen mir so vor, als könnten sie eine Kreuzung aus Wolf und Haushund sein, und wieder wurde mir erklärt, das sei keine Seltenheit. Wir nahmen sie mit zur Jagdhütte, deren Bewohner einen Welpen selbst behielten und für die anderen ein neues Zuhause fanden.

Der dritte Bauernhof, den ich besuchte, war der ärmste von allen. Er wurde von Mutter und Sohn bewirtschaftet. Die Mutter hatte ihr gesamtes Leben auf dem Land verbracht und war vom alten Schlag. Aber obwohl sie die Wölfe respektierte, hatte sie die Nase voll von ihnen. Der Sohn verfügte offenbar über eine bessere Bildung als die Mutter, hatte wohl einiges über Ökologie gelernt und wusste besser über die Tiere im Wald Bescheid. Was mir von diesem Besuch am stärksten im Gedächtnis geblieben ist, das waren Kaffee und Kekse. Die Polen sind sehr gastfreundlich, und so bekommt man in jedem Haus, das man besucht, etwas zu essen und zu trinken angeboten – und eine Ablehnung ist einfach ausgeschlossen. Die alte Dame reichte mir einen der ekelhaftesten Kekse, die ich jemals gegessen habe, und fragte mich, was ich gerne trinken würde. Da Kaffee das einzige Wort war, das ich auf Polnisch wusste, bat ich um *kawy*. Im Raum herrschte plötzlich ein tiefes Schweigen, und ich fragte mich, welchen entsetzlichen Fauxpas ich begangen haben mochte. Alle anderen – die hier schon einmal Erfrischungen genossen hatten – baten um *herbata*, womit Tee gemeint war, wie ich später feststellte. Mein Kaffee erinnerte an Spülwasser, und der einzige Trost war, dass der Keks im Vergleich dazu fast erträglich schmeckte.

Beim Anblick der Kadaver auf den verschiedenen Höfen fiel mir auf, dass die Wölfe nur sehr wenig von den Tieren gefressen hatten. Ich hatte bei ausgehungerten Wölfen miterlebt, mit welch einer Geschwindigkeit sie ihre Beute zerreißen. Wenn sie hungrig genug sind, bleibt kein Krümel übrig. Aber auf diese Kadaver hatten sich keine ausgehungerten Tiere gestürzt; sie sahen vielmehr so aus, als seien sie von einem Chirurgen seziert worden. Ob es sich nun um ein kürzlich gerissenes Tier handelte, dessen Überreste noch draußen lagen, oder ob ich mir Fotos von früheren Fällen ansah, immer war der Brustkorb geöffnet, und es fehlten die lebenswichtigen inneren Organe, oder der Magen war aufgeschlitzt und sein Inhalt gefressen worden. Darüber hinaus fehlte nur wenig Fleisch, die Beine der Rinder waren stets intakt, und der größte Teil der Beute war zurückgelassen worden. Sogar Teile der Hunde waren gefressen worden.

Was ich vorfand, ließ auf keinen Fall den Schluss zu, dass die Wölfe sich über das Vieh der Bauern hermachten, weil sie hungrig waren und im Wald nicht genügend Beute fanden, zumal es dort jede Menge Rotwild, Elche und Biber gab – wie ich an ihren Exkrementen erkannt hatte.

Die andere verbreitete Theorie lautete, dass die Viehbestände der Bauern für die Wölfe eine leichte Beute waren. Aber das passte für mich einfach nicht ins Bild. Ich habe fast 20 Jahre mit diesen Geschöpfen verbracht und nie erlebt, dass sie sich in irgendeiner Weise »opportunistisch« verhielten. Alles, was sie tun, hat einen Sinn, und das gilt auch für ihre Nahrungsauswahl. Sie wissen ungeheuer viel über die Regulation ihres eigenen Körpers, über die Welt, in der sie leben, und über den Wert, den andere Tiere in dieser Welt für das Rudel haben. Was sie wann fressen, hängt von vielen Faktoren ab, beispielsweise der Jahreszeit, den Wetterbedingungen, ob Nachwuchs erwartet wird, wie der Gesundheitszustand und der Zusammenhalt im Rudel ist, und vielen anderen Einflüssen. Die Wölfe wissen instinktiv, was ihr Körper braucht. Ich habe sogar schon erlebt, wie ein Rudel extrem verweste Kadaver gefressen hat, die schon dabei waren, sich zu verflüssigen, aber die Wölfe hatten Würmer und wussten instinktiv, dass das verdorbene Fleisch ihren Organismus davon befreien würde.

Ich habe erlebt, wie mein eigenes Rudel in Devon (über das ich später noch berichten werde) fast süchtig nach der fettigen Magenschleimhaut der Rinder- und Schafskadaver war, mit denen ich sie fütterte. Plötzlich fraßen sie dieses Fett lieber als das Fleisch. Ich verstand das nicht, und so aß ich das Zeug selbst vier Monate lang und stellte dabei fest, dass ich während dieser Zeit die Kälte sehr viel besser ertragen konnte. Die Magenschleimhaut von Rotwild ist völlig anders und hat einen sehr viel geringeren Fettgehalt. Die Wölfe fraßen das, was ihr Körper gerade brauchte.

Wenn meine These stimmte, dass diese polnischen Wölfe ebenfalls die Beute nach ihren aktuellen Bedürfnissen auswählten, dann bekamen sie von den Kühen und Schafen – und sogar den Hunden – etwas, das sie aus keiner anderen Quelle bekommen konnten. Ich habe noch nicht genug Forschung betrieben, um meinen Verdacht zu beweisen, aber ich vermute, wenn die Viehherden der Bauern geimpft waren, dann könnte die Immunität eine Rolle gespielt haben, oder es war vielleicht ein Entwurmungsmittel, das die Bauern ihrem Vieh gegeben hatten. Genauso wäre es denkbar, dass es diesen wilden Wölfen, wie meinem eigenen Rudel, um den Fettgehalt der Magenschleimhaut ging, der ihre Widerstandsfähigkeit gegen den langen, kalten, schneereichen Winter erhöhte.

Die Ironie der Geschichte sehe ich darin, dass die Wölfe den Wert der Rinder und Schafe entdecken konnten, ohne ihren Wald zu verlassen, denn sie haben viele Jahre lang »Essen auf Rädern« bekommen. Jäger brachten die Viehkadaver in den Wald, um die Wölfe damit anzulocken, so dass sie leicht zu finden und zu schießen waren. Nachdem die Jagd auf Wölfe verboten war, übernahm der Ökotourismus das Revier, und die Praxis ging weiter, damit die Touristen Wölfe zu sehen bekamen und die versprochenen Fotos machen konnten. Erst als Polen 2004 Mitglied der Europäischen Union wurde, hat man das Ködern verboten.

Die Lösung des Problems könnte einfach sein. Sobald man genau weiß, was den Wölfen bei ihrer natürlichen Nahrung fehlt, könnte man ihnen diese Nährstoffe in anderer Form anbieten, und sie würden das Vieh der Bauern in Ruhe lassen.

Es gibt allerdings noch einen weiteren möglichen Grund für die Übergriffe, der nicht so einfach aus der Welt zu schaffen wäre. Vielleicht sind es gar nicht die Wölfe, sondern Hybriden – Kreuzungen wie die vier kleinen Welpen, die uns auf dem polnischen Hof entgegenkamen. In Polen leben die Wölfe jetzt so nahe bei menschlichen Ansiedlungen, dass sie sich zwangsläufig hin und wieder mit Haushunden kreuzen. Das würde erklären, warum diese Geschöpfe, die wie Wölfe aussehen und leben, am hellen Tag auf die Felder kommen und keine Angst vor Menschen haben.

21
Kontaktaufnahme

Während meines ersten Aufenthaltes in Polen lernte ich alles, was ich über den Wald, die Umgebung und die Bauern wissen musste. Der nächste Schritt musste darin bestehen, in ein Rudel einzudringen, um zu sehen, ob es irgendeine andere Erklärung dafür gab, dass die Wölfe Viehherden angriffen, obwohl es im Wald anscheinend reichlich Nahrung für sie gab. Aber ich hatte nicht genug Zeit, genauso vorzugehen wie in Idaho, weil ich mir keine so lange Abwesenheit vom Park erlauben konnte. Ich musste den Prozess beschleunigen, und nachdem mein Experiment mit dem Kassettenrekorder in Longleat so erfolgreich gewesen war, wollte ich hier Ähnliches versuchen. Diesmal würde ich die Wölfe überzeugen müssen, dass es in der Gegend ein rivalisierendes Rudel gab, zu dem mehr männliche Tiere gehörten als zu ihrem eigenen. Nach meiner Theorie würden sie dann einen zusätzlichen Rüden aufnehmen wollen, um ihre Abwehrkräfte gegenüber den Rivalen zu stärken. Und dieser zusätzliche Rüde würde ich sein.

Romick hatte nicht besonders viele Daten für mich. Er kannte zwar jeden Pfad und jeden Baum im Wald und wusste auch, wie viele Wölfe es gab, aber er konnte mir nicht sagen, ob es sich dabei um männliche oder weibliche, junge oder alte Tiere handelte. Bevor ich eine überzeugende Audiokassette aufnehmen konnte, musste ich zunächst feststellen, wie viele Rüden zu den vorhandenen Rudeln gehörten. Also musste ich hinaus ins Gelände und Kontakt aufnehmen. Dabei halfen mir Kollegen, die während des Tages in den Wald gingen und nach Spuren, Exkrementen und Hinweisen auf Jagdbeute suchten, die mir für meine nächtlichen Ausflüge die Richtung weisen könnten. Ich benutzte dieselbe Technik wie in Idaho: Ich begab mich als einsamer Wolf in den Wald und heulte, um festzustellen, wie viele Wölfe dort draußen waren.

Die europäischen Wölfe sind sehr viel scheuer als die wilden Timberwölfe, unter denen ich in Amerika gelebt habe, wahrscheinlich weil sie sehr viel mehr Menschen zu Gesicht bekommen. Die Rominter Heide ist ein Nationalpark, und so gibt es dort Wege, die von Menschen benutzt werden, die wandern oder wilde Tiere beobachten wollen. Neben Wild und großen Säugetieren findet man auch Dutzende kleinerer Arten und Hunderte von seltenen Vögeln und Pflanzen. Die Förster kommen und gehen ebenso wie die Holzfäller, und während der Saison sind Männer mit Gewehren unterwegs. Menschen, Gewehre und Wölfe sind keine gute Kombination. So haben die Wölfe zwar häufig Kontakt mit Menschen, aber sämtliche Begegnungen waren und sind negativ. Sogar wenn die Biologen ihre Daten sammeln, spüren sie die Wölfe mit Schneemobilen auf und fangen sie mit Lassos. Während die nordamerikanischen Wölfe neugierig auf Menschen sind, verhalten sich die polnischen deshalb furchtsam und extrem scheu; sobald sie einen Menschen erblicken, sind sie verschwunden. Romick erklärte mir mit Hilfe des

Dolmetschers, er glaube nicht, dass ich irgendeinem Wolf nahe kommen würde.

Ungefähr einen Monat vor meiner Abreise aus England begann ich mit den Vorbereitungen. Ich stellte meine Ernährung um und verzichtete auf alles, was parfümiert war, also auf Seife, Zahnpasta, Deodorant und Shampoo. Ich wollte in Aussehen und Geruch so weit wie möglich einem Wolf gleichen – und das ging auch so lange gut, bis ich ins Flugzeug stieg und die Dame neben mir sich ausgiebig mit Parfüm einsprühte. Vielleicht wäre es besser gewesen, mit dem Schiff zu reisen und mich in meiner Kabine zu verkriechen. Ich aß nur noch das, wovon sich auch die Wölfe ernähren – Wildbret, Kaninchen und Fasan mit etwas Gemüse, und ich trank ausschließlich Wasser; ich verzichtete auf Kohlenhydrate und Süßigkeiten und hielt mich auch in Polen daran –, obwohl es eine Menge Willenskraft erforderte, dem köstlichen Kuchen in der Jagdhütte zu widerstehen.

Als einsamer Wolf herumzulaufen, war hier nicht so beängstigend wie in Idaho. Ich kannte den Wald inzwischen ziemlich gut, aber es war immer noch einigermaßen heikel, mich dort allein in der Dunkelheit aufzuhalten. Vielleicht gab es in Polen keine Bären, aber dafür Wildschweine, und vor denen hatte ich entsetzliche Angst. Eines Nachts, bevor ich mich zu Fuß auf den Weg machen wollte, hockte ich mit ein paar anderen Leuten auf einem Hochsitz. Wir hatten Nachtsichtgeräte und hofften, damit im Wald unter uns Wölfe zu entdecken. Es gab auf dem Hochsitz keine Toilette, und nach einiger Zeit musste ich dringend pinkeln, so dringend, dass mir nichts anderes übrig blieb, als vom Hochsitz zu steigen und mich in die

Büsche zu schlagen. Ich gab mein Nachtsichtgerät einem der anderen Männer und sagte ihm, er solle mich warnen, falls er irgendetwas Bedrohliches bemerkte. Es dauerte eine ganze Weile, bis ich meine übervolle Blase entleert hatte, und ich genoss das Gefühl der Erleichterung, überzeugt davon, dass ich mich in Sicherheit befand. Plötzlich hörte ich ein Schnüffeln und ein Geräusch, als würde sich links neben mir etwas ziemlich Schweres über den Boden bewegen. Was konnte das sein? Offensichtlich nichts Gefährliches, denn sonst hätte mein Gefährte mich ja gewarnt. Gerade als ich meinen Reißverschluss wieder hochziehen wollte, tauchte direkt vor mir ein riesiger Keiler mit gewaltigen Hauern auf. Meine Füße berührten kaum noch den Boden, während ich Zeter und Mordio schreiend und wie Espenlaub zitternd auf die Leiter zurannte. »Warum zum Teufel hast du mich nicht gewarnt?«, fuhr ich meinen Kumpel an, aber der hatte mir den Rücken zugewandt und hörte mich nicht. Der andere Begleiter hatte im Wald ein Licht entdeckt. Beide starrten gebannt dorthin und hatten mich völlig vergessen.

Die Wildschweine waren ungefähr so groß und schwer wie große Hausschweine, aber sie hatten riesige Hauer und ein hitziges Temperament. Einer der Förster besaß ein »zahmes« Exemplar, das den passenden Namen »Nackenbeißer« trug und unglaublich aggressiv war. Meine Furcht war keineswegs irrational. Die Kinder aus der Nachbarschaft, die sich im Wald herumtrieben, machten sich keine Sorgen wegen der Wölfe, aber sie hatten Angst vor den Wildschweinen. Und nicht einmal Wölfe griffen ein Wildschwein an. Mit etwas Glück konnten sie einen Frischling reißen, aber ich habe einmal beobachtet, wie drei Wölfe sich an einer Wildsau versuchten: Die Sau rannte einfach auf sie zu, und sie gaben Fersengeld. Oft hörte ich nachts die Wildschweine im Unterholz, und das Herz schlug mir dann bis zum Hals, aber ich habe nie wieder eins zu Gesicht bekommen.

Nach ungefähr einer Woche hatte ich einen Überblick, welche Rudel dort draußen unterwegs waren und was ich auf meiner Tonkassette brauchte. Die hiesigen Wölfe waren ganz anders als die amerikanischen. Sie bildeten viel kleinere Rudel und blieben nicht zusammen, vielleicht weil sie auf Nahrungssuche waren. Es gab vier Rudel in diesem Gebiet, zwei davon bestanden lediglich aus einem Paar. Zum größten Rudel gehörten fünf Wölfe, darunter auch Welpen. Ich stellte fest, wie ihre Reviergrenzen verliefen, was nicht weiter schwierig war – der Ammoniakgeruch ihrer Duftmarken trieb einem stellenweise die Tränen in die Augen –, aber sie schienen sich häufig außerhalb ihrer Reviere aufzuhalten und gelegentlich auch über die Grenze nach Russland zu verschwinden. Diese Grenze war durch eine Reihe weißer Pfähle mit roten Spitzen markiert, die ungefähr 80 Zentimeter hoch waren und im Winter völlig unter der Schneedecke verschwanden. Unter diesen Umständen konnte man sich leicht verirren, und mehr als einmal fand ich mich selbst auf der falschen Seite der Grenze wieder und musste versuchen, einer motorisierten Truppe schießwütiger Grenzsoldaten zu erklären, was ich hier tat. Ich hatte gelernt, dass ich in meinem besten Polnisch »Wilk! Wilk! Wilk!« rufen musste, während ich mich schnellstmöglich durch alle meine Schichten warmer Kleidungsstücke wühlte, um das offizielle Stück Papier der polnischen Behörden zu finden, das Auskunft darüber gab, wer ich war und dass ich das Verhalten der Wölfe studierte.

Leider erlaubten mir die Förster nicht, meinen Kassettenrekorder im Wald zu benutzen. Sie ließen mich zwar heulen, aber ich durfte keine technischen Geräte benutzen. Also spielten meine Kollegen die Bänder auf Stanislaws Bauernhof ab. Wölfe können bis zu anderthalb Kilometern weit hören, aber ob sie meine Aufzeichnungen gehört und darauf reagiert haben, werde ich niemals genau wissen. Was ich dagegen weiß, ist, dass es zu einem Kontakt kam. Ich hörte etwas, das ich für das Heulen einer einzelnen Wölfin hielt. Ich antwortete darauf, und sie heulte erneut. Ihre Stimme, die zunächst nach Abwehr geklungen hatte, veränderte sich. Sie fragte nach meinem Standort. Sie bat um Hilfe, und mein Heulen signalisierte ihr meine Bereitschaft, mich ihr anzuschließen. So heulten wir ungefähr zweieinhalb Wochen lang durch den Wald. Während dieser Zeit gab ich ihr meinen Standort durch Duftmarken bekannt. Außerdem bediente ich mich an den Resten zurückgelassener Beute und nahm mir davon die Stücke, die ein Wolf von mittlerem Rang fressen würde – Lende und Mageninhalt. Ich hatte das Gefühl, dass sie in meiner Nähe herumgeisterte, mich beobachtete und mir folgte. Gelegentlich konnte ich auch einen kurzen Blick auf sie erhaschen.

Eines Morgens bog ich auf dem Waldweg um eine Ecke, und sie stand direkt vor mir, höchstens sechs oder sieben Meter entfernt. Sie stand da und starrte mich 40 bis 50 Sekunden an, was für ein Tier, das man gejagt und mit Schüssen verfolgt hatte, ganz außergewöhnlich war, und dann verschwand sie. Sie war ein wunderschönes Tier, in gutem Zustand und offensichtlich wohlgenährt. Ich hatte nicht den geringsten Zweifel, dass sie die Wölfin war, auf deren Heulen ich geantwortet hatte. Und als ich eines Morgens auf einer Lichtung am Bach kniete, mir Wasser ins Gesicht spritzte und trank, spürte ich plötzlich, dass ich nicht alleine war. Ich drehte mich langsam um, und da saß diese prächtige Wölfin nur knapp zwei Meter von mir entfernt.

Leider hatte ich keine Zeit, länger in Polen zu bleiben, und so werde ich nie wissen, ob ich eine engere Beziehung mit ihr hätte aufbauen oder mich wie in Idaho einem Rudel hätte anschließen können, aber ich betrachtete diese Begegnung als einen enormen persönlichen Durchbruch. Für mich war damit bewiesen: Egal, was die Menschen den Wölfen angetan hatten, wenn man mit ihnen zu ihren eigenen Bedingungen Kontakt aufnimmt, so wie ich es vor vielen Jahren schon mit den Füchsen gemacht hatte, und wenn man ihnen zeigt, dass man nichts Böses im Sinn hat, dann fassen sie allmählich wieder Vertrauen.

Es war Zeit für ein weiteres Experiment mit Tonbandaufnahmen. Ich hatte Stanislaw versprochen, ich würde nach einer Möglichkeit suchen, wie man die Wölfe von seinem Vieh fernhalten konnte, und mit meinen begrenzten Kenntnissen über die Wölfe in der Region, die Bauernhöfe und die Wälder war ich mir nun ziemlich sicher, dass ich ihm zeigen konnte, was er in Zukunft tun musste, um seine Tiere zu schützen. Mein Plan war sehr einfach. Ich gab ihm einen billigen Kassettenrekorder mit Lautsprechern, genau die Ausrüstung, die ich selbst für die Lokalisierung der verschiedenen Rudel benutzt hatte. Damit wollten wir bei den Wölfen den Eindruck erwecken, dass das Revier rund um Stans Bauernhof bereits von einem rivalisierenden Rudel kontrolliert wurde. Wenn wir sie davon überzeugen konnten, würden sie meiner Theorie zufolge den Hof in Ruhe lassen.

Ich zeigte Stanislaw, wie er die Ausrüstung benutzen sollte. Die Geräte waren sehr schlicht, denn es hatte keinen Sinn, die Leute in diesem ärmlichen Landstrich mit Lautsprechern auszustatten, die Jamaika erschüttern würden. Die Technik musste so unkompliziert sein, dass die Menschen hier damit umgehen konnten, und so billig, dass jeder hier sie bezahlen konnte. Auf der Kassette, die ich Stan gab, war das Heulen eines Rudels mit fünf männlichen Wölfen zu hören – mindestens einer mehr als in allen Rudeln, die ich im Wald gehört hatte, und deshalb eine potenzielle Bedrohung. Die Wölfe heulten abwehrend, als wollten sie allen, die sich dem Gebiet um Stans Hof näherten, klarmachen, dass dies ihr Revier war. Ich erklärte Stan, dass es verschiedene Arten von Wolfsgeheul gab, die unterschiedlich klangen, und dass die Wölfe, bevor sie irgendwo zu jagen begannen, ein Ortungsheulen von sich gaben, um sich zu vergewissern, dass sie in diesem Gebiet niemandem auf die Füße traten. Er bestätigte mir sofort, dass ihm die unterschiedlichen Tonlagen schon aufgefallen waren, und ich freute mich, dass dieser Mann eine so enge Verbindung zu seiner Umwelt hatte. Vor einem Raubzug, so berichtete er mir, klang das Heulen hoch und schrill, danach sehr viel tiefer. Ich erklärte ihm den Grund dafür: Wenn die Wölfe Beute gemacht haben, verkündet das Rudel mit einem abwehrenden Geheul, dass dieses Revier jetzt seins ist.

Ich sagte ihm, wann immer er das hohe, schrille Heulen

hörte – das Ortungsheulen –, müsse er die Kassette abspielen, bis sich das wilde Rudel zurückzog und sein Heulen leiser wurde, was nach meiner Überzeugung ganz sicher geschehen würde. Die Logik leuchtete ihm sofort ein, und er war nur zu gerne bereit, es mit diesem Trick zu versuchen. Als ich zwei Jahre später nach Polen zurückkehrte, um dort einen Dokumentarfilm zu drehen, berichtete er mir überglücklich, wie erfolgreich er mit den Tonbandaufzeichnungen gewesen war. Er hatte sie genau meiner Anleitung entsprechend benutzt und seitdem keine Angriffe auf sein Vieh mehr erlebt. Er war absolut begeistert.

Im Gegensatz zu den Ranchern in Idaho hatte ich es bei den polnischen Bauern zu meiner Freude mit Menschen zu tun, die einen grundlegenden Respekt gegenüber den Wölfen empfanden, und Stanislaw war zu jedem Experiment bereit. Er wollte die Wölfe nicht erschießen müssen; sie sollten lediglich sein Vieh in Ruhe lassen. Die amerikanischen Farmer, die ich kennen gelernt hatte, schienen dagegen leider zu glauben, dass nur ein toter Wolf ein guter Wolf war.

Bevor ich nach Hause zurückkehrte, wollte Romick mir noch den urzeitlichen Bialowieza-Wald zeigen, den ältesten Nationalpark in Polen und Unesco-Welterbe. Er lag weiter im Süden und war ein wirklich unglaublicher Landstrich. Dort leben 11 000 verschiedene Tierarten, darunter auch der europäische Bison bzw. der Wisent, und die Pflanzenvielfalt ist genauso beeindruckend. Aber es kommen Hunderte von Besuchern, und die Wölfe haben ihr Verhalten offenbar auf eine etwas verhängnisvolle Weise angepasst. Vielleicht als Folge davon bekamen die hiesigen Förster offenbar häufiger Wölfe aus der Nähe zu sehen, als es in der Rominter Heide der Fall war, und einer von ihnen berichtete mir, wie er eines Tages zwei Wölfe auf einem der Wege beobachtet hatte. Im ersten Moment hatte er gedacht, es müssten Hunde sein, weil Wölfe normalerweise keine Wege benutzen, aber es waren ohne jeden Zweifel Wölfe – ein männliches und ein weibliches Tier –, und während die Wölfin nicht von diesem Weg abwich, verschwand der Rüde ständig zwischen den Bäumen, mal auf dieser und mal auf jener Seite, und stöberte Beutetiere auf, die die Wölfin dann riss. Sie jagten nicht wie Wölfe, sondern wie Hunde es üblicherweise tun.

22
Eine harte Lektion

Ich rechnete nicht wirklich damit, dass Elu, meine Wölfin in Combe Martin, schon im ersten Jahr trächtig werden würde, aber trotzdem beschloss ich, mich vorsichtshalber zwei Wochen vor Beginn der Ranzzeit im Gehege einzuquartieren, damit ich die Werbung beobachten und eine Verbindung zu Elu aufbauen konnte, die so eng war, dass sie mir die Aufgabe des Kindermädchens für ihre Welpen übertragen würde. Obwohl Shadow der dominante Rüde war, paarte sich zu meiner Überraschung schließlich Pale Face mit ihr. Damals war mir das ein Rätsel, und ich musste fünf Jahre auf eine mögliche Erklärung warten. Dann stellte sich heraus, dass Shadow einen Herzfehler hatte. Er und eine Wölfin namens Lady Penelope, die ich kurz zuvor vom Dartmoor-Wildpark übernommen hatte, waren als Leihgabe unterwegs zu einem Liebhaber in Oxfordshire, wo sie Nachwuchs bekommen sollten, als Shadow unerwartet während des Transportes starb. Bei der Obduktion stellte sich heraus, dass er an einer Herzkrankheit gelitten hatte. Es ist durchaus möglich, dass er immer schon Herzprobleme hatte und Elu deshalb Pale Face als Vater für ihre Jungen auswählte.

Während der neun Wochen ihrer Trächtigkeit machte Elu ganz den Eindruck, als würde aus ihr eine gute Mutter werden. Obwohl sie zum ersten Mal Nachwuchs erwartete, schien sie instinktiv zu wissen, was sie zu tun hatte. Sie animierte die Rüden, ihr beim Graben der Schutzlöcher für die Welpen zu helfen. Dabei handelt es sich um kleine Erdhöhlen in der Nähe der Geburtshöhle, und die Welpen lernen, sich bei Gefahr darin zu verstecken. Die Löcher sind etwa 60 bis 90 Zentimeter tief und werden gewöhnlich unter einem Felsen oder einer Baumwurzel angelegt, so dass es für einen Räuber fast unmöglich ist, ein Wolfsjunges dort auszugraben. Meine Beziehung zu Elu schien sich gut zu entwickeln. Ich imitierte alles, was ich Daisy in Longleat hatte tun sehen, als sie hoffte, die Rolle des Kindermädchens übernehmen zu dürfen, und Elu schien positiv darauf zu reagieren. Nach ungefähr sechs Wochen machte ich mir kurzfristig Sorgen, als sie unter den Wurzeln des größten Baumes im Gehege hektisch zu graben begann. Ich dachte, sie würde sich vielleicht darauf vorbereiten, ihre Jungen dort zur Welt zu bringen, statt in der Höhle, die ich angelegt hatte. Falls sie mit ihren Welpen tief unter der Erde steckte und irgendetwas schiefgehen würde, dann könnte das problematisch werden. Aber zum Glück benutzte sie diese Höhle nicht.

Zwei Tage vor dem Geburtstermin war ich auf der Jagd gewesen und kam mit einigen Kaninchen zurück ins Gehege. Es war mitten am Nachmittag. Elu nahm eins der Kaninchen und verschwand damit in der Höhle, wo ich eine Geburtsmulde gegraben hatte, wie ich es die wilden Wölfe hatte tun sehen. Dort blieb sie, und am frühen Morgen des nächsten Tages hörte ich das tiefe klagende Heulen einer Wölfin, die in den Wehen lag. Es war mit keinem anderen Geräusch zu vergleichen, das ich je von einem Wolf gehört hatte. Ich hatte keine Ahnung, was los war, wusste nicht, ob sie sich in einer Notlage befand, und es gab auch keine Möglichkeit, das herauszufinden. Jedes Mal, wenn ich oder einer der Rüden dem Eingang zur Höhle nahe kam, gab sie ein tiefes, grollendes Knurren von sich, um uns zu vertreiben. Der Geräuschquelle nach zu urteilen, musste sie meine Geburtsmulde verschmäht und sich eine eigene gegraben haben, offensichtlich so weit wie möglich von jeder Bedrohung entfernt und für mich jetzt unerreichbar. Aber der Boden war uneben, und beim Graben war sie an einer Stelle ziemlich nah an die Oberfläche gekommen. Sie hatte dann wohl ihre Richtung geändert und dabei war ein Teil der Erde verrutscht, so dass sich über ihr nun ein winziges Loch befand. Mit einer Taschenlampe würde ich vielleicht sehen können, was sich darunter abspielte.

Als es allmählich Tag wurde, hörte ich das erste leise Winseln. Mit klopfendem Herzen rannte ich den Berg hinauf zu meinem Wohnwagen, um eine Taschenlampe zu holen, und als ich damit durch das Loch leuchtete, stiegen mir die Tränen in die Augen. Ich konnte direkt in die Geburtsmulde blicken, und dort lagen vier winzige Welpen, die sich alle wanden und bewegten; also lebten sie, und es ging ihnen gut. Ich platzte fast vor »väterlichem« Stolz und bedeckte das Loch mit einem Stein, damit es nicht hineinregnen konnte. Dann lehnte ich mich geduldig zurück, um der Natur ihren Lauf zu lassen. Ich würde mich erst nach weiteren fünf Wochen um den Nachwuchs zu kümmern haben.

Am dritten Tag kam Elu aus der Höhle, und meine Alarmglocken begannen zu schrillen. Normalerweise bleibt eine Wolfsmutter eine ganze Woche bei ihren Welpen unter der Erde. Bei den wilden Wölfen in Idaho hatte die Mutter die Höhle über eine Woche nicht verlassen, und als sie schließlich herauskam, war sie ganz ausgemergelt. Ich versuchte mir einzureden, dass sich Wölfe in Gefangenschaft vielleicht anders verhielten, und das Wetter war hier auch milder als in den Rockys. Aber neugeborene Welpen brauchen die Wärme der Mutter, weil ihr Körper sehr schnell auskühlt, und sie müssen spätestens alle zwei Stunden gesäugt werden. Als Elu nach drei oder vier Stunden immer noch draußen war, geriet ich in Panik. Ich versuchte Druck auf sie auszuüben, damit sie zu ihren Jungen zurückkehrte. Ich legte Futter rund um den Eingang und hoffte, ihre mütterlichen Instinkte würden neu geweckt, wenn sie ihre Welpen dort drinnen hörte, aber auch das half nichts. Stattdessen schien sie entschlossen, sich so weit wie möglich von der Höhle entfernt aufzuhalten.

Wenn ich die Welpen retten wollte, musste ich eine Entscheidung treffen, und zwar schnell, denn sonst wären sie nicht mehr zu retten. Ich kroch in die Höhle und holte die winzigen Geschöpfe heraus; sie waren wie kleine, pelzige Ratten, hatten die Augen fest geschlossen und schnieften und grunzten vor sich hin. Drei von ihnen hatten sich zusammengekuschelt, waren warm und sahen einigermaßen gut aus, während das vierte mehr als einen halben Meter von den anderen entfernt lag, sich kalt anfühlte und gar nicht gut aussah. Elu hatte diese winzige Tochter offenbar verstoßen und nichts von ihr wissen wollen. Sie waren alle ziemlich ausgetrocknet, was man testen kann, indem man das Fell etwas hochzieht. Je länger es dauert, bis sich die Ausbuchtung zurückbildet und wieder verschwindet, desto ausgetrockneter sind die Tiere. Die Haut des vierten Welpen stand hoch wie der Kamm eines Dinosauriers.

Mit ein paar freiwilligen Helfern brachte ich die Tierchen schnell nach oben zu einem kleinen Schuppen aus Schlackenstein, der neben meinem Wohnwagen stand. Ich hatte ihn für jemanden aus dem Park gebaut, der dort seine Schäferhundwelpen halten wollte. Der Boden war schon mit Stroh ausgelegt, und wir konstruierten eine behelfsmäßige Geburtsmulde, indem wir einen Karton mit einer flauschigen Decke und einer Heizmatte darunter auspolsterten. Das Ganze sollte die Welpen so weit wie möglich an die Mutter erinnern. Wir legten die Kleinen zwischen die Falten der Decke und fütterten sie mit Saugflaschen, die eine Spezialmilch enthielten. Die drei männlichen Tiere, die zusammengekuschelt in der Höhle gelegen hatten, saugten so gierig, als würden sie damit rechnen, nie wieder etwas zu bekommen. Ich schloss daraus, dass Elu sie schon einige Stunden, bevor sie die Höhle verlassen hatte, nicht mehr gesäugt hatte. Der vierte Winzling, die kleine Wölfin, die ich Cheyenne nannte, konnte kaum das Mäulchen öffnen. Ich musste mich mit ihr – in meine Jacke gehüllt, um sie warm zu halten – hinsetzen und ihr die Milch vorsichtig tropfenweise einflößen.

Es passiert gelegentlich, dass Wölfe in Gefangenschaft ihre Jungen verlassen. Manchmal ist der Mutterinstinkt einfach nicht stark genug, in anderen Fällen liegt es daran, dass ihnen ein Vorbild fehlt, von dem sie lernen könnten. Howletts, wo Elu geboren und aufgewachsen war, hatte keinen weiteren Nachwuchs gewollt und die männlichen und weiblichen Tiere deshalb in getrennten Gehegen gehalten, so dass Elu nie miterlebt hatte, wie andere Wölfinnen Junge bekamen und aufzogen. Wenn eine Mutter ihre Welpen verlässt, gibt es zwei Möglichkeiten: Entweder man rettet den Wurf, so wie ich es getan habe, oder man lässt die Jungen sterben und hofft, dass die Mutter daraus etwas lernt und es beim nächsten Mal besser macht. Irgendwann geschieht das, aber es kann drei oder vier Würfe das Leben kosten, bevor die Wölfin begreift, dass sie ihre Jungen fünf Wochen lang säugen muss, wenn sie überleben sollen. Die Natur erteilt auf diese Weise harte Lektionen, aber für mich gab es keine Wahl; ich musste die Jungen einfach retten.

Nach einigen Tagen musste ich der kleinen Cheyenne so viel Zeit widmen, dass ich zum Füttern der anderen Welpen Hilfe brauchte. Während des Tages war das kein Problem, denn es gab genug Freiwillige, aber für die Nacht bat ich Jan um Unterstützung. Sie erklärte sich bereit, mir zu Hause in Plymouth bei ihrer Betreuung zu helfen. Ich schaffte den Weg in weniger als den zwei Stunden, die mir zwischen den Fütterungen blieben. Also ließ ich die Kleinen trinken, bevor ich losfuhr, packte sie in einem Karton auf den Beifahrersitz, deckte sie gut zu und fuhr dann, während sie neben mir schliefen. Jan fütterte die Rüden nachts im Abstand von zwei Stunden, und ich konzentrierte mich auf Cheyenne. Morgens fuhr ich mit allen zurück nach Combe Martin und abends dann wieder nach Plymouth.

Die Rüden nannte ich Tamaska, Matsi und Yana, und es war interessant zu beobachten, wie sie alle ihre besonderen Eigenarten entwickelten. Schon nach kurzer Zeit war zu erkennen, dass Tamaska der größte und gierigste war. Allen dreien ging es gut, und gelegentlich trank nun auch Cheyenne eine halbe Flasche in einem Zug, und ich dachte schon, nun hätte sie es gepackt, aber solche Erfolge waren nicht von Dauer, und ich musste ständig mit ihr zum Tierarzt. Die Rechnungen stapelten sich, so dass ich finanziell fast das Ende der Fahnenstange erreicht hatte, als eine Freundin mir zu Hilfe kam. Sie besaß eine Haustierhandlung und bot mir großzügig an, die Kosten für alle weiteren Tierarztbesuche mit Cheyenne zu übernehmen. Zweieinhalb Wochen habe ich dieses winzige Geschöpf gepflegt, wollte es unbedingt am Leben halten, aber wir machten keine Fortschritte. Eines Tages atmete sie mit einem knarzenden Geräusch, von dem ich wusste, dass es kein gutes Zeichen war. Der Tierarzt sagte, sie habe eine Lungenentzündung, und die Ergebnisse einiger Blutuntersuchungen deuteten darauf hin, dass ihr das Immunsystem fehlte. Sie starb auf dem Heimweg in meinen Armen. Es brach mir das Herz, aber der Tierarzt meinte, es sei ohnehin nur meine Rund-um-die-Uhr-Fürsorge gewesen, die sie am Leben gehalten hatte. Draußen in der Wildnis hätte sie den ersten Tag nicht überstanden.

Für mich war das eine wertvolle Lektion. Die Mutter hatte gewusst, dass dieser Welpe es nicht schaffen würde, und ihn deshalb verstoßen. Sie hatte nicht den Luxus von Helfern, die sich um die anderen Jungtiere hätten kümmern können, während sie sich auf den Schwächling konzentrierte. Die Natur befahl ihr, sich an die Jungen zu halten, die überleben würden. Ich hatte mich in etwas eingemischt, wovon ich nichts verstand – aber ich würde es nie wieder tun. Ich legte Cheyenne in eine Schachtel, begrub sie an einer Stelle in der Nähe meines Wohnwagens, wo sich heute ein weiteres Wolfsgehege befindet, und pflanzte einen Baum für sie. Ich trauere bis heute um sie.

23

Wir sind, was wir essen

Die drei überlebenden Welpen brauchten jetzt eine Mutter, und da Elu alles Interesse an ihnen verloren hatte, war ich gefordert. Nachdem ich ursprünglich gehofft hatte, die Rolle des Kindermädchens übernehmen zu dürfen, kam jetzt eine ganz andere und sehr viel schwierigere Aufgabe auf mich zu. Würde ich das leisten können? Ich wusste, dass ich sie am Leben halten konnte – das war der einfache Teil. Die Herausforderung bestand darin zu verhindern, dass aus ihnen domestizierte Wölfe wurden. Sie sollten zu Tieren heranwachsen, die über möglichst viele Instinkte und Charakteristika ihrer wilden Artgenossen verfügten, denn die Rechtfertigung, Wölfe in Gefangenschaft zu halten, lag für mich darin, von ihnen mehr darüber zu lernen, warum sich wilde Wölfe so verhalten, wie sie es tun. Denn wenn wir das besser verstehen, können wir dazu beitragen, Konflikte zwischen Wölfen und Menschen zu verhindern.

Vor einigen Jahren hat es einen schockierenden Zwischenfall gegeben, denn ein Wanderer, ein Student, der alleine im Saskatchewan-Wald unterwegs war, war von Wölfen getötet und teilweise gefressen worden. Einige Leute waren der Meinung, die Wölfe hätten ihn nur deshalb angegriffen, weil er eine leichte Beute für sie war.

Aber wie schon erwähnt, habe ich noch nie geglaubt, dass Wölfe etwas nur deshalb tun, weil es sich als einfache Option anbietet. Menschen sind für sie keine Beute, sondern werden von ihnen ebenfalls als Raubtiere betrachtet, und alles, was die Wölfe mir im Laufe vieler Jahre über ihre Welt beigebracht haben, sagt mir, dass sie niemals einen Menschen – oder irgendeine potenzielle Nahrungsquelle – nur deshalb angreifen würden, weil sich das gerade zufällig anbietet und bequem ist.

Die dominante Wölfin lenkt das Interesse der Jäger auf Nahrungsquellen, die das enthalten, was die Rudelmitglieder in einer bestimmten Phase ihres Lebens brauchen – und das spielt auch eine wichtige Rolle für den Erhalt der sozialen Rangordnung innerhalb der Gemeinschaft: Die Wölfe sind, was sie fressen. Die besten Beutestücke und die lebenswichtigen inneren Organe gehören stets dem Alpha-Paar, und der Geruch der Leitwölfe – und folglich ihre Autorität – unterscheidet sich erheblich von dem niederrangiger Rudelmitglieder, deren Nahrung von minderer Qualität ist.

Das Rudel ist durchaus in der Lage, ein verletztes Tier, das eine leichte Beute wäre, zu ignorieren und stattdessen anderthalb Wochen lang ein gesundes Tier zu jagen, dessen Fleisch die Wölfe mit genau dem versorgt, was sie gerade brauchen. Es könnte beispielsweise sein, dass sich in der Gegend ein rivalisierendes Rudel befindet, so dass die Wölfe ein besonders energiereiches Futter brauchen, um ihr Revier verteidigen zu können. Oder wenn die Alpha-Wölfin kurz vor der Geburt ihrer Jungen steht, wählt sie als Beute vielleicht gezielt ein älteres oder nicht ganz so fittes Tier, weil sie die Energie der Rudelmitglieder dämpfen will, damit sie im Umgang mit den Jungen nicht ganz so lebhaft sind und die Welpen nicht gefährden. Diese Intelligenz wird von einer Generation an die nächste weitergegeben, und es ist faszinierend zu beobachten, wenn sie in Aktion tritt.

Die Alpha-Wölfin kann ihre Beute gezielt aus einer Herde von 300 Tieren auswählen, indem sie sich an dem Geruch orientiert, den das von ihr gewählte Tier am Boden hinterlässt. Es könnte beispielsweise ein Elch sein, der eine Verletzung am Fuß hat, die entzündet ist. Jedes Mal, wenn der Fuß den Boden berührt, hinterlässt er den Geruch von Eiter. Die Wölfin weiß, dass der Elch schon seit einiger Zeit geschwächt ist, und so folgt sie ihm. Sie schnüffelt das Gras und die Sträucher ab, wo er auf seinem Weg Halt gemacht hat, um am Grün zu knabbern, und aus dem Geruch seiner verfaulenden Zähne schließt sie, dass es sich nicht um ein junges Tier handelt. Bevor sie diesem Elch auch nur nahe kommt, hat sie also schon eine ziemlich genaue Vorstellung von ihm. Und während sie sich ihm nähert, richtet sie ihre Aufmerksamkeit vom Boden weg auf die Luft. Sie ist vielleicht immer noch drei Kilometer entfernt, aber schon jetzt atmet sie tief durch die Nase ein, in die nun die Staubpartikel und Haare gelangen, die der Wind ihr zuträgt, und ihre Sinne bestätigen ihr, dass es genau dieses Tier ist, das sie haben will. Also nähern sich die Wölfe der Beute immer weiter. Die Leitwölfin beginnt zu rennen, und die anderen folgen ihr. Das lässt ihren Adrenalinspiegel in die Höhe schießen, und wenn die Anführerin das Opfer eingeholt hat, signalisiert sie den anderen mit der Rute, um welches Tier es sich handelt, und sie erlegen es – genau dieses Tier, auch wenn sie anderen aus der Herde vielleicht näher sind. Sie gehorchen ihrer Alpha-Wölfin.

Das Rudel, das den Wanderer tötete, lebte in einem Gebiet, wo viele Bäume gefällt und Wälder gerodet worden waren, und das hatte zur Folge, dass potenzielle Beutetiere ihren Lebensraum verloren. Stattdessen begannen die Wölfe nun wandernde Lachse zu fressen, was sie zwar gelegentlich tun, aber Fisch gehört nicht zu ihrer regelmäßigen Nahrung, weil er nicht die Eigenschaften von Fleisch hat. Ich dachte, das könnte ein Stück weit erklären, warum sie einen Menschen angegriffen hatten, und deshalb führte ich mit meinen Wölfen in Combe Martin ein Experiment durch – das ist der Vorteil, wenn man Tiere in Gefangenschaft hält. Nachdem ich sie einige Monate mit Fisch ernährt hatte und sie folglich alle Nahrung von gleicher Qualität erhalten hatten, löste sich die Sozialstruktur des Rudels auf. Es gab keine eindeutige Rangordnung mehr, und so gab es auch niemanden mehr, der die Entscheidungen traf oder die anderen disziplinierte. Die Folge war, dass sie sich alle wie ungebärdige Hooligans benahmen. Insofern denke ich, dass sich der Angriff auf den Wanderer am ehesten dadurch erklären lässt, dass es in diesem Rudel niemanden mehr gab, der den anderen sagte, was sie zu tun – oder nicht zu tun – hatten.

Ungeklärt blieb indessen die Frage, warum die Wölfe Teile des Leichnams gefressen hatten. Sowohl wilde als auch in Gefangenschaft lebende Wölfe töten andere Raubtiere. Ich habe erlebt, dass Wölfe Bären und Bären Wölfe töten und dass Wölfe Berglöwen und Kojoten erlegen, aber ich habe nur selten gesehen, dass sie andere Raubtiere töten, um sie zu fressen. Sie würden ein solches

Tier umbringen, wenn sie es als Nahrungskonkurrenten betrachten oder glauben, sie müssten ihre Jungen vor ihm schützen – und dasselbe würden sie unter vergleichbaren Umständen mit einem Menschen tun, aber sie würden uns nicht fressen.

Meine Theorie lautet, dass die Wölfe uns nicht mehr als Raubtiere wahrnehmen. Man könnte argumentieren, dass wir aufgrund unserer modernen Ernährung – viele Kohlenhydrate und Junkfood, ganz zu schweigen von den Leuten, die sich rein vegetarisch ernähren – für die Wölfe mehr und mehr wie Beutetiere riechen. Und wir verhalten uns auch immer mehr wie Beutetiere. Unsere Vorfahren wären beim Anblick eines Wolfes oder Bären oder Berglöwen niemals weggerannt; ihr Herz hätte nicht wild geklopft, ihnen wäre nicht der Schweiß ausgebrochen, und sie hätten auch nicht wie ein verängstigtes Zebra mit den Augen gerollt. Solche Tiere waren ein vertrauter Anblick, denn sie teilten die Welt der Menschen – wie es bei den Indianern noch sehr viel länger üblich war als in Europa. Unsere Vorfahren wussten auch, dass sie nicht zwischen eine Mutter und ihre Jungen geraten oder der Höhle zu nahe kommen durften. Der Geruch von Furcht ist für ein Raubtier enorm motivierend, und es sind nur Beutetiere, die diesen Geruch so unverzüglich absondern. Wenn die Begegnung mit dem Wanderer bei den Wölfen also eine gewisse Verwirrung ausgelöst und ihr Instinkt ihnen gesagt hat, dass sie Fleisch brauchten, um ihr System der sozialen Rangordnung wiederherzustellen, dann kann ich nachvollziehen, wieso sie ihn teilweise aufgefressen haben.

Förster berichten dasselbe über Bären. Wenn ein Bär

zum ersten Mal angreift, verteidigt er gewöhnlich seine Jungen oder seine Beute, aber wenn er erst einmal einen Menschen getötet hat und weiß, wie sehr sein Geruch, sein Verhalten und sogar der Geschmack seines Fleischs an Beute erinnert, dann wird dieser Bär Menschen künftig als Nahrungsquelle betrachten und sie immer wieder töten.

Das Problem besteht darin, dass die Menschen mit jedem Fortschritt, den sie machen, den Wölfen ein Stück ihrer Welt nehmen. Wölfe verfügen über eine außergewöhnliche, von einer Generation zur nächsten weitervererbte Intelligenz, die ihnen sagt, wie, wo und wann sie jagen und was sie fressen sollen, und plötzlich stehen sie einer Menschheit gegenüber, die dieses Gleichgewicht durcheinandergebracht hat. Das natürliche Nahrungsangebot, von dem die Wölfe seit Jahrhunderten existiert haben, verschwindet, und stattdessen gibt es immer mehr Bauernhöfe mit Viehherden. Es ist unvermeidlich, dass sich die Wölfe vermehrt in der Nähe des Menschen aufhalten, wenn sie dort die einzige Nahrungsquelle finden, die ihnen noch bleibt.

Wir haben auf dieser Erde die Rolle des dominanten Geschöpfes übernommen, ohne jedoch die geringste Vorstellung davon zu haben, wie wir mit den untergeordneten Lebewesen umgehen sollen. Uns fehlt das Wissen, wie man das Gleichgewicht bewahrt, das alles reguliert – ein Wissen, über das Tiere von Natur aus verfügen. Ratten und Ungeziefer kommen in der Wildnis hervorragend zurecht. Sie ernähren sich von Aas, und das Nahrungsangebot bestimmt, wie viele ihrer Art es gibt. Die Natur erlaubt nicht, dass die Populationen außer Kontrolle geraten. Ermutigt man sie jedoch, in die Städte zu kommen, indem man Nahrungsreste in die Gosse wirft und an jeder Straßenecke überquellende Mülltonnen stehen lässt, dann ist es nicht überraschend, dass sie sich ungehemmt vermehren. Wenn wir anfangen würden, uns verantwortlich zu verhalten, dann würden es die uns untergeordneten Tiere ebenfalls tun.

Unser Leben ist außer Kontrolle geraten, und wir machen es uns zu bequem. Wir essen zu viel und das Falsche – Nahrungsmittel, deren Wert so gering ist, dass wir große Mengen davon verzehren müssen, um die nötige Energie zu bekommen. Die Indianer aßen früher nur hochwertige Nahrungsmittel in bescheidenen Mengen. Kaum einer von ihnen war übergewichtig, und sie zählten zu den stärksten, fittesten Menschen der Welt. Jetzt essen sie die Nahrung des weißen Mannes und werden genauso fett wie der Rest der Menschen in der westlichen Welt – und sie vergiften genauso ihren Körper. Der Anstieg der Krebserkrankungen bei ihnen ist zu hoch, um Zufall zu sein. Die Korbflechter, die immer noch auf traditionelle Weise arbeiten und das Schilfrohr durch den Mund ziehen, bekommen inzwischen Mundkrebs, und auch andere Krebsarten sind weit verbreitet.

Wir haben so viel von den Tieren zu lernen. Würden wir ihnen die nötige Aufmerksamkeit schenken, dann könnten sie uns beibringen, die Welt zu retten. Wir müssen wieder zu Hütern der wilden Tiere werden, etwas über ihre Welt lernen und die Wunden heilen, die wir der Natur zugefügt haben. Alles hat seinen Platz in dieser Welt, und wir können nicht so naiv sein zu glauben, dass wir uns selbst schützen können, wenn wir andere

Arten untergehen lassen. Die Indianer sind überzeugt, dass alles, was in der Wolfswelt geschieht, sich auch in unserer Welt abspielt und umgekehrt. Sie sagen: »Er und ich sind eins.« Wir müssen zusammenarbeiten, und dann kommt alles andere in Ordnung. In der Tierwelt existiert eine solche Zusammenarbeit; die Natur muss nicht grausam sein. Wölfe haben Rivalen, brauchen sie jedoch, damit die Beute in ihre Richtung getrieben wird. Und kein einziges Tier tötet zum Spaß. Ich habe beobachtet, wie Raubtiere und ihre Beutetiere friedlich nebeneinander an einem Wasserloch tranken. Es war so, als hätten sie einen Waffenstillstand vereinbart, damit niemand von ihnen zu einem Zeitpunkt trinken musste, wenn die Insekten ausschwärmten und ihnen allen das Leben schwer machten. Sie kooperierten so friedlich miteinander, dass ich jeden Moment erwartete, Noah würde mit seiner Arche um die Ecke biegen.

24

Die Rangordnung

Zu einem vollständigen Wolfsrudel – und einem, das sich natürlich ernährt – gehört immer ein Alpha-Paar in den besten Jahren, und normalerweise ist dieses Paar das einzige, das sich fortpflanzt. Diese beiden Wölfe treffen die Entscheidungen für das Wohlergehen der gesamten Familie. Außerdem gibt es einen Beta-Wolf oder Vollstrecker und einen Tester, der für die Qualitätskontrolle zuständig ist. Danach kommen die Tiere, die einen mittleren bis hohen und einen mittleren bis tiefen Rang einnehmen, sowie ein Omega-Wolf, dessen Aufgabe darin besteht, Kämpfe zu beenden und Spannungen innerhalb des Rudels aufzulösen. Heutzutage wird diese alphabetische Terminologie nicht mehr so häufig verwendet, weil man damit einen zu großen Unterschied zwischen dem höchsten und dem niedrigsten Rang suggeriert, den es so ausgeprägt in Wirklichkeit nicht gibt. Folglich bezeichnet man die Alphas heute oft als Entscheidungsträger. Diese Aufgabe wird ihnen zugeteilt, weil sie über die größte Erfahrung verfügen, aber sobald einer von ihnen versagt, wird er oder sie ersetzt – so wie es Daisy in Longleat ergangen ist. Lange Zeit haben die Menschen geglaubt, die Alphas seien die größten und wagemutigsten Tiere im Rudel, immer vorneweg, die dominant als Erste fressen und die anderen erst an die Beute lassen, wenn sie selbst satt sind. Im Zusammenleben mit ihnen ist mir klar geworden, dass diese Vorstellung völlig falsch ist. Die Alphas sind vielmehr die Denker, die intelligentesten und deshalb wertvollsten Tiere im Rudel.

Die meisten von uns werden nie mit Wölfen zusammenleben, aber sehr viele Menschen haben Hunde als Hausgenossen, und es ist durchaus nützlich, die Sozialstruktur der Wölfe auf die Hundewelt zu übertragen. Ich habe schon bei meiner Arbeit mit den Zwingerhunden der Armee festgestellt, dass die meisten Probleme, die wir mit dem »besten Freund des Menschen« haben, dadurch verursacht werden, dass wir die Ähnlichkeiten zwischen Wolf und Hund nicht verstehen. Der Unterschied in der DNA von Wölfen und Haushunden beträgt gerade mal 0,2 Prozent. Nach Jahrtausenden der Züchtung haben wir Hunde in allen nur erdenklichen Formen, Größen und Farben geschaffen – vom Bernhardiner bis zum Chihuahua und inzwischen sogar eine neue Rasse, die auch für Allergiker verträglich ist –, aber unter dem glänzenden Fell, den gestutzten Krallen und den uns bewundernd anblickenden braunen Augen gleichen diese Geschöpfe sehr stark ihren wölfischen Vorfahren. Natürlich sind sie domestiziert, doch sie gehorchen denselben grundlegenden Instinkten. Wie die Wölfe sind sie Rudeltiere, und wir nehmen sie aus ihrer angestammten Welt heraus und sind dann überrascht und verärgert, wenn sie nicht perfekt in unsere Welt passen. Das hat gewöhnlich damit zu tun, dass wir das falsche Tier kaufen, das nicht in unsere Lebenssituation passt, oder ihm das falsche Futter geben, das seine Fähigkeit sich einzufügen stört.

Oft denken die Leute, es sei gut, einen Alpha-Hund zu haben, weil sie annehmen, das Alpha-Tier sei dasjenige, das neugierig auf sie zukommt und sie begrüßt, wenn sie ihren Welpen aus einem Wurf auswählen. Aber das ist nicht der Fall. Die Alpha-Tiere bleiben im hinteren Teil des Zwingers, weil sie besonders darauf achten, sich zu schützen. Sie setzen sich niemals freiwillig einer Gefahr aus. Wenn eine Situation kritisch wird – wenn beispielsweise ein Bär um die Höhle marodiert, um die Wölfe zum Vergleich heranzuziehen –, dann mischen sich die Alpha-Tiere nicht ein, sondern sehen lieber zu, wie andere Rudelmitglieder getötet werden, ehe sie ihr eigenes Leben riskieren. Sie sind das für die Fortpflanzung ausersehene Paar, und die Weitergabe ihres Erbguts ist das, was letztlich zählt.

Wenn Sie einen Alpha-Welpen mit nach Hause nehmen, wird er sehr schnell und bereitwillig lernen, damit er eines Tages, wenn er die Zeit für gekommen hält, die Führung des Rudels übernehmen kann. Und auf diesen Tag wird er warten, auf ein Zeichen der Schwäche bei Ihnen, aus dem er dann schließt, dass Sie Ihren Job nicht länger bewältigen können. Das kann im Alter von sechs Monaten, neun Monaten oder zwei Jahren sein, und wenn Sie ihm nicht ständig einen Schritt voraus sind, dann wird Ihr niedlicher, fügsamer Hund sich in eine eigenwillige Kreatur verwandeln, die sich von Ihnen absolut nichts mehr sagen lässt.

Manchmal wird er einfach außerhalb des Hauses »auf Durchzug« schalten. Der Besitzer sagt dann: »Oh, zu Hause ist er ganz in Ordnung, aber sobald wir in den Park kommen, gehorcht er absolut nicht mehr.« Das hat damit zu tun, dass die Sinnesorgane des Hundes sehr viel effektiver sind als unsere. Er weiß genau, welche Hunde und Menschen im Park unterwegs sind, weil er weiter sehen und besser hören kann als wir und alles riecht, was während der letzten 24 Stunden auf dem Weg los war. Also übernimmt er die Kontrolle, denn er weiß, dass Sie nicht fähig sind, für Ihre und seine Sicherheit zu sorgen.

Das Beta-Tier, oder was wir heute eher als Vollstrecker bezeichnen, ist genau der Welpe, der neugierig und furchtlos auf Sie zukommt, wenn Sie sich den Wurf ansehen. Er ist derjenige, der die anderen diszipliniert, der »Rausschmeißer«, der Leibwächter; er ist pure Aggression. Er denkt nicht nach, sondern mischt sich unverzüglich ein. Er braucht nicht nachzudenken, denn das ist nicht seine Aufgabe. Die Entscheidungsträger tun das für ihn. Er hat das Rudel zu schützen und dafür zu sorgen, dass sich die Rudelmitglieder an die Regeln halten, kein Futter beanspruchen, das ihnen nicht zusteht, und die Rangordnung respektieren. Und wenn die Bedrohung von außen kommt, dann wird er sich ihr furchtlos stellen.

In einem Wolfsrudel erfüllt dieses Tier eine der wichtigsten Aufgaben, aber wenn Sie sich für einen solchen Welpen entscheiden, ohne zu wissen, worauf Sie sich einlassen, dann könnte das katastrophale Folgen haben. Sie und Ihr Hund haben vielleicht verschiedene Ansichten darüber, was eine Bedrohung ist. Das könnte ein anderer Hund im Park sein, ein Nachbar oder ein Kind, das zu Besuch kommt. Aus Ihrer Sicht ist das aggressive Verhalten des Hundes unerklärlich, aber er hat vielleicht etwas bemerkt, das Ihnen entgangen ist. Er könnte sich auch versucht fühlen, das im Haus durchzusetzen, was er für die Rudelregeln hält. Wenn er gelernt hat, dass er nicht auf dem Sofa liegen oder sich im ersten Stock aufhalten darf, dann stellen Ihre Kinder vielleicht fest, dass sie das jetzt ebenfalls nicht mehr dürfen. Und wenn der Hund ein Kind so diszipliniert, wie er es mit einem Artgenossen machen würde, dann kann das eine ernste Verletzung zur Folge haben, denn wir haben nicht das dicke Fell, das Hunde und Wölfe schützt. Ich mag gar nicht daran denken, wie viele Hunde nur deshalb zum Tod verurteilt worden sind, weil sie jemanden gebissen haben – von Menschen, die einfach das Rudelsystem nicht verstanden hatten und nicht wussten, wie sie mit diesem speziellen Hund hätten umgehen sollen.

Weiter gibt es den Tester im Rudel, der für die Qualitätskontrolle zuständig ist. Er hat einen mittleren bis hohen Rang, und seine Aufgabe besteht darin, dafür zu sorgen, dass alle anderen ihrer Rolle gerecht werden. Er muss sicherstellen, dass sie die Aufgaben erfüllen, die ihrer Position innerhalb des Rudels entsprechen, und wenn sie hinter den Erwartungen zurückbleiben, dann greift der Vollstrecker ein und diszipliniert sie. Falls seine Maßnahmen nicht die erwünschte Wirkung haben, das betreffende Tier an Autorität verliert und für das Rudel nicht mehr nützlich ist, wird der Beta-Wolf es ausstoßen. Als Hund kann der Tester zu einer echten Herausforderung werden, denn er wird Ihre Autorität täglich auf die Probe stellen, um sicher sein zu können, dass Sie es verdienen, derjenige zu sein, der die Entscheidungen für Sie beide trifft.

Tiere, die einen mittleren bis niederen Rang haben, sind von Natur aus nervös und misstrauisch. Ihre Aufgabe im Rudel besteht darin, nach Gefahren Ausschau zu halten. Sie laufen ständig in der Umgebung der Höhle herum oder halten ganz oben auf einem Hügel Wache, um das Alpha-Paar frühzeitig warnen zu können, falls die Sicherheit des Rudels in irgendeiner Weise bedroht sein sollte. Sie eignen sich hervorragend als Haushunde, denn sie haben nicht das Bedürfnis, irgendjemanden zu disziplinieren oder jemandem etwas beizubringen. Sie sind zufrieden, solange sie ihr Futter bekommen, und sie werden jedem gehorchen. Diese Tiere kommen nicht auf Sie zu, wenn Sie den Wurf anschauen, sondern verstecken sich in der hintersten Ecke; sie sind der gute alte britische »Underdog«. Probleme machen sie höchstens durch häufiges Bellen oder aggressives Verhalten, das auf Angst beruht, aber das lässt sich verhindern – genauso wie alle anderen Verhaltensweisen, die in einem Wolfsrudel nützlich sind, unter Menschen aber nur ein Ärgernis.

Es gibt im Rudel Rollen für Spezialisten: den Jäger, das Kindermädchen, das gewöhnlich zur Großelterngeneration gehört, und den Entschärfer. Alle drei stehen bei den anderen Rudelmitgliedern in hohem Ansehen. Der Jäger ist oft eine Wölfin, weil die weiblichen Tiere leichter und schneller sind als die männlichen. Wenn es sich bei der Beute allerdings um ein großes Tier wie einen Bison oder einen Elch handelt, dann jagt die Wölfin ihn zwar bis zur Erschöpfung, braucht jedoch die Hilfe eines Rüden, um ihn zur Strecke zu bringen. Deshalb wird oft ein Hinterhalt gelegt. Die Jäger verfolgen und töten zwar die Beute, aber sie entscheiden nicht, welches Tier das Opfer sein soll – das ist die Aufgabe der Alpha-Wölfin. Sie rennt gemeinsam mit den Jägern und isoliert das Tier, das sie ausgewählt hat, von der Herde. Erst dann kommen die Jäger zum Zug und erlegen die Beute. Welches Tier die Alpha-Wölfin auswählt, hängt von der Jahreszeit und den jeweiligen Nährstoffbedürfnissen des Rudels ab. Bei Hunden ist der Jäger gewöhnlich ein drahtiger Typ, schlank und muskulös, schnell auf den Beinen und immer hungrig – und er ist derjenige, der auf jede Bewegung reagiert, Vögel jagt und hinter Blättern und Federn herspringt.

Kindermädchen werden von der Alpha-Wölfin ausgewählt, um deren Welpen zu versorgen, und dabei handelt es sich gewöhnlich um Wölfe, die in ihren jüngeren Jahren selbst Alpha-Tiere waren. Sie können männlich oder weiblich sein, aber meist handelt es sich um Wölfinnen, die fünf bis sechs Wochen nach der Geburt der Jungen deren Versorgung übernehmen, damit die Mutter wieder ihre Aufgaben im Rudel erfüllen kann. Das Kindermädchen bewacht die Welpen, diszipliniert sie und füttert sie – anfangs durch das Auswürgen vorverdauter Nahrung –, bringt ihnen bei, ihr Futter zu verteidigen, zu jagen und sich dem Rest des Rudels gegenüber angemessen zu verhalten.

Die Rolle des Entschärfers oder Omega-Wolfs besteht darin, das Rudel im Gleichgewicht zu halten und als Prellbock für überschüssige Energien und Aggressionen der anderen Rudelmitglieder zu dienen. Wölfe kämpfen häufig und oft heftig miteinander, besonders beim Fressen und während der Ranzzeit – wie ich es selbst schmerzlich in Idaho erlebt habe –, wenn die Spannung innerhalb des Rudels hoch ist und alle extrem nervös reagieren. Das ist ihre Art, die Rangordnung in Frage zu stellen und eventuell neu festzulegen. Der Entschärfer wirft sich mitten ins Gedränge und bekommt das Meiste ab, doch verliert er dabei nie seine Besonnenheit, zeigt niemals selbst Aggression und sorgt dafür, dass sich am Ende alle wieder beruhigen. Allerdings wird ihm sein Einsatz selten gedankt; er ist stets der Letzte, der fressen darf, und er hat die wenigsten Privilegien, aber seine Rolle ist wesentlich für das Wohlbefinden des Rudels. Wenn es in unserer Welt einen Hundekampf im Park gibt, dann wird der Entschärfer sich unverzüglich ins Getümmel stürzen, vielleicht eine Menge Lärm machen, aber früher oder später den Kampf tatsächlich beenden.

Zu wissen, wo das Tier, mit dem man sein Heim teilt, in der natürlichen Rangordnung steht, ist eine wichtige Voraussetzung für ein gedeihliches Zusammenleben, aber es kommt immer auch darauf an, wie man mit diesem bestimmten Hund umgeht und ihn erzieht. Die meisten Trainer und Verhaltensforscher gründen ihre Methoden auf das, was wir über das Wolfsverhalten wissen, und sie bestreiten nicht die Bedeutung des Rudels. Dagegen habe ich natürlich nichts einzuwenden, aber wie schon erwähnt, muss man mit den Wölfen leben, um wirklich zu verstehen, was im Rudel vorgeht. Wölfe nur aus der Ferne zu beobachten kann leicht zu falschen Schlussfolgerungen führen, und ich glaube, das ist in vielen Fällen geschehen. Man hat den Hundebesitzern beigebracht, sie müssten die Rolle des Alpha-Tiers übernehmen, und obwohl wir alle im Fernsehen miterlebt haben, welche wunderbaren Erfolge dadurch bei Problemhunden möglich sind, funktioniert dieses Verfahren nicht immer, und es ist auch nicht immer eine langfristige Lösung für die jeweiligen Hundebesitzer.

Ich will die Anhänger der Hundeverhaltensforschung nicht abwerten, aber ich bin leidenschaftlich davon überzeugt, dass es wichtig ist, das Wolfsverhalten ganz genau nachzuahmen, und dass nicht jeder Hund damit zurechtkommt, wenn sein Besitzer die Rolle des Alpha-Tieres übernimmt.

25

Zurück zu den Grundlagen

Früher haben Wissenschaftler immer argumentiert, man könne und dürfe keine Vergleiche zwischen Wölfen und Haushunden ziehen. Angesichts meiner persönlichen Erfahrungen mit beiden möchte ich dieser Ansicht nachdrücklich widersprechen. Ich bin fest davon überzeugt, dass alles, was ich über Wölfe entdeckt habe, nicht nur wichtig, sondern lebenswichtig ist, wenn es um den Wolf in unserem Wohnzimmer geht.

Falls Sie eins dieser nervösen niederrangigen Tiere haben, das sich in der Ecke versteckt und unser Herz berührt – die Art, auf die die meisten von uns hereinfallen –, und wenn Sie sich bei diesem Hund wie ein Alpha oder gar ein Beta verhalten, dann werden Sie ihn zerstören. Er wird sich unterwürfig auf den Rücken rollen, denn in seiner Welt ist ein Alpha-Tier meilenweit von seinem eigenen Rang entfernt. Er wird vom Rudel als das, was er ist, geschätzt, aber in der Wildnis gibt es zwischen seiner Art und den Alphas keine Verbindung. Es wäre so, als würde man den Präsidenten und einen Schuhputzer bitten, gemeinsam in einem Haus zu wohnen. Nehmen Sie einen solchen Welpen nicht mit, nur weil er Ihnen leid tut, sondern denken Sie gut darüber nach, wo und wie Sie leben, denn dieses Tier wird natürlich viel bellen, weil seine Aufgabe im Rudel darin besteht, jeden auf eine mögliche Gefahr aufmerksam zu machen. Wenn Sie also mitten in der Stadt wohnen, wird der Hund rund um die Uhr bellen und Sie und die gesamte Nachbarschaft damit verrückt machen. Sofern Sie ihn nicht davon überzeugen können, dass Sie wissen, was los ist, wird er Ihnen jede Bewegung melden, die es im Umkreis von fünf Kilometern um Ihr Haus gibt – in einer ebenen Landschaft, wenn der Wind aus der richtigen Richtung kommt, können es bis zu 15 Kilometern sein.

Es ist nicht unmöglich, aus einem solchen Tier einen entspannten Stadthund zu machen, aber das hängt ganz davon ab, wie Sie ihn erziehen und mit ihm umgehen, sobald Sie sich für ihn entschieden haben. Idealerweise sollten Sie ihn im Sommer holen, bei gutem Wetter, wenn die Abende lang sind und die Luft sauber ist. Nehmen Sie ihn so viel wie möglich mit nach draußen, und gehen Sie so weit wie möglich mit ihm, lassen Sie ihn alles sehen und riechen und hören, halten Sie ihn nah bei sich, beruhigen Sie ihn, sobald ihn irgendetwas nervös zu machen scheint. Am besten streicheln Sie ihn dazu in langen Strichen über den Rücken und atmen tief dabei – auf diese Weise hätte seine Mutter ihn auch beruhigt. Lassen Sie ihn erleben, dass es draußen nichts gibt, was er zu fürchten hätte – das wird ihn beruhigen. Vertraute Geräusche sind für einen Hund oder auch einen Wolf oder einen Menschen nicht alarmierend. Hunde bellen bei Geräuschen, die sie noch nie gehört haben, und wenn Sie sich mit einem jungen Hund nicht die Mühe machen, ihn an alles zu gewöhnen, dann wird er Ihnen melden, was Sie selbst gar nicht hören können: dass beispielsweise in der acht Kilometer entfernten Fabrik eine Alarmsirene ausgelöst wurde und die ganze Nacht schrillt.

Versuchen Sie nicht, Ihren Hund mit Brüllen und Schreien zu erziehen. Sie verschwenden Ihre Energie und feuern ihn lediglich weiter an, weil er meint, dass Sie ihn mit Ihrem Bellen unterstützen wollen. Hunde können nur Klang und Tonhöhe unterscheiden – das entspricht ungefähr dem, was wir hören, wenn wir gegen eine volle, eine halb volle oder eine leere Tasse schlagen. Und sie können nur die Kommandos verstehen, die wir ihnen beigebracht haben. Dabei muss es sich um kurze Worte handeln wie *Sitz!*, *Bleib!*, *Platz!*, *Komm!*, *Aus!* und *Still!*, und sie müssen in einem Befehlston gesprochen werden, wobei Sie nicht vergessen dürfen, dass Tonfall und Tonhöhe über eine gewisse Entfernung durch Wind und Wetter verzerrt werden können. Wenn Ihr Hund also anfängt zu bellen, dann sagen Sie mit deutlicher Schärfe: »Still!«, und er wird verstehen, dass er aufhören soll. Wenn Sie dagegen wollen, dass er etwas weitermacht, beispielsweise näher auf Sie zukommt, dann lassen Sie Ihre Stimme sanft auslaufen. Wenn der Hund etwas richtig gemacht hat, erhält er jedes Mal eine Belohnung. Das Kommando bestätigt ihm, dass Sie das Geräusch hören können, dass Sie wissen, was passiert, und die Entscheidung darüber treffen, was zu tun ist. Er wird die Verantwortung dafür nur zu gerne an Sie abgeben, denn es ist nicht seine Aufgabe, Entscheidungen zu treffen, und er legt auch gar keinen Wert darauf.

Aber zunächst müssen Sie herausfinden, warum Ihr Hund bellt. Manchmal müssen Sie vielleicht gewarnt werden, weil sich ein Fremder nähert oder etwas Ungewöhnliches auf der anderen Straßenseite passiert. Die Zeiten, wo man dachte, ein Bellen ist ein Bellen ist ein Bellen, sind lange vorbei. Hunde haben genau wie Wölfe eine komplexe Sprache, ihr Bellen sagt Verschiedenes aus, und es kann so einen durchdringenden Ton haben, dass man es kilometerweit hört. Nehmen wir an, Sie haben ein Haus mit Garten, und der Hund betrachtet beides als sein Revier. Wenn er sich im Haus befindet und jemanden kommen hört, dann lässt er ein tiefes Knurren hören, gefolgt von einem einzelnen kurzen Bellen und einem weiteren Knurren. Er sagt Ihnen, dass jemand draußen ist, aber noch in einiger Entfernung, so dass es keinen Grund zur Panik gibt. Wenn die Person näher kommt, meldet er das, indem er dreimal bellt und anschließend ein langgezogenes Knurren von sich gibt. Wenn Sie jetzt nichts unternehmen, während die fremde Person in die Einfahrt kommt und damit die Reviergrenze überschreitet, bekommen Sie eine volle Salve aus dem Maschinengewehr zu hören. Wenn Sie jedoch vor diesem letzten Stadium aufstehen, ans Fenster gehen, um zu sehen, wer da kommt, und dem Hund das entsprechende Kommando geben, wird er sich entspannen. Den Hund während seiner ersten sechs Lebensmonate auf diese Weise zu erziehen ist die Voraussetzung für ein glückliches gemeinsames Leben.

Aber viele Leute bekommen ihre Hunde natürlich nicht als Welpen. Es werden mehr Hunde aus dem Tierheim geholt als von Züchtern gekauft, und viele sind vorher misshandelt worden. Wir erfahren ihre traurige Geschichte, dass sie angekettet, geschlagen und nicht ausreichend gefüttert wurden, reagieren emotional und möchten ihnen nur zu gerne zu einem besseren Leben verhelfen. Doch sobald ein solches Tier dann auf den Teppich pinkelt oder sich auf andere Weise danebenbenimmt, ist es mit dem besseren Leben vorbei. Wir führen dieses Verhalten auf seine Vergangenheit zurück und begeben uns schnurstracks wieder an jenen dunklen Ort, dem der Hund so verzweifelt entkommen wollte, doch gewöhnlich zerren wir ihn mit uns. Menschen schauen stets zurück; Hunde leben dagegen wie Wölfe in der Gegenwart. Der Hund denkt: neues Rudel, neue Regeln, neuer Anführer, ich bin glücklich. Und ich kann das Sprichwort: »Du kannst einem alten Hund keine neuen Tricks beibringen!« nicht bestätigen; es ist möglich, wenn man sich mit dem Hund wieder in die Phase seines Lebens zurückbegibt, in der er für Erziehung am empfänglichsten war.

Hunde entwickeln sich wie Wölfe in kleinen Kreisen. Der erste Kreis befindet sich in der Höhle und in deren nächster Umgebung, und während der Welpe gesäugt wird, lernt er die grundlegenden Prinzipien von seiner Mutter – er nimmt ihre beruhigenden Signale wahr, entdeckt das Belohnungssystem, lernt, wo er in der Rudelhierarchie steht und wie er mit seinen Geschwistern umzugehen hat. Wenn er im Alter von fünf Wochen in die Welt hinausstolpert und sich nicht mehr nur von Muttermilch, sondern auch von vorverdautem Fleisch ernährt, erweitert sich der Kreis, und er beginnt zu lernen, wie er sich gegenüber den anderen Rudelmitgliedern verhalten muss, wie er sein Futter zu verteidigen hat und was er tun und wohin er flüchten muss, wenn Gefahr droht. Im Laufe der folgenden Monate werden die Kreise immer größer, bis der junge Wolf im Alter von neun Monaten über alle

Fähigkeiten verfügt, die er im Umgang mit Artgenossen und zum Überleben braucht.

Wie schon erwähnt, spielt die Ernährung bei den Wölfen eine wichtige Rolle und kann die Verhaltensmuster eines ganzen Rudels grundlegend ändern – das Fischexperiment war ein Beweis dafür. Die Alpha-Wölfin weiß das. Bevor sie ihre Welpen dem Rest des Rudels vorstellt, sorgt sie dafür, dass die erwachsenen Tiere ein niedriges Energieniveau haben. Ihre Nahrung besteht in dieser Zeit nur aus älteren Tieren oder aus Kälbern, die noch von der Mutter gesäugt werden, weil der Milchanteil in ihrem Magen eine beruhigende Wirkung auf alle hat. Die erwachsenen Wölfe werden dadurch friedfertig, freundlich und nachsichtig, fast so, als wären sie selbst überdimensionale Welpen. Die Aggressionen und die Kämpfe, die normalerweise bei den Mahlzeiten vorherrschen, verschwinden und weichen einer außergewöhnlichen Duldsamkeit. Wenn man die Tiere in diesem Zustand beobachtet, fällt es einem nicht schwer, die Mythen und Legenden zu glauben, in denen berichtet wird, dass Wölfe Menschenkinder gesäugt und adoptiert haben. Eine säugende Wölfin, deren Welpen nicht überlebt haben, könnte durchaus dazu bereit sein.

Um also einen erwachsenen Hund umzuerziehen, sollte man ihn mit den Dingen füttern, die er während seiner ersten Lebensmonate bekommen hat: einer Mischung aus Milch und Hackfleisch, die dem vorverdauten Futter jener Zeit des intensiven Lernens ähnlich wäre. Nach einigen Monaten dieser Diät sollte er ruhig, gefügig und wieder lernbereit geworden sein, so dass Sie ihn nun mehr oder weniger wie einen Welpen erziehen können – mit vielen Belohnungen und wenigen Strafen. Gewalt sollte man aus meiner Sicht bei Hunden nie anwenden, weil sie nicht funktioniert; nach einem Hund zu treten, wird ihn wahrscheinlich nur zum Angriff reizen, weil sich Beutetiere auf diese Weise verteidigen, wenn sie gejagt werden.

Am besten lässt sich ein Hund durch Beispiele erziehen, und die wirksamste Bestrafung ist der Entzug von Wärme. Auf diese Weise lernen Hunde und Wölfe in ihrer eigenen Welt – zur Strafe stößt die Mutter sie von der Sicherheit ihres warmen Körpers weg.

Man kann kaum genug betonen, wie wichtig die Art der Ernährung für die Struktur des Rudels ist. Bei Wölfen lassen sich drei Arten von Nahrung unterscheiden: erstens das, was für ihre grundlegende Fitness und Gesundheit nötig ist; zweitens Überlebensnahrung, wozu Fleisch mit einem hohen Fettanteil gehört, das sie bei ungünstigem Wetter warm hält, und drittens Gemeinschaftsnahrung, die dazu beiträgt, die Rudelstruktur zu bewahren.

Um seinen Status zu sichern, braucht das Alpha-Paar einen sehr hohen Anteil an Innereien und eine gewisse Menge Muskelfleisch von den Läufen oder dem Rumpf der Beutetiere. Dazu kommt noch ein wenig pflanzliche Nahrung, die der Gesunderhaltung dient, und weil die Beutetiere stets Pflanzenfresser sind, stammt dieser Teil aus ihrem Mageninhalt. Die Beta-Tiere, die Vollstrecker, fressen ausschließlich Muskelfleisch von Läufen und Rumpf sowie etwas pflanzliche Nahrung. Der Tester, der einen mittleren bis hohen Rang einnimmt, frisst einen großen Anteil Fleisch vom Hals und Rücken des Beutetieres und etwa 25 Prozent des Mageninhalts. Die mittleren Ränge bekommen je zur Hälfte Fleisch und Mageninhalt, und die mittleren bis niederen Ränge ernähren sich zu 75 Prozent von Mageninhalt und 25 Prozent Fleisch.

Für die Hunde, die in unserer Welt leben, bedeutet das: Wir haben ihr natürliches Gleichgewicht durcheinandergebracht. Ungeachtet ihres Ranges bekommen sie alle dasselbe Futter – meist alles gemischt in Form von Trockenfutter oder als Dosenfutter mit Getreidezusatz (kein Hund in der Wildnis hat jemals Weizen gefressen) – damit heben wir die natürliche Rangordnung auf und machen es für die Tiere schwer, ihren eigenen Platz im Sozialgefüge zu finden. Zusätzlich verschärfen wir das Problem durch unsere Erziehung, indem wir beispielsweise einem dominanten Hund befehlen, sich im Park vor niederrangigen Tieren zu setzen oder zu legen.

Mit unserem Wunsch nach optisch vollkommenen Tieren haben wir außerdem körperliche Merkmale entfernt, die den Tieren in der Wildnis dazu dienen, miteinander zu kommunizieren. So haben wir beispielsweise Hunde mit platten Schnauzen gezüchtet, die nicht mehr auf die Weise diszipliniert werden können, wie es unter ihren Artgenossen seit Jahrtausenden üblich war. Wir haben heute Hunde mit langen, hängenden Ohren, denen ebenfalls eine lebenswichtige Kommunikationsmöglichkeit mit ihren Artgenossen fehlt. Und erst kürzlich ist es verboten worden, bestimmten Rassen den Schwanz zu kupieren und sie dadurch der Fähigkeit zu berauben, durch Schwanzwedeln Duftmarken abzugeben, die unter Hunden ebenfalls ein wichtiger Teil gegenseitiger Verständigung sind.

26
Vom Wert der Familie

Nachdem Cheyenne gestorben war, hielt ich ihre drei kleinen Brüder einige Monate im Schuppen, und während dieser Zeit bekamen sie zusätzlich zur Milch allmählich auch fein gehacktes Fleisch – ich tat mein Bestes, etwas herzustellen, das ungefähr dem entsprach, was ihre Mutter für sie ausgewürgt hätte. Sie schleckten das auf, und sehr bald fraßen sie nur noch Hackfleisch, später dann auch Hühnerflügel, die sie unverzüglich knurrend und mit gebleckten Zähnen gegeneinander verteidigten. Ungefähr um diese Zeit wurde mir klar, dass sie mehr Platz brauchten, aber ich konnte sie auf keinen Fall zu Shadow und Pale Face stecken, und so legte ich mit der Hilfe von sechs Freiwilligen ein neues Gehege an, ungefähr 2000 Quadratmeter groß, in der Nähe meines Wohnwagens an der höchsten Stelle des Parks. Hier lebten nun die beiden älteren Rüden, während die drei Welpen in das untere Gehege kamen, wo sie geboren worden waren, und ich zog mit ihnen dort ein.

Plötzlich war ich für alles verantwortlich. In der Wildnis hätten sich andere um die Sicherheit der Welpen gekümmert, während die Rolle des Kindermädchens nur darin bestanden hätte, sie zu erziehen und auf sie zu achten. Nun musste ich dafür sorgen, dass sie es warm genug hatten, dass sie in Sicherheit und satt waren, und ich musste sie abends in die Höhle bringen. Alles, was die ausgewachsenen Rudelmitglieder gewöhnlich taten, war nun meine Aufgabe, doch ich war dafür nicht annähernd so gut ausgestattet wie ein erwachsener Wolf. Aber es schien zu funktionieren, und wenn ich mich abends in die Höhle begab, dann folgten sie mir. Allerdings kamen mir bezüglich ihrer Erziehung viele Ideen, die ich damals für gut hielt, später jedoch gründlich bereute. Ein Problem war beispielsweise der gute Tamaska, ein Beta-Wolf, groß und kräftig, der nichts zu fürchten schien, immer auf alles zuging und ein Fels unter den Wölfen war – doch jedes Gewitter versetzte ihn in Angst und Schrecken. Als kleiner Welpe geriet er beim ersten Anzeichen in Panik, schrie wie ein großes Baby und kam zu mir gerannt. Damals hausten wir noch im Schuppen, lange bevor wir ins Gehege zogen, und ich nahm ihn dann immer auf den Arm. Er brauchte Wärme, und ich hielt ihn in meinen Armen oder legte ihn mir wie einen Schal um den Hals, und meine Körperwärme an seinem Bauch beruhigte ihn dann. Anschließend hangelte er sich wieder nach unten und versuchte an irgendetwas zu saugen wie ein Baby an einem Schnuller. Normalerweise war das meine Nasenspitze, die an eine Zitze erinnerte, und er nuckelte 15 bis 20 Minuten daran, bis er schließlich einschlief und ich ihn wieder zu den anderen Welpen legen konnte.

Wenn ein kleines, flauschiges Fellbündel im Alter von drei oder vier Wochen einem an der Nasenspitze herumnuckelt, dann ist das ungeheuer niedlich, und alle betrachteten die Szene ganz verzückt. Doch als ihr erster und wichtigster Lehrer stellte ich fest, dass die Welpen alles, was ich ihnen beibrachte, mit ins Erwachsenenalter nahmen. Und so sitzt Tamaska auch heute noch, als ausgewachsener Wolf mit einem Gewicht von rund 60 Kilo, bei Gewitter auf meinem Schoß unter einem Baum und nuckelt an meiner Nase. Und da seine Schnauze dafür inzwischen zu groß ist, hält er meine Nase heutzutage einfach mit den Schneidezähnen fest. Ich rate deshalb jedem Hundebesitzer, sich gut zu überlegen, was er seinem jungen Hund beibringen will.

Und noch etwas hätte ich – im Nachhinein betrachtet – besser nicht tun sollen: Als die Welpen klein waren, habe ich sie nach dem Füttern gewöhnlich in die Höhle gebracht, um sie dort warm zu halten. Mit ungefähr sechs Monaten waren sie dann schon ziemlich groß, schienen besser mit dem Wetter zurechtzukommen und bevorzugten es, unter einem Baum zu liegen. Nur wenn es vier oder fünf Tage am Stück regnete und wir alle nass bis auf die Haut waren, suchten wir Schutz in der Höhle, um wieder trocken zu werden und uns zu wärmen. Dabei hatte jeder seinen Stammplatz. Matsi, Yana und ich kuschelten uns im hinteren Teil der Höhle zusammen, während Tamaska, der größte, im Eingang lag, Kopf und Schultern an der frischen Luft und sein Hinterteil uns zugekehrt. Solange er klein war, ging das gut, aber als er heranwuchs und immer mehr rohes Fleisch fraß, bekam er starke Blähungen. Im hinteren Teil der Höhle war ohnehin nur wenig Luft, und wenn es ihn packte, dann furzte er jede Viertelstunde, und der Gestank war bestialisch. Wir mussten entscheiden, welches das kleinere Übel war: Entweder wir blieben draußen im Kalten und Nassen, oder wir zogen uns in die warme, trockene Höhle zurück und riskierten damit, uns Tamaskas Abgasen auszusetzen. Manchmal war es so schlimm, dass sogar er selbst sich hastig umdrehte und schnüffelte, als wolle er sagen: »Meine Güte, wer war das denn?«

Wenn ich mich festlegen müsste, wer von den dreien mir der Liebste war, dann würde ich mich für Tamaska entscheiden, denn er war ein ganz besonderer Typ. Aber sie waren alle meine Familie, und so versuchte ich, meine Liebe gleichmäßig zu verteilen. Ich spielte dabei eine sehr merkwürdige Rolle. Ich war da, um ihnen allen beizubringen, was sie als erwachsene Wölfe wissen und können mussten, aber ich war nie ihr Anführer; das war das Ungewöhnliche bei diesem Experiment. Das einzige Rudelmitglied, das rangmäßig jemals unter mir stand, war Matsi, der zu diesen argwöhnischen, scheuen kleinen Tieren gehörte, aber die anderen beiden musste ich so aufbauen, dass sie in der Rangordnung über mir standen. Ich versuchte, ihnen ein Beispiel zu geben, und hoffte, wenn für sie die Zeit kam, eine Führungsrolle zu übernehmen, würden sie sich daran erinnern und das besonnene Tier sein, das ich selbst zu sein versucht hatte. Ich züchtigte sie nicht körperlich, sondern zeigte ihnen einfach, welches Verhalten ich von ihnen erwartete. Wenn ich sie ausnahmsweise einmal disziplinieren musste, dann verweigerte ich ihnen Wärme, Nahrung oder Wasser, denn auf diese Weise werden auch wild lebende Wölfe gemaßregelt. Alles, was ich tat, war darauf ausgerichtet, sie zu wilden statt zu halb-domestizierten Wölfen zu erziehen. Wenn ich ihnen meine Stärke zeigen musste, dann tat ich das im Spiel, und wenn ich gelegentlich wütend auf sie war, dann ging ich einfach weg und legte mich auf den Boden. Ich wollte nicht, dass mein Unterricht durch meine Aggressionen gestört wurde.

Ich brachte den Welpen bei, ihr Futter zu verteidigen, und machte ihnen klar, dass jeder von ihnen ein Anrecht auf bestimmte Teile des Kadavers hatte. Sie zeigten schon im Alter von sechs Wochen Verhaltensweisen, die auf ihren späteren Rang hindeuteten, und als ich um diese Zeit anfing, sie mit Kaninchen zu füttern, erhielt jeder seine Portionen entsprechend den Eigenschaften, die er erkennen ließ. Matsi hatte den niedrigsten Rang und bekam den Mageninhalt. Tamaska würde eindeutig ein Beta-Tier werden, ein Schlägertyp, und bekam deshalb das Muskelfleisch von Rumpf und Läufen. Und Yana, der zweifellos intelligent war, erhielt die inneren Organe. Wenn ich einen nicht zerlegten Kadaver brachte, sorgte ich nach Möglichkeit dafür, dass Yana Zugang zum Brustkorb bekam, damit er Herz, Leber und Nieren fressen konnte, während ich Tamaskas Interesse auf Rumpf und Schultern zu lenken versuchte, aber er war so gierig, dass er sich auf alles stürzte, was er zwischen die Zähne bekam, und ich musste häufig Kämpfe mit ihm austragen. In solchen Situationen musste ich versuchen, ihn einzuschüchtern, indem ich knurrte und mit hochgezogenen Lippen die Zähne – meine Waffen – und die dazwischen hervorragende Zunge sehen ließ, so wie die Wölfe selbst es auch tun. Wenn das nicht funktionierte, schnappte ich nach seinen Lefzen, um ihn auf diese Weise dazu zu bringen, dass er von den Teilen abließ, die ihm nicht zustanden. Mit allem, was ich tat, imitierte ich, was ich bei den wild lebenden Wölfen gesehen hatte. Oft genug passierte es dann, dass Tamaska mit dem ihm zugewiesenen Futter nicht zufrieden war und sich mit mir anlegte. Meine Nase und meine Lippen waren von winzigen Löchern durchsiebt, die seine nadelscharfen Zähne dort hinterlassen hatten, und mehrfach riss er mir sogar mit seinen Backenzähnen Hautstücke von der Nase. Einmal schaffte er es, meinen gesamten Unterkiefer in seine Schnauze zu bekommen. Seine unteren Zähne hatten mich unter dem Kinn gepackt, während er seine oberen Schneidezähne in das weiche Gewebe unter meiner Zunge grub. Wir knurrten uns zähnefletschend an, und ich hatte ihn gleichzeitig am Genick gepackt. Es war eine echte Rauferei und ein Kampf um die Vorherrschaft. Wäre er nur etwas älter gewesen, hätte ich keine Chance gehabt, aber für diese kurze Zeit seines Lebens hatte ich als sein Kindermädchen den höheren Rang, und er musste lernen, sich unterzuordnen. Ich habe oft scherzhaft erklärt, Tamaska und ich hätten so viele Kämpfe ausgetragen, dass man meinen könnte, wir wären verheiratet.

Eine weitere wichtige Lektion bestand darin zu verhindern, dass sie sich bei ihren spielerischen Kämpfen nicht gegenseitig ernsthaft verletzten. Mit ihrem Gewicht, ihrer Kraft und dem Druck ihrer Kiefer müssen Wölfe sehr vorsichtig umgehen, damit sie nicht versehentlich ein Mitglied ihres eigenen Rudels töten. Sobald einem von ihnen Schmerzen zugefügt werden, lässt er ein schrilles Jaulen hören, und ein umsichtiges Tier wird dann sofort loslassen – ich kann mich dafür verbürgen, dass sie das wirklich tun, denn die menschliche Haut ist einem Wolf nicht gewachsen, und so musste ich oft auf diese Weise protestieren. Den Welpen hatte ich nun beizubringen, dass sie genauso reagieren mussten, aber es ist mir sehr schwergefallen, ihnen wirklich weh zu tun. Möglich war das überhaupt nur, wenn ich sie ins Ohr oder in die Lefzen biss. Also kämpften wir spielerisch miteinander, und dann kniff ich sie gerade fest genug, dass es weh tat, und sobald sie aufjaulten, ließ ich los, drehte sie auf den Rücken, so dass sie mir ihre verletzliche Unterseite präsentierten, und hielt dann meinen Mund in der klassischen Wolfspose über ihren Hals, um zu dokumentieren, dass ich vertrauenswürdig war.

Umsicht und Besonnenheit mussten die jungen Wölfe ebenfalls lernen, und ich brachte sie ihnen mit Spielen bei, in denen wir das Jagdverhalten imitierten. Hunde nehmen eine so genannte Spielhaltung ein; wenn Wölfe sich auf dieselbe Weise ducken, bezeichnen wir das als Beutehaltung, weil sie aus einer solchen Position heraus zwei Meter weit in jede beliebige Richtung springen können. Viele unserer Spiele begannen mit der geduckten Beutehaltung, aus der die Welpen dann von einer Seite zur anderen sprangen und sich gegenseitig hin und her jagten. Wenn es so aussah, als würde die wilde Hatz zu heftig werden, nahm ich wieder die geduckte Haltung ein, und alle hielten inne und kamen zur Ruhe. Wenn ich sicher sein konnte, dass niemand ernsthaft Schaden genommen hatte, ging das Spiel weiter. Ich versuchte den Welpen beizubringen, wie sie unvermittelt von sehr hoher Energie auf niedrige umschalten konnten, damit sie bei ihren Spielen nie in wirkliche Gefahr kamen. Sie durften zum Schein miteinander kämpfen, aber sie durften sich als Mitglieder einer Familie niemals gegenseitig verletzen.

Bei diesen Spielen, Scheinkämpfen und Scheinjagden entdeckte ich, dass die Intensität unserer gemeinsamen

Aktivitäten unsere Adrenalin- und Pheromonspiegel in die Höhe trieben, was den jeweils daran beteiligten Tieren – und mir – einen Vorteil gegenüber anderen Rudelmitgliedern verschaffte. Wenn ich Tamaska nicht bewegen konnte, einen Kadaver aufzugeben, brauchte ich nur zehn Minuten lang einen Scheinkampf mit Matsi auszutragen, und wenn ich dann zu Tamaska zurückkehrte, verzog er sich, ohne dass ich noch viel Mühe aufwenden musste, weil mein Blut in Wallung war und er die Veränderung riechen konnte.

Selbstschutz war ebenfalls eine sehr wichtige Lektion. Die Welpen mussten lernen, eine bestimmte Körperhaltung angemessen zu interpretieren, sich durch ihre Stimme miteinander zu verständigen und sich selbst zu schützen. Jeder hohe Ton, den ein Wolf von sich gibt, ist eine Aufforderung. Wenn also irgendwo eine Gefahr lauerte und ich wollte, dass die Welpen zu mir kamen, dann konnte ich sie mit einem schrillen Winseln rufen, und wenn sie bei mir waren, beruhigte ich sie in einer tieferen Stimmlage. Es gab noch ein weiteres Geräusch, das auf eine Gefahr aufmerksam machte, die vom Boden oder aus der Luft kommen konnte. Wenn ein Bussard oder ein Hubschrauber oder ein Flugzeug am Himmel auftauchte, gab ich ein kurzes, abgehacktes »Wuff-wuff« von mir, und sie kamen sofort angerannt, um Schutz bei mir zu suchen. Jeder tiefe Ton wirkt abschreckend, so dass ein tiefes, kehliges Knurren aus der Nähe als Warnung zu verstehen ist, und wie ich von den wilden Wölfen gelernt habe, sagen einem dann ihr Waffenarsenal – die gebleckten Zähne – und ihre Körperhaltung, wie die Situation einzuschätzen ist. Wölfe machen ihre unterschiedliche Rangordnung unter anderem dadurch deutlich, in welcher Höhe sie ihre Zähne präsentieren. Ein hochrangiges Tier hält seine Zähne hoch und erwartet von den Angehörigen niederer Ränge, dass sie ihre Zähne bei der Begrüßung tiefer halten, wobei die Höhendifferenz dem Rangunterschied entsprechen muss. Wenn das niederrangige Tier keinen angemessenen Respekt zeigt, knurrt der dominante Wolf. Dasselbe passiert, wenn sich Hunde im Park treffen. Sie haben sehr schnell eine Rangordnung festgelegt, und wenn die gegenseitigen Respektbezeugungen nicht angemessen sind, schnappen sie und blecken die Zähne, und gelegentlich kommt es auch zu Kämpfen. Wenn der niederrangige Wolf sich weigert, seine Waffen zu senken, wird das Knurren intensiver, bis der dominante schließlich neben das Gesicht des anderen schnappt. Das ist die letzte Warnung, bevor er sich auf ihn stürzt und ihn mit der Schnauze zu Boden drückt, wobei er die ganze Zeit knurrt. Dann lässt er ihn wieder los, bleibt in einem gewissen Abstand stehen und knurrt erneut. Spätestens jetzt sollte der niederrangige Wolf sich ducken und seine Unterwerfung demonstrieren.

Ganz ähnlich ist das Verhalten, wenn es ums Futter geht. Erwachsene Wölfe zeigen ihre Besitzansprüche durch die Stellung der Ohren. Wenn ein Außenstehender fressende Wölfe beobachtet, hat er den Eindruck, auf die Zähne achten zu müssen. Aber das stimmt nicht; es sind die Ohren. Sie sagen einem genau, was man haben darf und was nicht. Wenn ein Tier über einem Kadaver steht und die Ohren wie Flügel seitlich von seinem Kopf abstehen, dann zeigt es damit, dass es einen höheren Rang hat, dass dieses Stück Fleisch ihm gehört und dass man besser nicht näher kommen sollte. Wagt man das trotzdem, wird der Wolf knurren, die Zähne blecken und die Zunge dazwischen vorstrecken. Das Knurren wird allmählich intensiver, er schnappt als letzte Warnung und stürzt sich dann auf einen. Nähert sich demselben Wolf jedoch beispielsweise ein höherrangiges Tier von der rechten Seite, dann wird er sein rechtes Ohr flach nach hinten an den Kopf legen, während er das linke Ohr weiterhin wie einen Flügel abstehen lässt, um seinen Anteil zu schützen. Das musste ich den Welpen beibringen, aber von allen Lektionen war dies für mich fast die schwierigste, denn meine Ohren waren dafür nicht geeignet. Ich musste meinen ganzen Kopf über das Fleisch halten, aber sie haben offenbar trotzdem verstanden, worauf es ankam.

Doch die vermutlich wirklich schwierigste Lektion bestand für mich als Mensch mit menschlichen Gefühlen darin, ihnen wölfische Prioritäten zu vermitteln: Wenn ihnen als Rudel Gefahr droht, dann müssen sie ihre höchstrangigen Mitglieder schützen. Wölfe opfern im Zweifelsfall sogar alle Welpen, denn sie wissen, dass sie im nächsten Jahr wieder Junge haben können, doch der Tod der höchstrangigen Tiere würde vielleicht das gesamte Rudel zum Untergang verdammen. Und wenn es ernst wurde, dann mussten die höchstrangigen Welpen vor allen anderen geschützt werden. Das war eine Vorstellung, die mir wirklich gegen den Strich ging. Es passte nicht zu meiner menschlichen Empfindsamkeit, ein gesundes, fittes Tier sterben zu lassen, nur weil ein anderes von höherem Rang war. Aber genau das musste ich ihnen beibringen. Wir spielten Nachlaufen. Ich rannte hinter ihnen her, kniff sie in den Rücken und die Beine und sorgte dafür, dass sie Haken schlugen und sich verhielten, als sei ein fremder Wolf hinter ihnen her. Genauso hatte ich ihnen auch das Jagen beigebracht. Doch für diese besondere Lektion trieb ich sie zu den Schutzlöchern und sorgte dafür, dass sie mir nur entkommen konnten, indem sie unter die Erde flüchteten. Dort ließ ich sie zurück, zum Teil, weil ich keine Alternative hatte, denn die Löcher schienen maßgeschneidert für drei Monate alte Wölfe. Um nichts in der Welt hätte ich sie herausholen können. So lernten sie, dass sie dorthin flüchten mussten. Der härteste Teil bestand jedoch darin, ihnen klarzumachen, dass sie dabei eine bestimmte Rangfolge einzuhalten hatten: Tamaska und Matsi mussten draußen warten, bis Yana sicher in der Höhle war.

Ich war froh, dass es sich nur um eine Übung handelte.

27

Getrennte Wege

18 Monate habe ich ununterbrochen mit diesen Jungs gelebt – mit ihnen gegessen, mit ihnen geschlafen, mit ihnen gerungen. Während dieser anderthalb Jahre gab es für mich keine ordentliche Mahlzeit, keine Tasse Kaffee, kein Sandwich. Ich habe meine Kleidung nicht gewechselt, nicht geduscht und meine Haare nicht gewaschen. Ich habe nie irgendwo anders als auf dem harten Boden gelegen. Ich habe wie die Wölfe ins Gehege gepinkelt und meinen Urin zum Markieren benutzt. Der einzige Unterschied bestand darin, dass ihr Kot dort liegen blieb, wo sie ihn absetzten, während ich meine Exkremente in Tüten packte, damit die Helfer sie hygienisch entsorgen konnten. Mein einziger Luxus war das Toilettenpapier, das sie im Bereich zwischen den beiden Toren für mich hinterließen. Ich habe das Gehege in dieser Zeit kein einziges Mal verlassen und hatte auch nicht das Bedürfnis danach. Ich war glücklicher als je zuvor und vollkommen erfüllt. Diese Jungs waren meine Familie – ich kannte sie besser als meine eigenen Kinder –, und je länger ich mit ihnen zusammen war, desto weniger wollte ich sie verlassen. Ich fühlte mich in ihrer Welt hundertprozentig wohl. Sie waren eine permanente Herausforderung – wie Kinder es sind –, aber es war ein unglaubliches Gefühl,

sie heranwachsen zu sehen, zu beobachten, wie sie immer selbstsicherer wurden, ihren ganz individuellen Charakter und ihre jeweils eigenen Talente und Fähigkeiten entwickelten, zu wissen, dass sie mich schätzten und dass ich an alldem einen kleinen Anteil hatte.

Mein Kontakt mit der Außenwelt war minimal. Ich hatte keine Ahnung, was hinter dem Zaun des Geheges vorging, und es interessierte mich auch nicht. Ich hatte ein Walkie-Talkie, so dass ich mich mit den Helfern verständigen konnte, doch ich benutzte es nur, um ihnen zu sagen, wann sie welches Futter ins Gehege bringen sollten, damit ich den Welpen den Zusammenhang zwischen unseren Jagdspielen und unserer Nahrung vermitteln konnte. Und gelegentlich, wenn ich den Eindruck hatte, dass die Bande etwas zu selbstsicher wurde, bat ich die Helfer, zu heulen oder Tonbänder abzuspielen, auf denen das Heulen von Rudeln verschiedener Größe aufgezeichnet war, um meinen Schützlingen vorzugaukeln, dass sie nicht alleine waren.

Nach den ersten Monaten, in denen sie noch häufig mit kleineren Mengen gefüttert werden mussten, setzte ich sie auf eine Festschmaus-und-Hunger-Diät, die dem typischen Wolfsleben in der Wildnis entsprach. Mit meiner Besessenheit, ihnen alles über ein Dasein in der Wildnis beizubringen, obwohl sie immer in Gefangenschaft leben würden, verfolgte ich einen bestimmten Zweck: Ich hoffte, sie würden ihren eigenen Jungen beibringen, was sie von mir gelernt hatten, und diese würden es wiederum an die nächsten Generationen weitergeben, so dass die Nachkommen meiner Jungs für sich selbst würden sorgen können, falls jemals in Großbritannien Wölfe ausgewildert würden. Mein Traum war, dass sie alles über ihre eigene Welt, aber auch genug über unsere wissen würden, um darin überleben zu können.

In diesen ersten 18 Monaten gab es jeden zweiten Tag Futter. Den ersten Tag verbrachten wir mit der spielerischen Vorbereitung und der inneren Einstellung auf die Jagd; gefressen wurde dann in der Morgen- oder Abenddämmerung des zweiten Tages. Matsi war der schnellste und geschickteste Welpe, und er zeigte das größte Interesse an unseren Jagdspielen. Obwohl er ein Rüde war, bildete ich ihn deshalb zum Jäger aus, wobei ich selbst die Rolle des weiblichen Alpha-Tieres übernahm und die Beute auswählte, die er jagen sollte. Ich brachte meinen Schützlingen auch bei, Futter zu verstecken, denn ich hatte in Idaho festgestellt, wie wichtig das für ein Überleben in der Wildnis war. Die wild lebenden Wölfe wissen, dass Zeiten des Überflusses nicht von Dauer sind und man vorsorgen muss für Phasen, in denen das Nahrungsangebot knapp ist oder das Rudel nicht jagen kann. Ich bunkerte Fleischstücke im Schlamm rund um den Teich und grub sie so tief ein, dass sie unterhalb des Wasserspiegels lagen, wodurch sie gut gekühlt wurden. Gelegentlich streckte ich die Zeit zwischen der Anlieferung von Kadavern auf drei oder vier Tage, und dann zeigte ich den Welpen, wie sie diese Vorräte ausgraben konnten, um Zeiten des Mangels zu überbrücken. Zusammen mit dem Fleisch vergrub ich Kadaverteile wie Hirschgeweihe, Kaninchenkeulen, Stücke von Kühen und Schafen und Fasanenflügel als Lehrmaterial.

Je nachdem, was mir die Helfer als Futter angekündigt hatten, grub ich am Vorbereitungstag ein Stück desselben

Tieres aus, um das Interesse der Welpen zu wecken. Wenn es Fasan war, hielt ich die Flügel in die Luft und bewegte sie auf und ab, damit sie danach springen mussten – ich versuchte immer, ihnen alles über das Futter beizubringen, das sie bekamen, und in diesem Fall war es die Tatsache, dass man Fasanen nicht am Boden fangen kann. Ich habe sie von den Helfern sogar über den Zaun werfen lassen, damit es so aussah, als würden sie fliegen. Fische habe ich in den Teich gelegt und die Welpen dann ins Wasser geschickt und sie danach tauchen lassen. Wenn ein Bauer aus der Gegend Jagd auf Kaninchen gemacht und uns jede Menge davon gebracht hatte, grub ich ein Stück Kaninchenfell oder einen Fuß oder ein Ohr aus und wedelte damit vor ihnen her, oder wenn jemand uns einen Rehkadaver lieferte, dann grub ich einen Rehlauf aus.

An einem solchen Lauf befand sich noch der Huf, und er war immer gut erhalten. Ich lief damit herum, schlug Haken und änderte dauernd meine Richtung, als sei ich ein Beutetier, und die Welpen rannten dann hinter mir her und versuchten, mich zu erlegen. Anfangs versuchten sie, mich von hinten zu packen, aber dann ließ ich das Bein mit dem Huf nach ihnen ausschlagen, so dass es ihren Unterkiefer traf. Auf diese Weise lernten sie eine wichtige Lektion: Wenn sie ein Reh, einen Hirsch oder einen Elch von hinten angriffen, dann würde das Tier nach ihnen treten. Wenn *ich* das tat, blieben sie abrupt stehen, und die getroffene Stelle tat ihnen weh. Sie mussten lernen, dass ein Elch, der um sein Leben kämpfte, sie mit einem heftigen Tritt in den Hals töten konnte. Ich benutzte Geweihe, um ihnen zu demonstrieren, wie gefährlich es war, einen Hirsch oder Elch von vorne anzugreifen oder nicht schnell genug zur Seite zu springen, wenn er sich umdreht. Ich hatte beobachtet, wie wölfische Kindermädchen ihren Schützlingen diese Lektion in der Wildnis erteilten. Wenn die Welpen irgendwie in Reichweite kamen, stach ich ihnen die scharfen Hörner in die Seite. Es dauerte nicht lange, bis sie gelernt hatten, dass der sicherste Weg, mich zu Boden zu reißen, darin bestand, mich gemeinschaftlich anzugreifen und in Form eines Dreiecks von der Seite zu kommen. Nur wenn sie das taten, gab ich ihnen das Fleisch.

Nach dem Fressen brachte ich ihnen bei, ihre Beute mit einem abwehrenden Heulen für sich zu reklamieren, falls andere Wölfe in der Gegend sie ihnen streitig machen wollten. Und sie lernten, ihr Revier alle paar Meter entlang der Umzäunung mit dem Geruch ihrer Nahrung zu markieren, wodurch der Schlüssel effektiv im Schloss gedreht wurde. In der Wildnis werden solche Geruchsmarken im Abstand von einigen hundert Metern gesetzt. Den zweiten Tag verbrachten wir mit Entspannung und Verdauung, bevor alles wieder von vorne begann. Die Fütterung fand in der Morgen- oder Abenddämmerung statt, weil ich den Welpen beibringen wollte, dass dies die natürlichen und am meisten Erfolg versprechenden Zeiten für die Jagd sind. Sobald die Helfer das tägliche Futter ins Gehege brachten, begann mein Kampf darum, jeden einzelnen Welpen auf die Teile des Kadavers zu beschränken, die ihm rechtmäßig zustanden – und je größer und stärker sie wurden, desto heftiger war das Gerangel und desto stärker blutete ich am Ende.

Ich ernährte mich genauso wie sie, steckte mein Gesicht gleich neben Yana in den Kadaver und riss das rohe

Fleisch mit den Zähnen heraus, während ich gleichzeitig knurrte und nach Tamaska schnappte, um ihn vom Brustkorb der Beute fernzuhalten, weil dieser Teil für Yana und mich reserviert war. Aber nachdem ich mein Fleisch ungefähr neun Monate lang roh gegessen hatte, begann ich mir – aufgrund meiner Erfahrungen in Idaho – Sorgen um meine Gesundheit zu machen. Während der folgenden neun Monate bat ich deshalb die Helfer, mein Fleisch kurz anzubraten und mit etwas Gemüse in eine Plastiktüte zu packen, die ins Innere des Kadavers gesteckt wurde. Das einzige Problem bestand darin, dass ich die Tüte schnell finden musste, denn die drei Wölfe waren sehr an meiner Portion interessiert, ganz besonders Tamaska. Aus irgendeinem Grund war er wild auf den Geschmack von gegartem Fleisch, und ich fand in ihm meinen Meister. Wenn er den Beutel vor mit entdeckte, drängte er mich ab, bleckte die Zähne und schnappte so geschickt nach mir, dass ich keine Chance gegen ihn hatte. Immer wieder verschlang er mein Essen in kürzester Zeit, und mir blieb am Ende nur übrig, wieder zu rohem Fleisch zurückzukehren.

Nach 18 Monaten begann ich, das Gehege für jeweils eine Stunde zu verlassen, so als würde ich auf die Jagd gehen, wie es auch in der Wildnis vorkommt, und ich kehrte mit Beute zurück. Anfangs ging ich nur bis oben auf den Hügel, denn von dort aus konnte ich beobachten, was im Gehege los war, und ich stellte fest, dass sie auf meine Abwesenheit sehr aufgeregt reagierten. Wenn sie nach mir heulten, heulte ich zurück, um sie wissen zu lassen, dass ich da war und was vor sich ging. Während der ersten Male waren sie über meine Abwesenheit so verzweifelt, dass sie unaufhörlich heulten, aber bald brachten sie mein

Verschwinden mit Nahrung in Zusammenhang. Bei einer Gelegenheit heulte Tamaska auf ganz außergewöhnliche Weise, wie ich es noch nie gehört hatte. Erst bellte er viermal kurz und gab dann ein Geheul von sich, das so klang, als sei etwas ganz und gar nicht in Ordnung. Also rannte ich zurück ins Gehege und stellte fest, dass ein weißer Plastikeimer im nahegelegenen Primatengehege vom Wind herumgeschleudert wurde. Das unbekannte Geräusch, das dadurch entstand, machte Tamaska offenbar Sorgen. Er gab einen langgezogenen Warnruf von sich, den ich keinem der Welpen beigebracht hatte. Tamaska hatte von mir nur das weit hörbare Heulen zum Sammeln des Rudels gelernt und das auf kurze Entfernung hörbare defensive »Wuff-wuff«. Nun hatte er einfach beides kombiniert, um mich aus der Ferne zurückzurufen und mir zu sagen, dass etwas nicht stimmte. Das war ein aufregender Tag für mich – einmal mehr hatte ich das Gefühl, dass der Schüler zum Meister geworden war.

So schwer es mir auch fiel, mich loszureißen, wusste ich doch, dass diese Jungs nun ein eigenes Rudel bilden und unabhängiger von mir werden mussten. Zwar lebte ich noch etwa ein weiteres halbes Jahr mit ihnen zusammen, aber ich begann, mich für immer längere Phasen zu entfernen. Und es war bei einer dieser Gelegenheiten, dass ich Helen Jeffs kennen lernte, wodurch mein Leben eine unerwartete Wendung nahm. Ich hatte immer gedacht, es könnte eines Tages jemanden geben, der mich von den Tieren weg und zurück in die Menschenwelt ziehen würde, doch hatte ich nicht erwartet, dass dieser Sog so plötzlich und so stark auftreten würde.

Als ich mich eines Abends außerhalb des Geheges befand, tauchte ein Freund von mir auf und berichtete, im Station Inn, dem örtlichen Pub, gebe es heute ein Sonderangebot: zwei Mahlzeiten zum Preis von einer. Widerwillig ließ ich mich überreden und begleitete ihn. Helen war mit einer Freundin dort. Das war keine Kneipe, die sie gewöhnlich besuchte – sie behauptete sogar, normalerweise würde sie im Leben nicht dorthin gehen –, aber die Frauen hatten einen besonders schlimmen Tag hinter sich und das Bedürfnis gehabt, auf dem Heimweg noch etwas zu trinken. Ich nannte es eine Zufallsbegegnung; sie nannte es Fügung. Sie wusste, mit wem sie es zu tun hatte – ich war in der Gegend recht gut bekannt, und es gab nicht allzu viele Männer, die so rochen wie ich, sich anderthalb Jahre den Bart nicht gestutzt hatten, dazu lange, ungekämmte Haare trugen und deren Gesicht voller Narben war. Ich hatte mich zwar umgezogen und meinen Overall und die Schuhe, die ich im Wolfsgehege trug, im Wohnwagen gelassen, damit sie keine fremden Gerüche annahmen, aber trotzdem muss ich grässlich gestunken haben.

Helen interessierte sich für meine Arbeit mit den Wölfen, und so unterhielten wir uns eine Stunde oder länger darüber, während unsere Begleiter miteinander plauderten, und wir beschlossen, uns wieder zu treffen. Mit ihren großen blauen Augen und dem langen, blonden Haar sah sie hinreißend aus und erinnerte mich an Michelle, meine erste Liebe in Norfolk. Helen war ein Jahr jünger als ich und arbeitete als Lehrerin in einer nahe gelegenen Schule. Sie war verheiratet und hatte einen achtjährigen Sohn, doch die Beziehung zu ihrem Mann war schon lange beendet, und nur aus Bequemlichkeit lebten sie noch unter einem Dach. Ihre familiäre Situation glich meiner Ehe mit Jan. Wir fühlten uns sofort zueinander hingezogen. Ich war zwar eigentlich noch an Jan gebunden, und in einem Moment voller unbedachtem Optimismus hatten wir sogar Sam, unser viertes Kind, in die Welt gesetzt. Er war 2004 kurz vor den Wolfsjungen geboren worden, aber unsere Beziehung war schon lange zu Ende, und Jan hatte einen neuen Partner gefunden.

Helen lebte in einem kleinen Haus auf der anderen Seite des Tals. Mit dem Auto war es eine ziemlich weite Fahrt, aber per Luftlinie betrug die Entfernung nur gut anderthalb Kilometer. Während meine Zeit mit Yana, Tamaska und Matsi im Laufe der nächsten Monate allmählich zu Ende ging, verständigten Helen und ich uns, indem wir über das Tal hinweg heulten.

28

Ein seltsamer Zufall

Kurz bevor ich nachts wieder in meinem Wohnwagen schlafen wollte, versuchte jemand, die drei jungen Wölfe zu vergiften. Ich begab mich am Ende des Tages ins Gehege, um wie gewöhnlich die Nacht mit ihnen zu verbringen, und stellte fest, dass Yana dort wie besoffen herumtorkelte. So etwas hatte ich bei einem Wolf noch nie gesehen, und ich hätte es vielleicht ganz lustig gefunden, wäre ich nicht so besorgt gewesen. Er konnte nicht geradeaus laufen und stieß dauernd gegen irgendwelche Bäume, Steine oder auch gegen den Zaun. Außerdem wankte er immer wieder in den Teich. Ich holte ihn ein paarmal heraus, weil er dort zitternd im Wasser stand, aber wie ein Schlafwandler ging er gleich wieder zurück. Er reagierte überhaupt nicht auf mich und schien nicht einmal zu bemerken, dass ich da war. Er war völlig daneben und fror offenbar entsetzlich, obwohl es keine besonders kalte Nacht war.

Ich hatte keine Ahnung, was ihm fehlte. Ich blieb an diesem Abend bei ihm, und trotzdem ging er wieder in den Teich, und ich musste ihn herausholen. Er konnte seine Körpertemperatur nicht halten, und in den frühen Morgenstunden war ich mit meinem Latein am Ende. Plötzlich hatte ich eine total verrückte Idee, wie ich ihn vielleicht irgendwie aufwärmen konnte: Ich hob ihn hoch und trug ihn mit der Kraft der Verzweiflung aus dem Gehege, wobei ich die beiden anderen Wölfe abwehren musste. Dann schleppte ich ihn hoch zu meinem Wohnwagen und packte ihn in mein Bett. Ich schaltete das Heizgerät ein, legte mich zu ihm unter die Decke und hielt ihn ganz eng an mich gedrückt, um ihm etwas von meiner Wärme abzugeben. Er war damals, zumindest in seiner äußeren Erscheinung, ein voll ausgewachsener Wolf, aber er war so fertig, dass er nur ganz schlaff neben mir liegen konnte.

Sein Körper schien meinem die Wärme zu entziehen, und nach einigen Minuten fror *ich* dermaßen, dass ich immer wieder aus dem Bett springen, mich in eine Decke gewickelt vor das Heizgerät setzen und mich dort aufwärmen musste, bevor ich wieder zu ihm ins Bett kroch, damit er aufs Neue meine Wärme aufnehmen konnte. Das ging die ganze Nacht so weiter, bis er schließlich kurz vor der Morgendämmerung ein wenig zu sich kam, mich aber immer noch nicht erkannte und mich zu beißen versuchte. Ich ergriff seine Kiefer, und dann kam mir die Idee, dass er vielleicht meine Stimme erkennen würde, auch wenn er immer noch nicht wusste, wer ich war. Draußen in der Wildnis hatte ich meine menschliche Stimme nie benutzt, und auch bei diesen Wölfen hatte ich sie nur selten eingesetzt, aber sie hatten sie gehört, wenn ich mit den freiwilligen Helfern im Park sprach oder gelegentlich telefonierte. Da mir sonst nichts einfiel, sprach ich während der nächsten Stunden über alles und jedes: Ich erzählte ihm über das Wetter, über mein Leben und meine Zukunftspläne, über jedes Thema unter der Sonne.

Als er schließlich wieder voll zu sich gekommen war, hat er erst einmal das Innere meines Wohnwagens zerlegt, nicht ganz überraschend für einen ausgewachsenen Wolf, der jetzt wieder zurechnungsfähig war und sich in einem engen, unbekannten Raum wiederfand. Zum Glück schaffte ich es, ihm eine Kette um den Hals zu legen und ihn nach draußen zu bringen, wo ich ihn so lange herumführte, bis er erschöpft war.

Dann ging ich mit ihm zurück in den Wohnwagen und gab ihm eimerweise Wasser zu trinken. Er war immer noch ein wenig zittrig, aber ich hoffte, das Wasser würde die Schadstoffe aus seinem Organismus ausschwemmen, was es schließlich auch tat. Erst gegen Mittag hatte ich das Gefühl, dass er jetzt wieder fit genug war, um ihn zurück zu seinen Brüdern ins Gehege zu bringen. Eine Analyse von Yanas Exkrementen zeigte eine hohe Konzentration von Phenobarbital, einem Barbiturat, das häufig bei epileptischen Anfällen zur Entkrampfung eingesetzt wird. Ich kann nur annehmen, dass irgendjemand ein mit diesem Mittel präpariertes Stück Fleisch ins Gehege geworfen und Yana als der Alpha-Wolf, der als Erster fressen darf, den größten Teil davon abbekommen hat.

Die Indianer sagen, dass es nach einem solchen Erlebnis zwischen Yana und mir eine besondere Verbindung geben muss. Früher hieß es bei ihnen, wenn ein Jäger und ein Bär das Blut des jeweils anderen vergossen hätten, dann würden sie eins werden, und der Jäger könnte diesen Bären, wo immer er ihn auch sehen würde, unmöglich erschießen. Ich habe diese Legende nie wirklich geglaubt, bis ich einige Monate später in meinem Wohnwagen mit Helen im Bett lag und heftige Schmerzen in der linken

Hand hatte. Ich rieb sie immer wieder und untersuchte den fleischigen Daumenballen, weil ich dort eine Schnittwunde oder einen Splitter oder irgendetwas vermutete, das die Schmerzen erklären würde, aber ich fand nichts. Ich bat Helen, einen Blick darauf zu werfen, aber abgesehen von einer Rötung konnte auch sie nichts erkennen. Es fühlte sich an wie ein Dorn oder Splitter unter der Haut, der zu einer so heftigen Entzündung führt, dass man es kaum ertragen kann, wenn die Stelle berührt wird oder man versucht, den Fremdkörper herauszuziehen. Der Schmerz wurde im Laufe des Abends immer schlimmer und war in der Nacht so intensiv, dass ich kaum schlafen konnte. Am nächsten Morgen gingen wir zum Gehege hinunter. Helen war mir ein Stück voraus und kam über den Weg zurückgerannt.

»Du wirst es kaum glauben«, sagte sie. »Yana hinkt. Er hält die linke Pfote hoch.«

»Wahrscheinlich hat er in der Nacht einen Biss abbekommen«, erwiderte ich, und ohne weiter darüber nachzudenken, ging ich zu ihm, um mir die Pfote anzusehen.

Als ich ihn auf den Rücken gerollt hatte, sah ich, dass er sich einen Dorn in den Fuß getreten hatte, fast genau an der Stelle, die meinem schmerzenden Daumenballen an der Hand entsprach. Der Dorn befand sich direkt unter der Oberfläche, aber es gelang mir, die Spitze mit meinen Nägeln zu fassen und ihn herauszuziehen.

»Er hat sich einen Dorn in die Pfote getreten«, sagte ich zu Helen.

Ich war zu sehr mit Yana beschäftigt, um den Zusammenhang gleich zu erkennen, aber sie reagierte sofort: »Ach, du lieber Gott.«

»Was?«

»Deine Hand letzte Nacht. Der Dorn.«

Nun kann das der größte Zufall in meinem Leben gewesen sein. Oder es ist eine Bestätigung für die Überzeugung der Indianer, dass man eins mit einem Geschöpf wird, dem man hilft und das man betreut, und dass man ähnlich wie dieses Geschöpf empfindet.

29
Eine Seelengefährtin

Meine Beziehung zu Helen machte rasche Fortschritte, obwohl wir den größten Teil unserer gemeinsamen Zeit rund um das Wolfsgehege oder in meinem entsetzlichen Wohnwagen verbrachten. Sie machte sich keine Illusionen darüber, auf was sie sich einließ, aber das schien sie nicht zu stören – und ich bewunderte und liebte sie dafür umso mehr. Sie war bereit, die Nacht im Wohnwagen zu verbringen, ohne warmes Wasser, in einen alten Eimer zu pinkeln und morgens um halb sechs aufzustehen, damit sie für Arran zu Hause sein konnte, bevor ihr Mann zur Arbeit fahren musste. Ich war sowieso immer um diese Zeit auf, um nach den Wölfen zu sehen, so dass es für mich kein Problem darstellte, aber ihre Vorstellung von einem angenehmen Leben sah eigentlich etwas anders aus. Zu Hause duschte sie dann, frühstückte mit Arran, und anschließend fuhren die beiden gemeinsam zur Schule. Ihren Mann störte das alles nicht – ich war sogar einmal in ihrem Haus zu Besuch gewesen, um ihn und Arran kennen zu lernen, und wir hatten alle eine freundschaftliche Beziehung –, aber Helens Tage waren auf diese Weise sehr lang.

Auf die Dauer würde dieses Arrangement nicht funktionieren können, und nachdem Helen und ich ein Wochenende in einem Hotel in Minehead verbracht hatten – wo ich mein erstes Bad seit Jahren genoss, denn am Wohnwagen hatte ich nur einen Schlauch mit kaltem Wasser –, beschloss sie, dass sie genug davon hatte, morgens um halb sechs aufzustehen. Sie brauchte ihr eigenes Heim, wo sie mit Arran leben und ich die Nächte mit ihr verbringen konnte, wenn ich nicht mit den Wölfen beschäftigt war. Sie mietete ein Haus in einem Ferienpark im Dorf, und ich besuchte sie dort, sooft ich konnte, wenn auch nicht so oft, wie ich es gerne getan hätte.

Ich war im Park sehr beschäftigt. Mir waren zwei junge europäische Wölfe angeboten worden, die ein privater Sammler nicht haben wollte und vermutlich hätte töten lassen, wenn ich sie nicht übernommen hätte. Der Mann hatte mehr Geld als Grips; er kam mir vor wie ein reicher Protz mit seinem Spielzeug. Es stört mich nicht, wenn Leute mit ihrem Geld um sich werfen, solange ihre Spielsachen von Maschinen angetrieben werden, aber ich habe etwas dagegen, wenn in diesen Spielsachen ein lebendiges Herz schlägt. Als ich mir die Wölfe ansah, war mir ziemlich klar, was passiert sein musste: Der Mann hatte einen Rotzbengel von Sohn, der im Wolfsgehege mit seinem Fußball herumgekickt und auf diese Weise bei den jungen Wölfen einen Jagdtrieb ausgelöst hatte, so dass sie ihn am Ende bissen. Die dadurch in Ungnade gefallenen Dreijährigen hießen Totto und Nanook. Ich richtete in der Nähe meines Wohnwagens hastig ein weiteres Gehege für sie ein, damit sie sich nicht mit den Timberwölfen kreuzen konnten, und holte sie heim nach Combe Martin.

Sie gewöhnten sich gut ein, aber ihre Erlebnisse hatten unerfreuliche Spuren hinterlassen. Sie bissen rasch zu, und in der ersten Woche musste ich ihr Gehege mit Kaninchen oder Nagetieren in der Hand betreten, um ihnen beizubringen, dass ich der Futterlieferant, aber nicht das Futter selbst war. Wenig später wurde mir ihr Bruder Zarnesti angeboten, den ich als Welpen aus Broxbourne kannte. Er war der Wolf, dem seine Mutter kurz nach der Geburt den Kiefer zerdrückt hatte, weil sie auf ihn getreten war oder sich auf ihn gerollt hatte, so dass er jetzt ein wenig komisch aussah, wie Goofy. Und er war derjenige, der dem behinderten Jungen eine emotionale Reaktion entlockt hatte.

Damit hatte ich nun insgesamt neun Wölfe, die in drei verschiedenen Gehegen untergebracht waren: Eins teilten sich Shadow, Pale Face und Elu, im zweiten waren die drei Welpen – Yana, Tamaska und Matsi –, und das dritte bewohnten die europäischen Wölfe. Da ich nicht weiter expandieren wollte, gab ich Elu nun im zweiten Jahr in Folge eine empfängnisverhütende Spritze, damit sie nicht wieder trächtig wurde. Das Mittel war eigentlich für Hunde gedacht, hatte aber bei Elu im ersten Jahr gut gewirkt, und deshalb verwendete ich es noch einmal. Was ich aber nicht bedacht hatte, war die außergewöhnliche Fähigkeit der Wölfe, ihren eigenen Körper zu regulieren; Wölfinnen können die heranwachsenden Embryonen absorbieren, wenn sie das Gefühl haben, ihre Umgebung sei nicht geeignet, um Nachwuchs in die Welt zu setzen. Elu begriff, was los war, hielt ihre Empfängnisbereitschaft zurück, bis die Spritze ihre Wirksamkeit verloren hatte, und ließ sich dann decken. Neun Wochen später brachte sie erneut vier Welpen zur Welt, und genau wie beim ersten Mal waren es ein weibliches und drei männliche

Tiere. Doch diesmal überlebte auch die kleine Wölfin. Ich nannte sie Cheyenne und ihre Brüder Nataa, Tejas und Nanoose.

Elu war leider keine bessere Mutter geworden und verließ die Höhle wieder zu früh, so dass ich die Welpen retten musste. Also verbrachte ich die folgenden fünf bis sechs Wochen einmal mehr damit, vier hungrige Mäuler rund um die Uhr zu füttern. Sobald sie feste Nahrung zu sich nehmen konnten, übergab ich sie allerdings an Yana, Tamaska und Matsi und hoffte, die drei würden sich besser um den Nachwuchs kümmern können als ich.

Die Welpen waren zwar keine Wunschkinder, doch sie erwiesen sich als sehr nützlich. Ich stand seit Jahren in Kontakt mit Bernard Walton, einem Filmemacher, der für die BBC die Sendereihe *Talking with Animals* gedreht hatte. Inzwischen war er Chef seiner eigenen Produktionsgesellschaft, Aqua Vita Films, und als ihm zu Ohren kam, was ich mit dem ersten Wurf im Combe-Martin-Park getan hatte, wollte er eine Dokumentation über die Wölfe, über mich und meine Arbeit und meine Forschung in Polen drehen. Die neuen Welpen eigneten sich perfekt, um Situationen zu rekonstruieren, und wir filmten sie ausgiebig. Außerdem reisten wir nach Polen, Finnland und Amerika, um Wölfe zu filmen und mit Wolfsexperten zu sprechen, darunter auch Levi Holt. Der Film lief in den USA auf dem National Geographic Channel unter dem Titel *A Man Among Wolves* und in Großbritannien auf Channel Five unter dem Titel *The Wolfman*. Im Interesse der Ausgewogenheit – und um kontroverse Diskussionen anzuregen – lud Bernard auch eine Reihe von Wissenschaftlern ein, sich über mein Vorgehen zu äußern.

Die meisten von ihnen urteilten verächtlich bis ablehnend über meinen Ansatz, was mich freilich nicht überraschte. Die jungen Wissenschaftler wirkten borniert und hatten offenbar Angst davor, akzeptiertes Wissen in Frage zu stellen und dadurch ihre Karriere zu gefährden – wie es schon immer üblich war –, aber eins der ergiebigsten Gespräche führte ich mit Doug Smith, dem zuständigen Biologen des Auswilderungsprogramms im Yellowstone-Nationalpark. Wir saßen am Abhang des Blacktail Deer Plateau, genossen den Ausblick auf den Park in all seiner Schönheit, und zum ersten Mal fühlte ich mich wohl und entspannt, voller Hoffnung, dass es einen Mittelweg geben könnte. Noch nie zuvor hatte ich mit einem Biologen zusammensitzen und so vorbehaltlos Ideen austauschen können. Obwohl wir dieses Gespräch nur für eine Fernsehsendung führten, hatte ich am Ende das Gefühl, dass wir beide einen Hoffnungsschimmer am Horizont sahen oder, wie Doug es ausdrückte, die Patentlösung, nach der jeder von uns suchte.

Er erkannte an, dass das Heulen und die Duftmarken die Geheimnisse des Wolfsverhaltens darstellten und zugleich zwei der am wenigsten untersuchten Aspekte dieses Verhaltens waren. Er wusste, dass jeder Wolf auf seine ganz eigentümliche Weise heult, aber es war ihm offenbar nicht klar, dass das Heulen sehr unterschiedliche Botschaften ausdrücken kann.

Yellowstone hat ein phantastisches Programm, das auch für andere Auswilderungsprojekte, einschließlich Idaho, Maßstäbe setzt, aber aus meiner Sicht trotzdem mit Fehlern behaftet ist. Sie haben sich diesen prächtigen Park mit seiner gewaltigen Ausdehnung, seinen malerischen

Wäldern, Tälern und Flüssen angeschaut und gedacht, dort würde dem Wolf alles geboten, was er braucht – und der Anblick von frei herumstreifenden Wölfen würde viel Publikum und damit Geld anziehen. Aber die Auswilderung von acht Wölfen war nur ein Teil der Rechnung. Nachdem die Wölfe ihre Beutetiere aus dem Park vertrieben hatten, mussten sie ihnen zwangsläufig in die Umgebung folgen, und das führte zu Konflikten mit den dort lebenden Menschen und deren Vieh. In der Wildnis spalten sich die Wölfe in rivalisierende Rudel auf, um dann – wie die Figuren auf einem Schachbrett – ihre Beute untereinander hin und her zu jagen, wodurch alle innerhalb ihrer Reviergrenzen bleiben. Wenn es dafür nicht genügend reale Rudel gibt, könnte man denselben Effekt nach meiner Überzeugung durch das Abspielen von Tonbändern mit Wolfsgeheul erzielen. Das würde dazu führen, dass die Beutetiere umkehren, und die Wölfe hätten folglich keinen Grund mehr, außerhalb ihres Reviers zu streunen. Aber es sind die Wissenschaftler, die solche Auswilderungsprogramme durchführen, und sie wachen eifersüchtig über ihre Gefilde und wollen nicht, dass ein unqualifizierter Außenseiter mit Vorschlägen kommt, die zu einer Veränderung der üblichen Praxis führen könnten.

Doug und ich haben uns auch lange über die Ähnlichkeiten zwischen Hund und Wolf unterhalten, vor allem im Hinblick auf die soziale Rangordnung, ein Thema, das ich in Idaho immer wieder angesprochen hatte, das dort jedoch absolut tabu gewesen war. Ich hatte immer den Eindruck gehabt, dass der Hund der Schlüssel zum Wolf war – und umgekehrt, dass wir den Leuten Verständnis und Respekt für Wölfe beibringen konnten, indem wir sie mit dem Tier verglichen, das sie im eigenen Wohnzimmer beherbergten. Aber die Biologen wollten davon nichts hören und argumentierten ständig, dass es sich um verschiedene Tiere handelte und ein Vergleich uns nicht weiterbrächte. Zehn oder zwölf Jahre später erklärte nun Doug, einer der weltweit angesehensten Wolfsbiologen, ungefähr dasselbe, was ich damals gesagt hatte, und er wurde ernst genommen. Und nun stellen Sie sich vor, wie viele Probleme man hätte vermeiden können, wenn die Biologen mir zehn Jahre früher zugehört hätten.

Das letzte Mal, als ich im Wolf Education and Research Center in Idaho war, hatten sie entsetzliche Probleme mit dem Rudel gefangener Wölfe, mit dem ich so viel Zeit verbracht hatte. Es bestand nur noch aus drei Tieren, was mich nicht überraschte – das Rudel war so berühmt geworden, dass die Namen der Tiere sogar in der Öffentlichkeit bekannt waren. In früheren Zeiten waren Hunde wie Wölfe, aber wir haben sie verändert, indem wir sie zu Haustieren gemacht haben.

Menschen sind ihrer Natur nach keine Rudeltiere. Wir haben zwar gerne Familie, aber wir können notfalls auch ohne sie überleben, und die Hunde haben durch ihre langjährige enge Verbindung zu uns dasselbe gelernt. Was mit den Hunden geschehen ist, geschieht jetzt mit den Wölfen in Gefangenschaft. Sie wenden sich gegeneinander, kämpfen miteinander und töten sich manchmal gegenseitig, und die Rudel werden allmählich immer kleiner, weil die Wölfe ihr Revier nicht bedroht sehen, ausreichend Nahrung bekommen und keine Familie mehr brauchen. In der Wildnis können sie nicht überleben, ohne dass jeder soziale Rang besetzt ist. Das Rudel ist alles. Aber weil ihre Nähe zum Menschen – sogar in der Wildnis – immer größer wird, verändert sich das Verhalten der Wölfe.

Der Wolf ist ein anpassungsfähiges Tier – das habe ich von den Nez Percé gelernt. Der Stamm stand vor Jahren kurz vor dem Aussterben, und sie haben bei den Wölfen nach Inspiration und Führung gesucht, um vom Abgrund wegzukommen, denn die Wölfe hatten sich selbst schon viele Male zuvor gerettet. Die Natur, zu der auch die Wölfe gehören, wird immer einen Weg finden. Ich muss daran glauben, dass schließlich wieder eine Art von Gleichgewicht zurückkehren wird, dass die Menschen ihr Dominanzgehabe aufgeben und anfangen werden zuzuhören. Die Biologen haben die Wölfe benutzt, um sich mit ihrer Hilfe akademische Titel zu verdienen; die Nez Percé haben dagegen in den Wölfen stets Symbole des Überlebens und der Hoffnung gesehen und vertreten die Ansicht: Wenn die Wölfe wieder auf ihr Land zurückkehren können, dann können wir es auch. Einfach dort mit Doug Smith auf dem Plateau zu sitzen, war ein Durchbruch. Er hatte die Wissenschaft auf die Probe gestellt und entdeckt, dass sie nicht alle Antworten bereithielt. Anders als einige seiner Kollegen war er bereit, sich andere Vorstellungen anzuhören. Im Interesse der Wölfe musste ich hoffen, dass andere seinem Beispiel folgen würden.

A Man Among Wolves bzw. *The Wolfman* wurde im März 2007 ausgestrahlt und erregte einiges Aufsehen. Der Film hätte fast den Emmy gewonnen und wurde nur knapp von *Meerkat Manor* geschlagen. National Geographic ließ mich in die Vereinigten Staaten fliegen, um im Zusammenhang mit der Premiere eine Menge Öffentlichkeitsarbeit zu machen, und wo immer ich hinkam, schienen die Leute plötzlich mein Gesicht zu kennen. Helen begleitete mich, und wir verbrachten eine wunderbare Zeit in einem schönen Hotel mit dem größten Bad, das ich je gesehen habe. Ich glaube, in diesem Bad habe ich mehr Zeit verbracht als irgendwo sonst; ich habe mich gefühlt wie im Himmel. Eines Abends sind Helen und ich allein ausgegangen. Wir haben uns eine Broadway-Show angesehen, und auf dem anschließenden Rückweg zum Hotel, während ich mir vorkam wie ein Fisch auf dem Trockenen, sah ich vor uns eine Bande von jungen Kerlen in Kapuzenjacken, die Passanten anbrüllten und wild gestikulierten. Sie kamen auf uns zu, und mir fielen all die Fernsehfilme ein, die ich über Räuber und Vergewaltiger in den Straßen von New York gesehen hatte. Ich sagte Helen, ich würde sie in einen Hauseingang schieben und sie müsste dann weglaufen, während ich versuchen würde, die Typen abzuwehren. Als sie auf gleicher Höhe mit uns waren, schlug mir das Herz bis zum Hals – es waren vier, fünf, sechs Burschen. Begegnungen mit wilden Wölfen und Bären waren nichts gegen das Entsetzen, das ich in diesem Moment empfand. Der Größte von ihnen, der auch besonders gemein aussah, brachte sein Gesicht ganz nah an meins, klopfte mir auf die Schulter und sagte: »Hey Bruder! Das ist der Wolfsmann!« Und während er mir die Hand zum Einschlagen anbot, fragte er, wie es bei mir lief. Junge, dachte ich, hast du tatsächlich am Freitagabend vor dem Fernseher gesessen und National Geographic eingeschaltet?

Helen wurde ein unverzichtbarer Teil meines Lebens. Je mehr Zeit ich mit ihr verbrachte, desto klarer wurde mir, dass ich vorher noch nie wirklich geliebt hatte. Ich hatte die Bedeutung des Wortes nicht verstanden. Die Begeisterung, das Lachen, die Sehnsucht nach ihr, das Bedürfnis, alles über sie zu wissen, das waren völlig neue Erfahrungen. Wir hatten so viel gemeinsam. Ihre Leidenschaft galt den Kindern, meine den Wölfen, doch das war nur ein sehr vordergründiger Unterschied, denn unsere Ziele und Ansichten glichen sich so sehr. Sie gab lernbehinderten Kindern Förderunterricht, aber ihre Ansichten über den Umgang mit Kindern, vor allem mit behinderten Kindern, waren fast so außergewöhnlich wie meine Ansichten über das Verhalten der Wölfe. Sie hatte sich auf ganz ähnliche Weise gegen die etablierten Erziehungsmethoden aufgelehnt, wie ich mich gegen die Wissenschaftler aufgelehnt hatte, und sie hatte in ihrem Job denselben Frust erlebt wie ich in meinem. Je mehr Zeit ich mit ihr verbrachte, desto stärker wurde meine Überzeugung, dass ich eine Seelengefährtin gefunden hatte, jemanden, mit dem ich zusammen sein wollte – den *einzigen* Menschen, mit dem ich jemals genauso sehr hatte zusammen sein wollen wie mit den Wölfen.

Nach einigen Monaten erklärte Arran, er würde gerne wieder zu Hause bei seinem Vater leben. Er war ein sensibler Junge, und vermutlich hat er sich gedacht, dass seine Mutter ja einen Menschen hatte, der bei ihr war, sein Vater jedoch nicht. Helen war am Boden zerstört. Ich sagte ihr, Arran sei zu jung, um zu wissen, was er wirklich wolle, und deshalb solle sie für ihn entscheiden, aber dazu war sie nicht bereit. Sie hatte ihm stets zugehört und seine Ansichten respektiert, auch wenn er noch ein Kind war, und es ist ihr hoch anzurechnen, dass sie ihn gehen ließ, obwohl ihr das wochenlang großen Kummer bereitet hat. Doch es war die richtige Entscheidung. Ich hatte angenommen, es würde ein Schlag ins Wasser sein und Arran würde nach einigen Wochen zurückkehren, aber ich habe mich getäuscht. Er lebt immer noch bei seinem Vater, doch Helen sieht ihn häufig, und alle sind mit dieser Lösung sehr glücklich.

Als klar war, dass Arran nicht zurückkehren würde, begannen wir zu überlegen, ob wir zusammenziehen sollten. Die Fernsehsendungen hatten auch insofern etwas Gutes bewirkt, dass Bob zu der Erkenntnis gelangt war, mein klappriger alter Wohnwagen sei ein Schandfleck für den Park, und so gab er mir einen anderen, größeren mit zwei Schlafräumen, Dusche und Toilette. Er war nicht besonders luxuriös – das Warmwassersystem funktionierte nicht richtig und irgendwann überhaupt nicht mehr, und es gab auch keine nennenswerte Kochgelegenheit –, aber wir hatten etwas mehr Platz und zumindest konnten wir uns von unserem Pinkeleimer verabschieden.

Helen beteiligte sich mehr und mehr an meiner Arbeit mit den Wölfen und hatte gleichzeitig immer weniger Freude an ihrem eigenen Job. Abends und am Wochenende verbrachte sie jede freie Minute mit mir, und sie hatte einen so natürlichen Zugang zu den Tieren, dass ich sie schon bald bat, meine Vollzeit-Mitarbeiterin zu werden. Also gab sie alles auf: ihr Heim mit Küche, Bad und fließend warmem und kaltem Wasser, ihren guten Job, die damit verbundene Sicherheit und ein normales Leben. Stattdessen zog sie zu mir in den Wohnwagen mit einem einflammigen Gaskocher und einem Mann, der nach Wölfen stank. Meine Bewunderung für diese Frau kennt keine Grenzen.

Zufällig – wobei Helen sagen würde, dass es keinen Zufall gibt – hatte ich an dem Morgen, als sie sich bereiterklärte, zu mir zu ziehen, ein Gespräch mit Fernsehleuten, bei dem es um Ideen für eine neue Serie ging. Bethan Corney, Redakteurin bei Channel Five, die mich immer sehr gefördert hat, dachte über eine zweistündige Dokumentation nach, in der die Geschichte meines Lebens mit den Wölfen weiterverfolgt werden sollte. Die Frage war nur, wie? Mit meiner neuen Agentin Hilary Knight und Kath Moore, der geschäftsführenden Produzentin von Tigress, einer Filmproduktionsgesellschaft aus Bristol, welche die Filme herstellen sollte, war sie nach Combe Martin gekommen. Wir saßen im Wohnwagen um den Tisch herum, jeder einen Kaffeebecher vor sich, als ich erwähnte, dass Helen sich entschieden hatte, mir ganztägig im Park zu helfen. Kath fragte, welche Aufgaben sie übernehmen würde. Ich antwortete, ich müsse Helen zunächst einmal beibringen, wie man mit den Wölfen umgeht. Sie bekam große Augen, und im selben Moment war der Filmtitel *Mr. and Mrs. Wolf* geboren. Mehr als drei Monate nachdem Channel Five mit den Dreharbeiten begonnen hatte, stieg der amerikanische Sender Animal Planet in das Projekt ein und erweiterte das Exposé für den US-Markt. Sie wollten ein Programm mit zwölf halbstündigen Folgen, das unter dem Titel *Living with the Wolfman* laufen sollte.

Helen hatte immer das Gefühl gehabt, dass ihr Platz bei den Kindern war. Sie hatte ihr Leben lang mit ihnen gearbeitet und ihre Hierarchie im Klassenzimmer und auf dem Spielplatz beobachtet, und je mehr wir darüber redeten, desto klarer wurde uns, wie ähnlich sich Kinder und Wölfe in dieser Hinsicht sind. Ich ging davon aus, dass sie ein wunderbares Kindermädchen für Wölfe sein würde, wenn sie nur erst gelernt haben würde, was sie dazu wissen musste, und sich in der Nähe der Wölfe wohl fühlte. Ich war gespannt darauf, ob die Wölfe meine Vermutung bestätigen und geschlechtsspezifisch reagieren würden. Die Tiere, mit denen ich die engste Verbindung hatte, waren stets männlich gewesen, und ich erwartete, dass sich Cheyenne Helen gegenüber, einem anderen weiblichen Wesen, auf eine Weise öffnen würde, wie sie es mir gegenüber nicht tat. Sie war jetzt fast zwei Jahre alt. Falls sie trächtig würde, dann würde es – auch im Sinne eines guten Fernsehfilms – darum gehen, dass ich Helen in den neun Wochen bis zur Geburt der Welpen genug Kenntnisse über Wölfe vermitteln konnte. Und würden wir dann Cheyenne überreden können, Helen als Kindermädchen für ihren Nachwuchs auszuwählen?

30

Das Wunder namens Wolf

Die Dreharbeiten begannen Ende Februar mit der Ranzzeit und den unablässigen Kämpfen der männlichen Tiere, wie ich sie auch von den wilden Wölfen kannte. Ich hatte Cheyenne zu Yana, Tamaska und Matsi in das Hauptgehege gesteckt und war mir ziemlich sicher, dass sie sich Yana, das männliche Alpha-Tier, als Gefährten aussuchen würde. Er war ihr Halbbruder, doch Wölfe paaren sich in Gefangenschaft wie auch in der Wildnis mit ihren Familienmitgliedern, und es gibt keine Hinweise auf negative Folgen dieser Inzucht. Cheyennes Brüder befanden sich im Nachbargehege, das durch ein Tor mit dem Hauptgehege verbunden war, so dass wir die Tiere bei Bedarf trennen konnten, aber vorläufig waren sie alle zusammen, ein Rudel von sieben Wölfen. Nataa, Nanoose und Tejas waren zu jung, um als Erzeuger für den Nachwuchs in Frage zu kommen, und falls sie es versuchen sollten, würde einer der ausgewachsenen Wölfe sie vertreiben.

Wölfe sind bei der Paarung so scheu, dass sie sich zu diesem Zweck gewöhnlich vom Rest des Rudels entfernen, wie ich es in der Wildnis erlebt hatte, oder den Akt im Schutz der Dunkelheit vollziehen. Ich hatte ihn noch nie beobachtet, aber diesmal hofften wir, alles mit der Kamera einfangen zu können. Sobald ich aus Cheyennes

Verhalten schließen konnte, dass sie empfängnisbereit war, verbrachte ich deshalb meine gesamte Zeit damit, sie zu beobachten – in der sicheren Erwartung, dass Yana seine Chance nutzen würde.

Aber er tat nichts dergleichen. Mitten an einem Nachmittag kurz nach der Fütterung entschied sich Cheyenne für Matsi, das niederrangigste Tier im Rudel. Ich konnte es nicht fassen. Es war der totale Schock; es widersprach allem, was ich gehört hatte. Sämtliche Biologen behaupten, der Alpha-Wolf würde andere hoffnungsvolle Kandidaten verdrängen. Wir beobachteten etwas sehr Interessantes, und ich vermutete, dass Cheyenne für ihre Wahl einen besonderen Grund hatte. Früh am nächsten Morgen paarte sie sich erneut mit Matsi. In der folgenden Nacht, auch wenn es in der Dunkelheit unter den Bäumen schwer zu erkennen war, schien es mir so, als würde Yana endlich zu seinem Recht kommen.

Am nächsten Morgen war ich gerade mit der Filmcrew oben im Wohnwagen auf einen schnellen Kaffee und ein Schinken-Sandwich, als Linda und Roger, zwei Mitarbeiter aus dem Park, mich auf dem Handy anriefen: »Komm schnell, du wirst es nicht glauben!« Wir rannten den Hügel hinunter und fanden Cheyenne und Tamaska, den Beta-Wolf, ineinander verknotet. Innerhalb von zwei Tagen hatte sich Cheyenne mit allen drei möglichen Kandidaten gepaart.

Soweit ich weiß, ist das bisher noch nie beobachtet worden, und wir werden später Blutuntersuchungen durchführen, um festzustellen, wer von den dreien tatsächlich der Vater der Welpen ist. Es gibt Hinweise darauf, dass Hündinnen in einem Wurf die Nachkommen von zwei Erzeugern austragen – in solchen Fällen können einige Welpen beispielsweise reinrassige Labradore sein, während andere eindeutig Labrador-Collie-Mischlinge sind. Folglich muss dasselbe auch bei Wölfen möglich sein. Ich vertrete die Theorie, dass Cheyenne ihre Partner vielleicht wegen ihres Rangs ausgewählt hat, weil sie instinktiv wusste, dass die Welpen genau denselben Rang haben würden wie ihre Väter – Designerbabys gewissermaßen. Natürlich kann es auch einfach das Verhalten einer unerfahrenen Wölfin gewesen sein, aber ich halte es durchaus für denkbar, dass mehr dahintersteckt, eine clevere Absicht, die unser derzeitiges Denken auf den Kopf stellen würde.

Die nächste große Frage war, ob Cheyenne nun tatsächlich Nachwuchs erwartete; das mussten wir wegen des Drehplans unbedingt wissen. Verlässliche Auskunft hätte eine Ultraschalluntersuchung gegeben, aber ich wollte Cheyenne den damit verbundenen Stress ersparen, und deshalb versuchten wir es 14 Tage später mit zwei Alternativen. Wir schickten eine Kotprobe an ein Labor, das normalerweise Tests für Löwen und andere Raubkatzen durchführt, aber auch bereit war, es mit einem Wolf zu versuchen, und wir führten einen in der Humanmedizin üblichen Schwangerschaftstest durch, dessen Ergebnis zwar ebenfalls nicht hundertprozentig zuverlässig war, uns aber vielleicht einen Hinweis geben konnte. Als Helen und ich den Testsatz in der Drogerie von Combe Martin kauften, warf man uns bedeutungsvolle Blicke zu, und wir mussten rasch erklären, dass er für eine Wölfin und nicht für uns war.

Die nächste Schwierigkeit bestand darin, an eine Urinprobe zu kommen. Ich musste Cheyenne durch zwei Gehege hinterherrennen, stets ein Töpfchen in der Hand, und mich auf den Boden werfen, sobald es so schien, als wolle sie sich hinhocken. Wider Erwarten war ich erfolgreich, und wir trugen die Probe vorsichtig zum Wohnwagen hinauf und steckten das Teststäbchen hinein. Ich glaubte, ein schwaches Kreuz zu erkennen, war mir aber nicht sicher.

Also mussten wir noch drei Wochen auf die Laborergebnisse der Kotprobe warten, aber mittlerweile zeigte Cheyenne schon deutliche Zeichen von Trächtigkeit: Sie nahm an Gewicht zu, ihre Zitzen schwollen allmählich an, und sie begann, eine Höhle zu graben und Schutzlöcher vorzubereiten, wie ich es auch bei den Alpha-Wölfinnen in der Wildnis beobachtet hatte. Als das Labor uns schließlich mitteilte, das Untersuchungsergebnis spreche ziemlich sicher für eine Trächtigkeit, mussten wir uns sputen. Uns blieben nur noch wenige Wochen, um Cheyenne zu überzeugen, dass Helen erfahren genug war, um die Rolle des Kindermädchens zu übernehmen.

Helen war auch in der Zwischenzeit schon ins Gehege gegangen, aber jetzt mussten wir alles forcieren. Jeden Tag brachte ich sie zur werdenden Mutter, den Mund vollgestopft mit kleinen Stückchen von vorgekautem rohen Fleisch und Hackfleisch, das sie ausspucken konnte, sobald Cheyenne sie durch Zwicken in die Lippen dazu aufforderte – das ist das Erste, was die Welpen mit ihrem Kindermädchen machen. Ich hockte neben Helen und tat dasselbe, und Cheyenne hatte einen solchen Appetit und zwickte so gierig an unseren Lippen, dass wir beide aussahen, als hätten wir an einem Kaktus gesaugt. Nachdem wir das einige Wochen praktiziert hatten, waren unsere Lippen so wund, dass wir keinen heißen Kaffee mehr trinken konnten.

Endlich kam der Tag der Geburt. Die Höhle war bereits mit Infrarot-Kameras ausgestattet, die wir so angebracht hatten, dass sie in jeden Winkel reichten, in den sich Cheyenne möglicherweise zurückziehen würde. Außerhalb des Geheges, in der kleinen Arena, wo während der Saison das Publikum saß, um meine Vorträge zu hören, hatte die Filmcrew einen Monitor aufgestellt, so dass wir alle sehen konnten, was unter der Erde vorging. Cheyenne zog sich in die Höhle zurück und war ruhelos, aber sonst gab es keine Zeichen von Aktivität. Da ich mich erinnerte, dass sich ihre Mutter zwei Tage vor der Geburt in die Höhle begeben hatte, erwartete ich auch noch nicht viel. Helen und Jude, eine ehrenamtliche Helferin, die von den Primaten zu uns herübergekommen war, übernahmen die erste Schicht, während ich etwas aß. Gegen elf Uhr abends übernahm ich die Wache. Ungefähr um ein Uhr nachts wurde Cheyenne wieder unruhig, scharrte sich eine Geburtsmulde und verdeckte dabei eine der Kameras zum Teil. Ich rief Helen und Jude, und wenig später hörten wir Geräusche, die vermuten ließen, dass die Wehen eingesetzt hatten. Dann bot sich uns ein unglaublicher Anblick: Sie riss sich das Fell rund um die Zitzen aus, um das Gesäuge für die Welpen vorzubereiten. Ich hatte nie gehört oder gesehen, dass Wölfinnen so etwas tun. Wir wurden Zeugen eines wahrhaft außergewöhnlichen Vorgangs.

Zwischen vier und halb fünf Uhr morgens wurde der erste Welpe geboren, ein sehr dunkel aussehendes Geschöpf, das sie reichlich unsanft mit den Zähnen hochnahm. Ich war einen Moment besorgt und sagte laut: »Sachte, Cheyenne«, aber dann quiekte das Neugeborene, und sofort lockerte sie ihren Griff und schob den Welpen sanft unter ihren Bauch, wo er zu saugen begann. Wir alle seufzten erleichtert auf und entspannten uns. Sie hatte ein lebendes, gesundes, saugendes Junges und schien zu wissen, was sie tat. Nummer zwei, drei und vier kamen genauso mühelos zur Welt, und wir waren überglücklich. Erfolg. Helen begann mit einer Zusammenfassung vor laufender Kamera für ihr Video-Tagebuch. Cheyenne säugte, leckte und säuberte ihre Welpen. Wir konnten alle ins Bett gehen und etwas Schlaf nachholen; unser Mädchen hatte seine Sache gut gemacht. Wir hatten vier Junge erwartet, und sie hatte unsere Erwartungen erfüllt. Es waren Bilderbuchgeburten gewesen.

Und dann fiel mir auf, dass Cheyenne wieder zu pressen begonnen hatte, aber es kam nichts. Es ging ihr schlecht. Sie heulte und ächzte und stöhnte, und die Geräusche, die sie von sich gab, werden Helen und mich wahrscheinlich unser Leben lang verfolgen. Fast anderthalb Stunden lang quälte sie sich auf diese Weise, aber es kann tatsächlich so lange dauern, bis ein letzter Welpe geboren wird, und deshalb wollte ich nicht gleich in Panik ausbrechen. Als sich jedoch nach zwei Stunden immer noch nichts tat, machte ich mir ernsthafte Sorgen. Im ersten Morgengrauen beschloss ich, den Versuch zu unternehmen, sie aus ihrer Höhle herauszulocken und etwas herumzuführen, um zu sehen, ob wir Bewegung in die Sache bringen konnten. Helen und Jude riefen sie, und sie kam heraus, setzte sich vier oder fünf Minuten auf die Bank, leckte sich das Hinterteil und begab sich dann wieder zurück in die Höhle, wo sie im Kreis herumging, sich hinlegte und erneut zu pressen begann. Währenddessen wuchs ihre Erschöpfung. Mir war klar, dass die Situation allmählich lebensbedrohlich für sie wurde. Wenn das letzte Junge tot in ihrer Gebärmutter lag, würde es bald ihren Organismus vergiften. Deshalb rief ich den Tierarzt an, auf dessen Ankunft wir jedoch quälend lange warten mussten.

Er war ebenfalls der Meinung, dass der ungeborene Welpe vermutlich nicht mehr lebte, und wollte sie mit einem Betäubungsgewehr matt setzen, um die Totgeburt herauszuholen und Cheyenne anschließend zu ihren lebenden Jungen zurückzuschicken. Wir riefen sie noch einmal aus der Höhle, der Tierarzt schoss seine Betäubungsspritze ab, aber das Mittel machte sie nur etwas benommen. Er schoss eine zweite Spritze ab, doch auch das reichte nicht, und in ihrem halb betäubten Zustand biss sie mich übel in die Hand. Der Tierarzt konnte den toten Welpen nicht manuell entfernen. Er würde einen Kaiserschnitt machen müssen, und das bedeutete, dass wir Cheyenne in seine Praxis bringen mussten, die zwanzig Autominuten entfernt war.

Wir standen vor einem quälenden Dilemma. Im schlimmsten Fall würden wir Cheyenne verlieren. Wenn nicht, würde sie durch die Operation und die Hin- und Rückfahrt so lange weg sein, dass wir die Welpen verlieren würden, und wenn wir die Kleinen während Cheyennes Abwesenheit aus der Höhle holten und fütterten, würde sie sie bei ihrer Rückkehr wahrscheinlich nicht mehr annehmen.

Ich beschloss, die Welpen aus der Höhle zu holen und in die Tierarztpraxis mitzunehmen. Während Helen und

Jude Cheyenne in einem Käfig in den Lieferwagen verfrachteten, kroch ich in die Höhle. Cheyenne hatte sie rund zwei Meter über meine ursprüngliche Anlage hinaus erweitert, genau wie ihre Mutter es getan hatte, um dafür zu sorgen, dass niemand, der größer war als sie selbst, an die Welpen herankommen konnte. Ich musste mich durch diesen engen Tunnel winden, was sich als reichlich mühsam erwies. An einer Stelle kippte er nach unten, fast wie ein U-Bogen in einem Abflussrohr, wahrscheinlich um Wasser abzuleiten, damit die Geburtsmulde nicht überschwemmt werden konnte. Als der Boden abschüssig wurde, befand sich darüber eine Ausbuchtung, von der ich annahm, sie sei aus Zement. Während ich darunter herkroch, stieß ich aus Versehen dagegen und stellte fest, dass es sich um lose Erde handelte, die Cheyenne ausgebuddelt hatte und die jetzt rund um mein Gesicht einbrach. Ich bekam kaum noch Luft, und ich konnte mich nicht bewegen. In der Hoffnung, dass mich irgendjemand hören würde, schrie ich um Hilfe, aber alle waren so damit beschäftigt, Cheyenne zu verladen, dass nur Helens Sohn Arran reagierte. Ich konnte die Panik in seiner Stimme hören, als er rief, jemand solle schnell zur Höhle kommen. Daraufhin kamen zum Glück zwei Tierpfleger angerannt, und ich spürte, wie Hände an meinen Füßen zu zerren begannen, gerade als das Atmen echt schwierig wurde und ich dachte, ich würde hier nie wieder rauskommen. Die Höhle war inzwischen vollständig eingebrochen, und mir blieb nichts anderes übrig, als die Welpen aus ihrer Geburtsmulde auszugraben. Ich legte sie in einen Karton, deckte einen Pullover darüber, um sie warm zu halten, stellte den Karton auf den Beifahrersitz meines Geländewagens, legte noch ein paar bananenförmige Flaschen mit spezieller Milch für die Welpen dazu und raste dann hinter Helen her, die schon hatte losfahren müssen, weil Cheyenne allmählich wieder zu sich kam.

Als ich in der Tierarztpraxis ankam, lag Cheyenne auf dem Operationstisch, und so ließ ich die Welpen in der Obhut unserer zahlreichen Helfer, die versuchen sollten, ihnen ein wenig Milch einzuflößen, während ich nachschaute, wie es ihrer Mutter ging. In Cheyennes Gebärmutter befand sich noch ein großes weibliches Jungtier, das unmöglich auf natürlichem Weg hätte herauskommen können. Zum Glück konnten wir ihr rechtzeitig helfen – sie lebte noch, und der Kaiserschnitt war erfolgreich –, aber wir würden viel Arbeit mit den Welpen haben, und vor mir lagen mindestens weitere 24 Stunden ohne Schlaf.

Ich kann nicht erklären, warum ich tat, was ich dann tat. Ich setzte darauf, dass zwischen Cheyenne und ihren Welpen, wenn sie erst einmal bei der Mutter getrunken hatten, eine Verbindung entstehen würde, und sei sie auch noch so schwach. Cheyenne forderte ich damit viel ab: Sie hatte ein erhebliches Trauma erlitten, hinter ihr lag die denkbar schlimmste Geburtserfahrung, und ihre Höhle war eingebrochen. Trotzdem fuhr ich vor Helen zurück zum Park, nahm die Welpen mit, ging ins Gehege und begann, die Höhle zu reparieren und sie dem, was Cheyenne gebaut hatte, so ähnlich wie möglich zu machen. Ich war inzwischen völlig erschöpft, wurde nur noch von Adrenalin angetrieben, konnte mir aber auch von niemandem helfen lassen, denn wenn mein Plan eine Chance auf Erfolg haben sollte, dann durfte die Höhle nach keinem Menschen außer mir riechen. Ich hoffte, dass ich die Welpen wieder unter die Erde zurückbringen und Cheyenne überreden konnte, zu ihnen zu gehen. Die Erfolgsaussichten standen nicht besonders gut, aber ich wusste, wenn die Höhle nach anderen Menschen roch, dann würde sie ganz sicher nicht einmal in deren Nähe gehen.

Eins nach dem anderen legte ich die sich windenden, quiekenden kleinen Bündel gerade in die neu konstruierte Geburtsmulde, als Helen den Lieferwagen mit Cheyenne auf der Ladefläche rückwärts den Weg hinunterfuhr. Wir manövrierten den Käfig ins Gehege, öffneten die Tür und sahen zu, wie eine sehr mitgenommene, blutbefleckte Wölfin nach draußen torkelte, die so wirkte, als würde sie in Selbstmitleid versinken. Sie versuchte zu laufen und fiel sofort in den Teich, aus dem ich sie wieder herauszog. Jetzt waren wir zu allem Überfluss auch noch tropfnass. Die Rüden waren im Nachbargehege eingeschlossen, und Cheyenne wollte unbedingt zu ihnen. Sie schien keine Erinnerung an die Welpen oder irgendetwas zu haben, das sich vor ihrer Betäubung abgespielt hatte. Sie wankte einfach auf wackligen Beinen hin und her, immer am Zaun entlang. Ich wusste nicht, was ich tun sollte. Wenn ich ihr das Tor zum Nachbargehege öffnete, würde sie die Welpen nie wieder ansehen.

Dann kam mir plötzlich eine Idee. Ich ging zu ihr und begann zu winseln und zu jaulen, in einer hohen Tonlage, die sie aus unserer gemeinsam verbrachten Zeit kannte. Ich rieb mich an ihr und versuchte, auf dieselbe Weise eine Verbindung herzustellen, wie Wölfe es tun, wenn sie einander brauchen, und tatsächlich begann sie zu reagieren. Sehr langsam entfernte ich mich nun von ihr und rief sie dabei ständig, bis wir am hinteren Bereich des Teichs vorbei und auf halbem Weg zur Höhle waren. Langsam, ganz langsam bewegten wir uns voran, immer näher auf die Höhle zu, bis wir schließlich nur noch zehn Meter vom Eingang entfernt waren – und dann drehte sie sich um und lief zurück zu den Rüden.

Wertvolle Minuten verrannen. Ich konnte es mir nicht leisten, die gesamte Prozedur zu wiederholen. Ich hörte die Welpen unten in der Höhle quieken; sie brauchten dringend Wärme und Nahrung, und wenn ich Cheyenne nicht bald überreden konnte, zu ihnen zu gehen, dann würden wir die Kleinen verlieren. Wenn ich sie nur nah genug an die Höhle locken konnte, so dass sie das Jammern ebenfalls hörte, dann könnte ich vielleicht hoffen, dass diese Laute ihre Mutterinstinkte wieder wecken würden. Also blieb ich bei der Höhle und winselte und winselte, bis sich mein Hals verkrampfte. Ich hatte den ganzen Tag noch nichts gegessen oder getrunken, und mein Mund war immer noch mit Dreck verschmiert. Ich war seit fast 48 Stunden auf den Beinen und völlig erschöpft. Schließlich begann sie, langsam auf mich zuzukommen, immer näher, bis sie nur noch anderthalb Meter vom Höhleneingang entfernt war. Immer noch winselnd wich ich zurück, bis sich mein Kopf direkt neben dem Eingang befand. Sie kam zu mir, brachte ihr Maul an meinen Mund, als wolle sie um Futter bitten, und in diesem Moment sah ich, dass sie die Welpen hörte. Sie neigte den Kopf erst zur einen und dann zur anderen Seite, und ihr Ohr zuckte, als würde sie intensiv horchen. Zittrig steckte sie Kopf und Schultern in den Höhleneingang, und ich wünschte mit aller Kraft, sie würde weitergehen – ich war sogar versucht, ihr einen Schubs zu geben –, aber dann wich sie zurück, drehte ab und setzte sich unter einen Baum.

Ich begann erneut zu winseln, und wieder wankte sie zum Höhleneingang und leckte mich um den Mund herum ab. Also steckte ich meinen Kopf in die Höhle, und sie steckte neben mir Kopf und Schultern ebenfalls hinein. Ganz langsam zog ich mich zurück. Sie hatte Kopf, Hals und Schultern im Höhleneingang, und diesmal drückte ich meine Schulter gegen ihr Hinterteil, um möglichst zu verhindern, dass sie wieder rückwärts herauskam. Unterdessen quiekten die verzweifelten Welpen fast ohrenbetäubend laut, und plötzlich war der Druck gegen meine Schulter weg. Ich fiel nach vorn, und Cheyenne verschwand in der Höhle.

Ich wartete einige Sekunden. Noch immer hörte ich die Welpen rufen, aber ich hatte keine Ahnung, was dort unten los war – würde sie wieder herauskommen oder sich vielleicht auf die Kleinen legen und sie ersticken? Das Herz schlug mir bis zum Hals, und ich drückte sämtliche Daumen. Als ich auf dem Weg war, das Gehege zu verlassen, kam mir Helen tränenüberströmt entgegen. Sie hatte vor dem Monitor gesessen.

»Was ist passiert?«, fragte ich. »Hat Cheyenne sie gefressen?«

»Sie säugt sie«, lachte Helen unter Tränen.

Und ich dachte nur: »Ach, du lieber Gott.« Das ist das Wunder namens Wolf.

31

Die Grenzen hinausschieben

Ich hatte mich sehr darauf gefreut, Helen beizubringen, wie sie mit den Wölfen umgehen musste, und zu erleben, wie sie ein Teil meiner Welt wurde. Mir gefiel auch die Idee, die hinter der Dokumentarserie stand. Sie würde ein echtes Paradestück für unsere Forschungsarbeit sein. Aber ich machte mir nichts vor: Helen und ich würden einen gewaltigen Berg zu erklimmen haben. Sie musste innerhalb weniger Wochen lernen, was ich im Laufe der Jahre entdeckt hatte, und so viel von dem, was meine Sicherheit im Umgang mit diesen Geschöpfen garantierte, gründete auf meinen Erfahrungen. Mit meiner Erwartung, dass dieses Vorhaben funktionieren würde – die Erwartung, dem Rudel vorgaukeln zu können, dass Helen über mehr Erfahrungen mit ihrer Welt verfügte als die Wölfe selbst –, setzte ich mich über alle Grenzen hinweg. Obwohl ich mein Leben damit verbracht hatte, Grenzen hinauszuschieben und Dinge zu tun, von denen mir mein gesunder Menschenverstand sagte, dass sie unsinnig waren, hatte ich bisher doch immer nur meinen eigenen Hals riskiert. Diesmal ging es um den Hals der Frau, die ich liebte – und wenn ich die Uhr zurückdrehen und diese Monate noch einmal durchleben könnte, dann würde ich es nicht wieder tun.

Während der monatelangen Dreharbeiten bekam ich eine Ahnung von den Sorgen, die sich Helen ständig machte, seit wir ein Paar waren. Jeden Tag war sie krank vor Angst bei dem Gedanken, in welchem Zustand ich am Ende wohl sein würde – verletzt, gebissen, blutend, ob ich verbunden oder vielleicht sogar in der Ambulanz des nächsten Krankenhauses genäht werden musste. Gehirnerschütterungen kamen ziemlich häufig vor. Nach einem wirklich heftigen Schlag gegen den Kopf, bei dem ich torkelte und Sterne sah, fand ich mich manchmal eine Stunde später am Boden liegend wieder, während Helen mit bleichem Gesicht neben mir hockte und fragte, ob alles in Ordnung sei. Sie berichtete mir dann, dass ich in den letzten zehn Minuten bewusstlos gewesen war. Und es kam auch sehr häufig vor, dass ich Blut im Urin hatte.

Nun hatten wir die Rollen getauscht, und es ging uns beiden auf die Nerven. Ich war jetzt derjenige, der ständig mit der entsetzlichen Vorstellung lebte, es könnte etwas Schlimmes passieren. Sie war diejenige, die täglich mit den Wölfen umging, und auch wenn ich mich die meiste Zeit mit im Gehege aufhielt und ihr immer wieder versicherte, dass keine Gefahr bestand, wusste ich doch, dass ich bluffte. Ich sagte ihr, sie müsse sich auf den Rücken legen und ihren Hals und die verletzliche Unterseite präsentieren. Doch es gab keine Garantie dafür, dass nicht einer der Wölfe unabsichtlich etwas zu fest zubiss oder mit seinen Reißzähnen eine große Ader verletzte. Wenn es sich dabei um die Halsschlagader handelte, könnte sie innerhalb weniger Sekunden tot sein.

Anfangs war ich recht zuversichtlich gewesen, und zunächst lief auch alles gut. Ich hatte geplant, Helen Zug um Zug mit den Wölfen bekannt zu machen. Als Erstes traf sie Cheyenne alleine, denn falls die Wölfin Helen nicht akzeptieren würde, wäre das ganze Experiment sowieso beendet. Doch die ersten Begegnungen sahen viel versprechend aus. Helen musste Cheyenne als dem höherrangigen Rudelmitglied Respekt erweisen, und sie tat alles, was ich ihr eingetrichtert hatte. Danach traf sie auf die jungen Rüden Nanoose, Nataa und Tejas, die sie davon überzeugen musste, dass sie ein höherrangiges Tier war, und das erwies sich als größere Herausforderung. Die Wölfe benahmen sich wie übermütige Teenager, gaben sich kampflustig, und Helen hatte große Angst, aber sie schaffte es, sich ihnen gegenüber zu behaupten. Am Ende des Tages heulten sie alle gemeinsam, um die Beziehung zu festigen. Die Wölfe, mit denen sie wirklich hart würde arbeiten müssen, waren die werdenden Väter Yana, Tamaska und Matsi. Wenn sie erfolgreich sein wollte, musste sie vom gesamten Rudel akzeptiert werden.

Dann passierte etwas, das mir die Augen öffnete. Ich hatte einen Rehkadaver zum Gehege gebracht. Helen hatte mir bei der Fütterung geholfen, war jedoch nicht mit hereingekommen. Sie stand draußen und unterhielt sich mit einem der ehrenamtlichen Helfer. Im gesamten Rudel herrschte ein hohes Energieniveau. Ich hatte den Verdacht, dass eine läufige Hündin in der Nähe gewesen war. Wie auch immer, die Atmosphäre war sehr angespannt – fast explosiv. Zur Zeit der Fütterung herrscht immer ein hoher Geräuschpegel, wenn alle Wölfe knurren und schnappen und ihren Platz am Kadaver verteidigen. Wer mit diesem Bild nicht vertraut ist, wird denken, dass sie sich gegenseitig umbringen wollen, aber darum geht es gar nicht. Es ist die klassische Situation, in der Tiere, die bellen, nicht beißen. Von wenigen Ausnahmen abgesehen.

Ich hatte meinen üblichen Platz am Kadaver zwischen Tamaska und Yana eingenommen; beide zerrten knurrend und Zähne fletschend am Fell und den Bändern. Ich riss knurrend Stücke von meinem Anteil und machte dabei allen anderen deutlich, dass ich darauf Anspruch erhob. Plötzlich zog ich mich zurück und hob den Kopf. Einen Sekundenbruchteil später stürzten sich Tamaska und Yana aufeinander; ihre Kiefer schnappten zu und schlossen sich, und ihre Körper wurden zu einem wirbelnden Bündel aus schwarzem und braunem Fell. Hätte ich mich nicht rechtzeitig zurückgezogen, wäre ich mittendrin gewesen, und einige der schlimmsten Verletzungen, die ich im Laufe der Jahre davongetragen habe, waren die Folge davon, dass ich bei solchen Gelegenheiten ins Kreuzfeuer geriet.

Helen hatte die Szene mit wachsendem Entsetzen verfolgt. Sie fragte, woher ich gewusst hatte, dass im nächsten Moment eine solche Gewalt ausbrechen würde. Ich sollte ihr beibringen, wie sie die Vorzeichen erkennen konnte, um gewappnet zu sein, wenn sie auf sich allein gestellt war. Mir wurde echt übel. Es war mir nicht möglich, ihr zu erklären, wie sie das tun konnte, was ich gerade getan hatte. Es war eine instinktive Reaktion gewesen, das Ergebnis jahrelanger Erfahrung. Es war nichts, was ich ihr beibringen konnte, und es war nichts, was ich für sie tun konnte. In diesem Moment wurde mir klar, dass ich Helen einem viel zu großen Risiko aussetzte. Ich hatte geglaubt, genug zu wissen, um für ihre Sicherheit sorgen zu können, aber in diesem Moment erkannte ich, dass ich nicht genug wusste. Ich war immer überzeugt gewesen, dass Steve Irwin, der australische Krokodil-Experte, sein Leben verloren hatte, weil er sich in ein für ihn fremdes Gelände gewagt hatte. Er wurde von einem Stachelrochen getötet, während er im Great Barrier Reef filmte. Ich hatte Irwin sehr bewundert, aber er war Experte für Krokodile, und ich hatte es für gefährlich gehalten, dass er – entweder aus eigenem Antrieb oder von anderen überredet – sein Fachgebiet verlassen hatte. Ich erinnere mich noch, wie ich ihn in einer Fernsehsendung gesehen habe, als seine Frau auf Fraser Island mit Dingos spielte, aber soweit ich es beurteilen konnte, verstand er überhaupt nichts von Hunden – er war überfordert, spielte jedoch seine Rolle für die Kamera. Ich konnte sehen, dass einer der Dingos gleich zuschnappen würde, und einen Moment später schnappte er nach Irwins Frau. Helen, die den Film mit mir anschaute, fragte: »Woher hast du gewusst, dass er das tun würde?« Ich konnte es nicht sagen. Es war einfach ein Gefühl, das ich nach jahrelanger Erfahrung mit diesen Lebewesen hatte. Fernsehen oder nicht, hier ging es um Helens Leben, und das durfte ich unter keinen Umständen aufs Spiel setzen.

Es gab während der Filmaufnahmen häufiger Gelegenheiten, bei denen ich dachte, ich hätte einen großen Fehler gemacht. Ich war ständig hin und her gerissen zwischen dem Bedürfnis, das zu tun, von dem ich wusste, es würde großartige Aufnahmen fürs Fernsehen hergeben – und das war wichtig –, und das zu tun, von dem ich wusste, es war für Helen sicher. Manchmal habe ich sie überrumpelt. Sie hatte entsetzliche Angst vor ihrem Treffen mit den älteren

Rüden. Diese Angst hatte sich in ihrem Kopf aufgebaut, bis sie jedes sinnvolle Maß sprengte. Ich wusste, wenn ich ihr vorher sagen würde, dass ich plante, sie in ein paar Tagen Matsi vorzustellen, dann hätte sie keinen Bissen mehr gegessen und keine Sekunde mehr geschlafen. Sie hätte sich in einen so panischen Zustand versetzt, dass sie beim Betreten des Geheges wie ein ganz anderer Mensch gerochen und alle falschen Signale von sich gegeben hätte. Matsi ist wahrscheinlich der unberechenbarste Wolf im gesamten Rudel, denn seine Aufgabe als Tester besteht darin, Schwächen aufzudecken. Wenn er das geringste Zögern bei einem anderen Wolf oder einem Menschen feststellt, dann macht er die Alpha-Wölfin darauf aufmerksam, und sie schickt den Beta-Wolf los, den Schlägertypen, der sich um das Problem kümmert.

Also überrumpelte ich Helen. Ihr Selbstvertrauen war höher denn je, nachdem sie gut mit den drei Teenagern zurechtgekommen war, und Matsi befand sich gerade in guter Stimmung. Ich hatte morgens einige Stunden mit ihm verbracht, und er war ruhig und entspannt. Er war Helen von der anderen Seite des Zauns schon oft nahe gekommen, so dass er bereits viel über sie wusste. Es war ein wunderschöner, ruhiger Tag, der die besten Voraussetzungen für eine erfolgreiche Begegnung bot. Alles, was ich jetzt brauchte, war ein altmodisches Täuschungsmanöver. Ich sagte Helen, wir würden noch einmal zu den Teenagern gehen. Als sie Matsi bei ihnen im Hauptgehege sah, geriet sie in Panik. Ich erklärte ihr, sie müsse lediglich eine Duftmarke hinterlassen, damit er sie zunächst auf diese Weise kennen lernen konnte. Mit einer Spur von Hysterie in der Stimme fragte sie: »Und was ist, wenn Matsi zu mir rüberkommt?« »Das wird er nicht«, log ich. »Weil sich das Kamerateam mit seiner gesamten Ausrüstung ebenfalls im Gehege aufhält, wird er dafür viel zu nervös sein.« Ich wusste, dass er schnurstracks auf sie zugehen würde, setzte aber darauf, dass sie mit dieser Situation genauso klarkommen würde, wie sie mit anderen klargekommen war. Mir war schon aufgefallen, dass sie dazu neigte, einige Stunden vor einem Ereignis in Panik zu geraten, aber einen absolut kühlen Kopf behielt, wenn die Krise dann tatsächlich eintrat. Außerdem war ich schließlich ebenfalls im Gehege, und ich würde nicht zulassen, dass die Dinge aus dem Ruder liefen.

Während Matsi auf sie zukam, konnte ich sehen, wie ihr Tränen in die Augen stiegen und ihre Unterlippe zu zittern begann. Dies war die erste Begegnung mit einem Wolf, vor dem sie sich wirklich fürchtete. Er war nicht nur ein großer, schwerer, voll ausgewachsener Rüde, sondern Matsi hatte einen schlechten Ruf, und Helen kannte die Geschichten über ihn. Vor nicht langer Zeit hatte es einen Unfall im Park gegeben. Matsi hatte jemandem das gesamte Fleisch von den Fingern gerissen. Das Opfer gehörte zur Stammbelegschaft des Parks, und was die Frau getan hatte, war absolut ungewöhnlich, aber manchmal können erfahrene Mitarbeiter die Tiere falsch einschätzen und kommen mit einem solchen Fehlurteil davon. Jedenfalls hatte die Frau zwei Finger durch den Drahtzaun gesteckt, um Matsi zu kraulen, den sie mit einem anderen, gutmütigeren Wolf verwechselt hatte.

Matsi war als Tester herumgewirbelt und hatte die Finger ins Maul genommen. Die Frau begann ihn daraufhin anzuschreien und versuchte, ihre Finger wegzuziehen, was ihn veranlasste, seine Zähne fest darum zu schließen und ebenfalls zu ziehen, wobei er die Knochen sauber freilegte. Ich hatte Helen die Geschichte nicht erzählt, um sie in Angst zu versetzen, sondern um ihr deutlich zu machen, dass Wölfe auch in Gefangenschaft immer noch wilde Tiere sind, gegenüber denen wir uns keine Selbstgefälligkeit leisten können. Sie leben für den Augenblick, und man darf im Umgang mit ihnen nichts für selbstverständlich halten. Man ist immer nur so gut wie das letzte Mal, als man mit ihnen zusammen war. Es spielt auch keine Rolle, dass man sie eigenhändig mit der Flasche aufgezogen hat; das war damals, jetzt ist heute, und wenn wir ihnen nicht jedes Mal aufs Neue unseren Wert beweisen können, geraten wir in Schwierigkeiten. Wölfe sind nicht sentimental.

»Untersteh dich!«, sagte ich streng, als ich sah, dass sie langsam die Fassung verlor. Sie starrte mich an und spannte die Kiefer auf eine Weise an, wie sie es immer tat, wenn sie sauer war. Gut, dachte ich, soll sie mich notfalls hassen, aber auf gar keinen Fall darf sie vor Matsi zusammenbrechen. Meine Vermutung war richtig gewesen. Matsi sprang an ihr hoch, aber sie blieb vollkommen ruhig und behauptete sich, und nachdem er sie gründlich untersucht hatte, machte der Tester des Rudels kehrt und trollte sich. Nicht nur auf Helens Gesicht zeichnete sich Erleichterung ab, sondern auch ich atmete tief durch. Ich mag keine Glücksspiele, nicht mal dann, wenn meine Chancen gut stehen.

Sekunden später wurde ich von den drei jungen Wölfen umgerissen, die voll in mich hineinknallten. Sie steckten mitten in einer wüsten Rauferei, und ich hatte sie nicht sorgfältig genug beobachtet. Ich hatte mich wie üblich hingehockt, und so bekam mein Kopf die volle Wucht des Aufpralls ab. Einen Moment lang wurde mir schwarz vor Augen, dann sah ich Sternchen und hatte das Gefühl, ein Zug hätte mich überfahren. Abgesehen davon, dass der Stoß mich praktisch ausgeknockt hatte, war dabei auch mein Mikrofon verrutscht, und so musste ich das Gehege kurz verlassen, damit der Toningenieur es wieder richtig anbringen konnte. Während ich draußen war, trabte Matsi auf Helen zu. Ich hatte keine Möglichkeit, ihr zu helfen.

Zusehen zu müssen, wie Matsi seine Kiefer um Helens Hals legte, war der absolut entsetzlichste Moment meines Lebens. Es war nicht so, dass ich Matsi nicht vertraut hätte – ich vertraute ihm vollkommen. Aber ich war mir nicht sicher, ob Helen einen kühlen Kopf behalten würde. Wenn damals die erwähnte Parkmitarbeiterin nicht die Nerven verloren und sich ruhig verhalten hätte, als Matsi ihre Finger zwischen seinen Zähnen hielt, dann hätte er sie wieder losgelassen, ohne sie zu verletzen. Der Schaden, den er bei ihr angerichtet hatte, war entsetzlich, aber es handelte sich doch nur um Finger. Jetzt hatte er Helens Hals zwischen den Zähnen. Hätte sie geschrien oder versucht, sich zu entziehen – hätte sie auch nur einen einzigen Muskel bewegt –, dann hätte er genau dasselbe getan wie bei der Mitarbeiterin, aber die Folgen wären ganz andere gewesen. Helen hätte dabei ihr Leben verloren.

Meine größte Angst bei dieser ganzen Übung galt Helens Reaktionen. Helen ist der emotionalste Mensch, den ich kenne, und ihr beizubringen, dass sie ihre Emotionen abschalten musste, war die wichtigste – und schwierigste – Lektion während dieser Zeit. Im Gehege konnte ich immer wieder die verräterischen Zeichen beobachten. In dem schmalen Durchgang zwischen den zwei Toren stellte sie sich psychisch um, bevor sie zu den Wölfen hineinging, und ich konnte genau sehen, wie sie sich von der emotionalen Helen in die Wolfsrudel-Helen verwandelte. Diese Veränderung musste ich immer abwarten, und wenn sie sagte: »Okay, los!«, dann öffnete ich das zweite Tor und sagte ihr währenddessen: »Vergiss Mensch, denk Wolf!« Das fiel ihr sehr schwer, und ich war unglaublich stolz darauf, wie sie sich beherrschte, aber sobald wir das Gehege durch das erste Tor wieder verlassen hatten, brach sie in Tränen oder Lachen oder eine Mischung aus beidem aus, und alles, was sie bis dahin zurückgehalten hatte, sprudelte dann wie ein Wasserfall hervor.

Sie hielt still. Und der Ausdruck der nackten Angst in ihrem Gesicht verfolgt mich noch immer. Ohne die geringste Möglichkeit, ihr zu helfen, stand ich am Zaun vor dem Gehege, versuchte ruhig zu bleiben und sagte ihr, sie solle sich nicht rühren. Gott sei Dank hörte sie auf mich; sie vertraute mir und geriet nicht in Panik. Und nachdem er ihren Hals eine gefühlte Ewigkeit, die in Wirklichkeit wahrscheinlich nicht länger als eine Minute dauerte, festgehalten hatte, ließ Matsi sie los. Seltsamerweise war Helen trotz ihrer Angst der Ernst der Lage nicht ganz klar gewesen, bis sie meinen Gesichtsausdruck sah, der sie dann wirklich ausrasten ließ. Aber sie hatte den Test bestanden. Matsi akzeptierte sie, und trotz meiner Ängste entwickelte sich zwischen ihm und Helen eine unglaublich enge Verbindung, denn sie waren sich beide sehr ähnlich – zutiefst argwöhnisch und langsam Vertrauen fassend. Die nächste Hürde war Tamaska.

32

Zusammenbruch

Das Treffen zwischen Tamaska und Helen fand niemals statt. Zwei Wochen vor dem planmäßigen Ende der Dreharbeiten brach Helen zusammen. Sie hatte einen Punkt der totalen Erschöpfung erreicht. Zu Beginn des Projektes hatten wir uns darauf geeinigt, dass wir jeweils zwei oder drei Tage pro Woche drehen würden, so dass uns genug Zeit für alles andere blieb, was wir in unserem Leben zu tun hatten. Im Laufe der Zeit machte Animal Planet jedoch Stress, weil sie die Serie früher fertig stellen wollten. Damit brachten sie Tigress in Zugzwang, die ihrerseits den Druck an uns weiterreichten. Sie sammelten Stoff für eine Serie von zwölf Halbstundensendungen für Nordamerika und für zwei einstündige Dokumentationen, die in Großbritannien von Channel Five ausgestrahlt werden sollten. Das entsprach mehreren hundert Stunden Bildmaterial, und bei den meisten Aufnahmen waren wir beteiligt.

Das führte dazu, dass wir sechs, manchmal sogar sieben Tage in der Woche drehen mussten. Morgens ging es meist gegen halb acht los, und oft waren wir abends um halb zehn noch nicht fertig, jedoch völlig erschöpft. Die Dreharbeiten setzten Helen auch auf andere Weise unter Stress. Ihr Crashkurs als Kindermädchen für Wölfe bedeutete für sie eine totale Umstellung ihres Lebens. Sie hatte sich zwar schon daran gewöhnt, in einem Schuhkarton zu hausen, aber jetzt musste sie auch ihre Ernährung ändern. Wie die meisten Leute aß sie gerne Pizza, Pasta und Hamburger, und sie liebte Kuchen und andere Süßigkeiten. Auf Leber legte sie keinen großen Wert, und Nieren brachte sie einfach nicht runter. Um für das Rudel akzeptabel zu riechen, musste sie sich jedoch genauso ernähren wie ein höherrangiger Wolf – und das bedeutete Leber, Nieren und Herz sowie anderes Fleisch von guter Qualität und ein wenig ungewürztes Gemüse. Schlimmer noch, sie musste die Innereien halb roh zerkauen, damit sie sie für Cheyenne und die Welpen wieder ausspucken konnte. Und sie durfte sich nicht einmal zum Trost einen Drink genehmigen.

Eine weitere gravierende Veränderung: Sie musste im Fitnesszentrum trainieren, um ihre Körperkraft zu stärken. Ich ließ sie mit Gewichten üben, Klimmzüge und Liegestütze machen und auf dem Band laufen. Sie hasste es. Sie hatte sich noch nie auf diese Weise sportlich betätigt, aber es war lebenswichtig, dass sie es jetzt tat. Im Interesse ihrer eigenen Sicherheit musste sie sich gegen die Wölfe behaupten können. Ich war stark, aber sogar ich musste ständig trainieren und joggte täglich meine Runden, um meine Kraft zu bewahren – so wie ich es immer getan hatte und auch heute noch tue. Ohne ein solches Maß an Fitness hat man keine Chance bei Rangeleien mit einem 60 Kilo schweren Wolf, der nur aus Zähnen und Muskeln zu bestehen scheint. Und so fit ich auch sein mag, es gibt keine Garantie, dass mir nicht einer von ihnen eines Tages den Hals bricht.

Unser Arbeitspensum wäre schon anstrengend genug gewesen, wenn wir uns nur auf die Dreharbeiten hätten konzentrieren müssen, aber es gab noch mehr zu tun. Die Filmaufnahmen kamen zu unserer normalen Tagesarbeit hinzu. Ich musste immer noch das tun, was vorher meine gesamte Zeit erfordert hatte: mich um die Wölfe kümmern, zweimal täglich die Zäune kontrollieren, den Kontakt mit allen pflegen – auch mit den europäischen Wölfen, die nicht gefilmt wurden. Ich musste immer noch Tonkassetten von anderen Rudeln abspielen, meine Schützlinge immer noch alle paar Tage mit Futter versorgen, die Anlieferung von Kadavern organisieren und weiterhin meine Verpflichtungen gegenüber Bob Butcher erfüllen. Die Dreharbeiten störten die arbeitsreichste Zeit im Park, und Bob setzte mich zunehmend unter Druck, mich den Besuchern zu widmen, von denen mich viele aus dem Fernsehen kannten und die in der Hoffnung gekommen waren, sie könnten einen Vortrag von mir hören und sich meine üblichen Vorführungen anschauen. Ich hatte meine Kinder seit zwölf Monaten nicht mehr gesehen, und meine Unruhe wuchs, denn Jan und ich führten gerade einen Kampf ums Sorgerecht. Unterdessen lebten Helen und ich im Überschalltempo – wir arbeiteten 16 bis 17 Stunden täglich, und das war einfach zu viel. Uns blieb keine Zeit füreinander und keine Zeit, um miteinander zu reden. Wir konnten uns nicht aus dem Weg gehen und hatten kein Leben jenseits unserer gemeinsamen Arbeit. Das bedeutete für uns beide und für unsere Beziehung einen unglaublichen Stress. Wir hatten das Gefühl, als würden wir immer näher an den Abgrund rutschen. Es musste etwas passieren.

Wir hatten ungefähr drei viertel der Dreharbeiten hinter uns, als sich die Risse zu zeigen begannen. Helen bereitete sich auf ihr Treffen mit Tamaska vor, dem Vollstrecker, und sie wusste, das würde eine große Herausforderung sein. Matsi, der Tester, war eine schwierige Aufgabe gewesen, aber der Tester ist nicht derjenige, der sich um die Bestrafung kümmert. Sein Job besteht lediglich darin, die anderen Rudelmitglieder auf Schwächen und Fehler aufmerksam zu machen. Er reagiert nur, wenn man in Panik gerät, und nur dann treten im Kontakt mit ihm die gefährlichen und lebensbedrohlichen Situationen auf. Helens Zusammentreffen mit Yana, dem Entscheidungsträger, war ebenfalls eine Herausforderung gewesen, und sie hatte ihm den Respekt erweisen müssen, der ihm als Chef des Rudels gebührte, doch würde er nie die größte Bedrohung sein. Als Alpha-Wolf war er auf seine eigene Sicherheit bedacht; er würde Helen wahrscheinlich mehr mit seiner Stimme und seiner Körperhaltung bedrohen – und ein anderes Rudelmitglied auffordern, den Rest zu erledigen.

Das dafür zuständige Rudelmitglied war Tamaska. Er war derjenige, bei dem sie sich keinen Fehler erlauben durfte, weil er ihr nicht vergeben würde. Nach den Gesetzen des Rudels hatte er das Recht und zweifellos auch die Macht, jede Art von Züchtigung auszuteilen, die er für angebracht hielt, und ich hatte nicht das Recht einzugreifen. Wenn er auf Helen losgehen würde, dann war sie nur noch zu retten, falls es mir gelang, ihn kurzfristig abzulenken und seine Aggression auf mich zu ziehen. Das würde ihr einige Sekunden geben, um aus dem Gehege zu entkommen, aber nicht mehr. Ich würde ihn festhalten müssen, was all meinen Überzeugungen zuwiderlief, und ich würde mich seinen Bissen aussetzen müssen, die schwere und wahrscheinlich lebensgefährliche Verletzungen zur Folge hätten. Je mehr ich Helen beobachtete, desto weniger glaubte ich, dass sie fähig sein würde, diese letzte Prüfung zu bewältigen. Ich begann mir Sorgen zu machen. Von Tag zu Tag wirkte sie müder und bedrückter. Ihre Ernährung, das Fitness-Training und die emotionalen Belastungen forderten zusehends ihren Preis.

Ich fühlte mich an mein Training bei der Kommando-Einheit erinnert. Wer halbwegs fit war, konnte ziemlich problemlos einen einzelnen Test bestehen, aber wenn man sie so wie wir tagtäglich absolvieren musste, manchmal zweimal pro Tag über einen Zeitraum von acht bis zehn Wochen, dann drohte der Zusammenbruch, und genau in dieser Situation befand sich Helen jetzt. Die körperlichen und seelischen Strapazen ihrer täglichen Arbeit mit den Wölfen, gepaart mit dem, was emotional zwischen uns ablief, waren zu viel für sie, und kurz bevor sie mit Tamaska zusammentreffen sollte, machte sie endgültig schlapp.

An den Anlass kann ich mich nicht mehr genau erinnern. Es ging um irgendeine unbedeutende Kleinigkeit, ob ich die Toilette gesäubert oder daran gedacht hatte, Milch zu kaufen. Was auch immer – es war, wie Helen sich ausdrückte, der Tropfen, der das Fass zum Überlaufen brachte. Ich glaube nicht, dass einer von uns davon ausging, dass es das endgültige Aus sein würde. Sie sagte nur, sie müsse weg von den Wölfen und allem, was mit ihnen zu tun hatte. Obwohl wir nun seit fast drei Jahren zusammenlebten und sie ein Teil meiner Welt war, sahen wir die Dinge immer noch sehr unterschiedlich. Sie versuchte mit der Situation fertig zu werden, indem sie zu ihrem normalen Leben zurückkehrte, während ich mich zu den Wölfen flüchtete. Wir beide kehrten in die Welt zurück, die wir kannten. Es war das Gefühl, in einem langen, dunklen Tunnel zu stecken, an dessen Ende auch nicht der winzigste Lichtstrahl zu erkennen war. Wir hatten größere Auseinandersetzungen als diese überstanden, und hier ging es nicht einmal um einen echten Streit. Es war nur eine Diskussion, die wir zu keinem befriedigenden Ende führen konnten. Helen ging an diesem Abend ins Bett, und ich schlief auf dem Sofa, und als die Situation am nächsten Morgen nicht besser war, beschlossen wir, dass wir eine Pause und etwas Abstand brauchten.

Es war September. Wir hatten seit mehr als sieben Monaten gefilmt, es lagen immer noch mehrere Wochen Dreharbeiten vor uns, und natürlich mussten wir unsere Verträge einhalten. Aber es war unmöglich, an diesem Tag weiterzudrehen, und als die Filmcrew ankam und zur gewohnten Tagesordnung übergehen wollte, sagten wir ihnen, dass wir am Ende waren und nicht arbeiten konnten. Ich musste aus dem Wohnwagen raus, und so beließ ich es dabei und machte mich auf den Weg in die Stadt. Bei meiner Rückkehr war die Crew verschwunden und Helen ebenfalls. Später teilte sie mir per SMS mit, dass sie nicht mehr zum Wohnwagen zurückkehren konnte – sie musste erst einmal mit sich ins Reine kommen.

Während dieser Zeit machte ich Bekanntschaft mit dem Horror der Promiwelt. Als die Amerikaner von unserer Trennung erfuhren, hatten sie nichts Wichtigeres zu tun, als jeden von uns so schnell wie möglich vor die Kameras zu zerren, uns ein Mikrofon unter die Nase zu halten und zu fragen, wie wir uns fühlten – was, so wie wir uns fühlten, das Letzte war, was wir brauchten. Tigress kam uns zu Hilfe. Wir waren inzwischen gute Freunde geworden und hatten gemeinsam eine Menge durchgemacht, und sie vertraten die Einstellung: Das mag bei euch in den Staaten üblich sein, aber hier gehen wir damit anders um. Die Leute brauchen Zeit, um ihre Probleme zu lösen, und wenn sie das geschafft haben, werden wir die Geschichte wieder aufgreifen. Animal Planet hat das wahrscheinlich nicht gerne gehört – ihnen schien der Seifenopern-Aspekt unseres Lebens zu gefallen –, aber ohne diese Atempause hätten wir wahrscheinlich gar nicht mehr weitermachen können. Sie gaben uns eine Woche Zeit.

Helen hat mir inzwischen gesagt, das seien die schlimmsten Tage ihres Lebens gewesen. Auch für mich waren sie unerträglich, denn ich suchte Trost bei den Wölfen und hoffte, es würde mir besser gehen, wenn ich jede Nacht im Schutz der Dunkelheit mit ihnen verbringen würde. Doch die Wölfe vermissten Helen genauso wie ich. Die ganze Nacht heulten sie nach ihr mit den schwermütigen, durch Mark und Bein gehenden Lauten, mit denen sie ein fehlendes Rudelmitglied rufen, um ihm den Heimweg zu zeigen. Ich sehnte mich danach, ihre Antwort von der anderen Seite des Tals zu hören, so wie es früher gewesen war, aber nichts kam zurück; alles blieb still. Fünf Nächte lang riefen die Wölfe auf diese Weise nach ihr, und Stück für Stück brach ihr Heulen mir das Herz. Ich wünschte mir Helen ja auch zurück. Eine Zukunft ohne sie konnte ich mir nicht vorstellen. Sie hatte mir Einlass in eine Welt gewährt, von deren Existenz ich gewusst hatte, eine Welt der Liebe und des Lachens, eine Welt, die sie selbst bewohnte und von der auch ich ein Teil sein wollte, doch jetzt verschloss sie mir die Tür dazu.

Helen und ich hatten in der Zwischenzeit nicht mehr miteinander gesprochen. Kath Moore nahm mit uns einzeln Kontakt auf, und wir einigten uns darauf, dass Tigress unsere Trennung filmen durfte. Das würde die Serie für Animal Planet damit abschließen, dass sie Helen auf ihrem Weg in ein neues Leben begleiteten und meine Zukunft wieder allein mit den Wölfen zeigten. Für mich war das schon schwierig genug, aber was die Sache noch schlimmer machte, waren die »Pick-ups«, die noch mit uns gemeinsam gedreht werden mussten. Filmsequenzen werden nicht immer in der Reihenfolge gedreht, wie sie später gezeigt werden, und so gab es Szenen, in denen wir noch zusammen auftreten mussten. Sie sollten das Bildmaterial über unser gemeinsames Leben vor der Trennung ergänzen. Vor der Kamera so zu tun, als seien wir noch ein Paar, gehörte mit zum Schwierigsten, was ich je gemacht habe. Es war eine Quälerei für uns beide.

Was wir mehr als alles andere brauchten, war Distanz, damit sich jeder für sich mit dem auseinandersetzen konnte, was geschehen war. Vielleicht würden wir eines Tages ein Stück unserer Beziehung retten und Freunde sein können, aber das würden wir nicht wissen, solange wir keine Zeit hatten, alles zu überdenken und die Wunden heilen zu lassen. Doch diesen Luxus konnten wir uns nicht leisten. So viel versprechend uns der Filmvertrag anfangs erschienen war – jetzt hatte er sich in eine Art Albtraum verwandelt, und er zwang uns, zusammen zu sein.

Und mit dem Ende der Dreharbeiten war es noch nicht

vorbei. Der Vertrag verpflichtete uns auch zur Öffentlichkeitsarbeit. Wir mussten gemeinsam in die USA reisen, um Werbung für *Living with the Wolfman* zu machen. Als wir endlich aufhören durften, vor der Kamera das glückliche Paar zu spielen, blieb uns nur eine kurze Pause von wenigen Wochen, bevor wir lachend und scherzend nebeneinander auf den Sofas sämtlicher namhaften Talkshows in New York saßen. Und wieder war alles nur schöner Schein. Helen musste fröhlich darüber erzählen, wie vergnüglich das Leben mit dem Wolfsmann war, und ich musste heulen und knurren und das Publikum ganz allgemein bei Laune halten. Animal Planet wollte das Ende unserer Beziehung geheim halten. Es würde in der letzten Folge bekannt werden, und sie wollten es als Cliffhanger für eine zweite Serie benutzen. Würde es eine dauerhafte Trennung sein, oder würden wir unsere Meinungsverschiedenheiten überwinden können? Wir hatten das Gefühl, dass sie unseren Seelenschmerz ausschlachten wollten, um die Einschaltquoten in die Höhe zu treiben.

Bei unserer letzten Reise nach New York waren wir so glücklich gewesen. Diesmal hätten wir kaum unglücklicher sein können. Es war eine verrückte Zeit für uns – und eine verwirrende. Ich glaube nicht, dass einer von uns wirklich ohne den anderen leben wollte, aber wir sahen einfach keine Möglichkeit, wie unser Zusammenleben hätte funktionieren können. Wir wurden getrennt abgeholt und zum Flughafen gefahren, obwohl wir nur wenige Kilometer voneinander entfernt wohnten. Wir reisten getrennt im Flugzeug, hatten getrennte Zimmer im Hotel und führten getrennte Leben, saßen jedoch nebeneinander auf den Sofas in den Fernsehstudios und plauderten, als wären wir unzertrennlich. Wieder in New York zu sein und uns an unseren letzten Besuch dort zu erinnern, an die Freude und das Lachen, tat unglaublich weh. Der Kampf ums Überleben, der körperliche Schmerz, die Bisse und Wunden, die Schläge gegen den Kopf und andere Körperteile waren nichts im Vergleich zu dem Schmerz, den ich jetzt empfand. In all den Jahren hatte ich meine Emotionen in meinem Inneren verschlossen. Jetzt lagen sie blank. Ich hatte keine Ahnung, wie es weitergehen sollte.

Jeden Tag war es ein Kampf, morgens aufzustehen, und ich musste mich daran erinnern, ein- und auszuatmen. Ich war deprimierter als je zuvor in meinem Leben, und ich wusste, dass die Wölfe stark auf meine Stimmungen reagierten. Nie hatten sie mich so emotional erlebt, und ich machte mir Sorgen, wie sie mit mir umgehen würden. Aber dann waren sie diejenigen, die mir halfen, über die Runden zu kommen. Sie hatten geheult und gerufen, doch als es keine Hoffnung auf eine Antwort mehr gab, hatten sie ihr Rufen eingestellt und begonnen, dem Rudel eine neue Struktur zu geben. Sie hatten um ihren Verlust, um Helen, getrauert, aber das Leben musste weitergehen. Wenn das Rudel kein neues Mitglied finden konnte, brauchte es eine neue Struktur; wir alle mussten uns weiterentwickeln.

Kurz nach unserer Rückkehr von New York rief mich Helen eines Morgens überraschend auf dem Handy an. Sie fragte, ob ich ihre Hunde rauslassen würde. »Warum?«, wollte ich wissen. »Was ist los?« Ihre Stimme klang fremd, und sie sagte, dass sie es nicht schaffte, aus dem Bett zu kommen. Ich fuhr gleich zu ihr rüber und war von ihrem Anblick schockiert. Sie sah aus wie eine leere

Hülle, und während wir miteinander redeten, schien sie immer wieder wegzudriften – in diesem Moment war sie bei mir und im nächsten weit weg in ihrer eigenen Welt. Ich wusste nicht, was mit ihr los war oder was ich tun sollte. So etwas hatte ich noch nie erlebt; dort im Bett lag nicht die Helen, die ich kannte. Sie erschien mir wie ein völlig fremder Mensch, und ich empfand die Situation als sehr beängstigend. Ich kümmerte mich um die Hunde, und dann telefonierte ich mit der Filmcrew. Sie arbeiteten immer noch an den letzten Episoden für die amerikanische Serie. Ich sagte: »Helen kann heute unmöglich filmen.« Ich müsse abwarten, wie es ihr morgen gehen würde, erklärte ich ihnen. Sie könnten durch so etwas nicht ständig Drehtage verlieren, erwiderten sie. Das koste Geld, und sie hätten Animal Planet im Nacken. Die ersten beiden Episoden waren inzwischen gesendet worden, und die Zeit wurde knapp. Ich solle die Sache in Ordnung bringen oder einen Arzt anrufen.

Rückblickend hätten sie mir keinen besseren Rat geben können. Ich brachte Helen zum Arzt, und der überwies sie umgehend ins Krankenhaus. Völlige körperliche und seelische Erschöpfung, lautete die Diagnose. Ihr Organismus hatte einfach gestreikt.

Während der nächsten zwei Monate tat Helen keinen Schritt aus dem Bett. Ich machte gelegentlich Besorgungen für sie, hielt mich aber sonst von ihr fern. Ich war nicht ihr Krankenpfleger; ich wusste, dass meine Anwesenheit alles nur verschlimmert hätte. Außerdem musste ich immer noch für Dreharbeiten zur Verfügung stehen und mich um die Wölfe kümmern, und so sprang Jude für mich ein. Sie und Helen waren gute Freundinnen geworden, und da sie im Park arbeitete, konnte Jude für mich die Verbindung zu Helen halten und mir sagen, wenn sie etwas brauchte.

Die letzten Drehtage waren sehr schwierig. Helen hatte ihren letzten Auftritt hinter sich – sie lag flach und war zu nichts mehr fähig –, so dass Tigress frühere Aufnahmen in die letzten Folgen einflicken musste. Ich machte mir Sorgen um Helen, aber was meinen Teil betraf, zog ich die Sache einfach durch, denn jetzt drängte die Zeit. Wir hatten Tigress und Animal Planet emotional und finanziell an ihre Grenzen gebracht, aber da alle zusammenhielten und halfen, das Beste aus einer schlimmen Situation zu machen, schafften wir es – wir hatten die amerikanische Serie und zwei einstündige Dokumentationen für Großbritannien im Kasten. Plötzlich, nach zehn Monaten unter extremem Druck, mit langen Arbeitstagen und einem mit Filmausrüstung vollgestopften Wohnwagen war alles vorbei. Weihnachten stand vor der Tür, und ich war allein.

Ich war von Freunden, die in der Nähe eine Kneipe hatten, zum Essen eingeladen worden, aber vorher feierte ich mit den Wölfen. Ein Truthahnverkäufer hatte mir eine Menge unverkäuflicher, minderwertiger Tiere geliefert, und sie waren zu Weihnachten das Festessen für meine Bande. Das einzige Problem bestand darin, dass niemand sie gerupft hatte, und an diesem Tag war es unten im Gehege sehr schlammig. Die Welpen hatten noch nie einen Truthahn zu Gesicht bekommen und rasteten völlig aus. Sie rissen die Beute so in Stücke, dass die weißen Federn überall herumflogen. Als ich das Gehege 30 bis 40 Minuten, bevor ich in der Kneipe sein sollte, verließ, sah ich aus, als hätte mich jemand geteert und gefedert.

Im Wohnwagen gab es schon seit Monaten kein heißes Wasser, und so spritzte ich mich mit dem Schlauch ab und versuchte, mich halbwegs ansehnlich für einen Abend unter Menschen herzurichten. Es war Weihnachten, ich war 43 Jahre alt, und ich dachte, es sei an der Zeit, dass sich mein Leben änderte.

Die Entscheidung auszugehen war ein Fehler. Ich hatte die Einladung angenommen, weil ich geglaubt hatte, es würde mir guttun, aus dem Wohnwagen rauszukommen, aber es war eine Katastrophe. Helen und ich hatten diese Kneipe oft besucht, und so ließ der Abend dort schmerzliche Erinnerungen wach werden, und an allen anderen Tischen saßen Paare. Alle lachten und scherzten, zogen Knallbonbons und amüsierten sich. Ich saß allein an meinem kleinen Tisch und fühlte mich hundeelend.

33

Ich habe einen Traum

Mit Hilfe eines Therapeuten lernte ich während der nächsten Monate eine Menge über mich. Die Nez Percé hatten gesagt, mein Platz sei zwischen zwei Welten, aber mir wurde allmählich klar, dass ich so lange mit den Wölfen in ihrer Welt gelebt hatte, dass ich darüber fast vergessen hatte, wie es sich anfühlte, ein Mensch zu sein. Ich hatte die Kluft zwischen diesen beiden Welten überbrücken wollen, um den Wölfen zur Akzeptanz in einer Gesellschaft zu verhelfen, die sie nicht haben wollte oder nicht verstehen konnte, wie wertvoll sie dadurch sind, dass sie in der Natur für mehr Gleichgewicht und Vielfalt sorgen. Aber wie die Indianer sagen: Für den Wolf zu sprechen ist sinnlos, wenn man sich den Menschen nicht verständlich machen kann, von denen man gehört werden muss. Und wie man das macht, hatte ich vergessen. Ich war den Wölfen so nahe, dass ich nicht mehr wusste, warum ich ihre Nähe gesucht hatte. Um ihre Welt zu verbessern, musste ich erst wieder in unserer Fuß fassen.

Helen und ich hatten uns mit den Dreharbeiten übernommen und uns damit beide einem unerträglichen Druck ausgesetzt. Aber ich wusste: Die eigentliche Ursache für unsere Trennung und vielleicht auch für Helens Zusammenbruch war ich. Sie liebte die Wölfe, liebte sie fast genauso leidenschaftlich wie ich, und sie zuckte mit keiner Wimper, wenn es darum ging, Kadaver durch die Gegend zu schleifen oder Kälbern, die aus dem Schlachthaus kamen, die Köpfe und Füße abzuhacken. (Wir dürfen jetzt ganze Schafe und Rehe oder Hirsche verfüttern, aber seit der BSE-Krise in den Achtzigerjahren ist es verboten, den Wölfen Köpfe oder Füße von Schlachttieren zu geben.) Das liebte ich so an Helen: Sie war nicht zimperlich, und es störte sie nicht, sich schmutzig zu machen. Ich glaube, es hat ihr nicht mal etwas ausgemacht, mit mir im Wohnwagen zu hausen, wenn Derek, der Mann aus dem Schlachthaus, uns nach einem ausgedehnten Kneipenbummel mitten in der Nacht tote Kaninchen aufs Dach warf. Auf meine Frage, warum er das tat, sagte er immer, er hoffe, Helen einmal draußen im Nachthemd zu erwischen. Ich glaube nicht, dass es ihr etwas ausgemacht hat, ihren gewohnten Komfort aufzugeben. Was sie aber gestört hat, war meine Unfähigkeit, mich ganz und gar auf sie einzulassen.

Körperlich war ich jahrelang mit Helen zusammen, aber mental lebte ich ständig im Gehege bei den Wölfen. Die eine Welt war voller Emotionen, die andere gänzlich emotionslos. Ich wusste, dass ich meine Emotionen abschaltete, wenn ich mich in der Wolfswelt aufhielt, aber ich hatte immer angenommen, ich würde sie auf dem Rückweg zum Wohnwagen wieder einschalten. Jetzt ist mir klar, dass ich das nie getan habe. Ich habe den Wald nie wirklich verlassen und nie erkannt, dass ich in die Menschenwelt zurückkehren musste, wenn ich in der Zukunft Beziehungen zu Menschen haben wollte, ob nun zu Helen, meinen Kindern oder wem auch immer.

Außerdem war ich besessen gewesen. Ich konnte nicht trennen zwischen den Gefahren der Wolfswelt, wo man ständig um sein Überleben kämpfen muss, und den Gefahren, die ich in der Menschenwelt wahrnahm. Ich war wie ein Vietnam-Veteran oder wie jemand, der unter einer posttraumatischen Störung leidet. Als Helen und ich einen Tagesausflug mit Arran unternahmen, verhielt ich mich wie ein männlicher Wolf, der sein Rudel beschützt. Überall sah ich Gefahren, auch wenn wir nur durch die Straßen von Barnstable schlenderten, der nahe gelegenen Marktstadt. Ich konnte mich immer erst entspannen, wenn wir wieder in unserer heimischen Sicherheitszone angelangt waren. Die Ausflüge in den Park oder in den Zoo oder an den Strand konnte ich nicht genießen, weil ich ständig nervös war, voller Sorge, einer von ihnen könnte ohne mich dem Wasser zu nahe kommen oder weglaufen, um im Sand zu spielen. Ich war wie ein törichter Hütehund, der dauernd und überall seine Herde zusammenhalten musste, um sicher zu sein, dass ihr nichts passierte. Ich hatte eine krankhafte Angst, bei Gefahr nicht da zu sein, denn das ist in der Tierwelt die größte Schuld, die ein Beschützer auf sich laden kann, weil dadurch das gesamte Rudel bedroht ist. Wenn Helen ausging, musste ich immer wissen, wohin sie wollte und wann sie zurück sein würde, und ich glaube, das konnte sie einfach nicht mehr ertragen.

Meine Welt war die der Wölfe; in diese Welt hatte ich sie mitgenommen, und sie war darin fast erstickt. Ich selbst hatte keine anderen Bedürfnisse, Helen aber schon, und das hatte ich nicht erkannt. Sie brauchte ein sehr viel normaleres Leben als ich, brauchte es, gelegentlich auszugehen, Freunde zu treffen, einen Einkaufsbummel zu machen oder die Kosmetikerin zu besuchen, um sich die Augenbrauen zupfen oder die Nägel lackieren zu lassen. Hin und wieder schlief sie auch gerne länger, aber ich stand jeden Tag auf, sobald es dämmerte, damit ich loslaufen und den Sonnenaufgang beobachten konnte, so wie es die Nez Percé tun. Helen war die Liebe meines Lebens. Als Heranwachsender hatte ich immer den romantischen Traum, eines Tages würde mir jemand den Atem rauben, und als das nicht passierte, gab ich mich mit etwas anderem zufrieden. Als ich dann schließlich Helen traf, wollte ich sie so verzweifelt festhalten und beschützen, dass ich unsere Beziehung damit fast zerstört habe.

Während sie sich ausruhte und das neue Jahr voranschritt, wurde sie allmählich wieder stärker und schickte mir gelegentlich eine Nachricht. Es gab verschiedene Dinge, die wir diskutieren und klären mussten. Dazu gehörten nicht nur finanzielle Fragen, sondern Helen hatte einige Dinge im Wohnwagen zurückgelassen, darunter auch Kleidungsstücke, die ich ihr zurückgeben musste; ich brauchte von ihr ebenfalls verschiedene Sachen zurück, die wir bei unserer letzten gemeinsamen Reise in ihren Koffer gepackt hatten. Eines Tages rief sie mich an. Sie hatte Probleme mit einem ihrer Hunde und bat mich um Rat. Am Ende des Gesprächs sagte ich: »Wenn du eine Standleitung zu einem Hundeexperten brauchst, dann sag mir Bescheid.« Ich hoffte, sie würde die darin enthaltene Botschaft verstehen, und so war es auch. Sie unterhielt sich dann lange mit ihrer Mutter über die Gefühle, die sie immer noch für mich empfand, und sprach von ihrer Hoffnung, dass wir unsere Probleme irgendwie würden lösen können. Darüber redete sie auch mit Arran, der ihr jede Unterstützung gab.

Anfang Februar trafen wir uns erneut auf einen Kaffee. Helen hatte ebenfalls eine Therapie begonnen. Wir versuchten zu analysieren, was zwischen uns falsch gelaufen war, und herauszufinden, was den Dampfkochtopf zur Explosion gebracht hatte. Wir kamen zu dem Schluss, dass wir bei allem gemeinsamen Interesse an den Wölfen und unserem gemeinsamen Wunsch, sie zu verstehen und ihnen zu helfen, uns nicht genug Zeit für unsere eigenen Bedürfnisse gelassen hatten. Über dieses Thema sprachen wir auch bei unseren nächsten Treffen, und uns wurde dabei klar, dass wir zwar ein ungewöhnliches Leben führten, aber doch ganz normale Menschen waren – Helen mehr als ich –, die ganz normale Bedürfnisse hatten.

Wir stehen immer noch am Anfang: Helen hat einen Job beim National Health Service angenommen, wohnt zur Miete in einem kleinen Haus in Barnstable und trifft ihre Freunde häufiger als während unserer gemeinsamen Zeit. Wir reden täglich miteinander und sehen uns so oft wie möglich, aber wir wissen beide, dass es ein Fehler wäre, wieder zu unserer früheren Beziehung zurückzukehren. Wir lassen uns auch mit allem anderen Zeit, doch ich hoffe, dass wir eines Tages wieder ein Paar sein werden. Nach langen Auseinandersetzungen um das Sorgerecht sehe ich meine Kinder jetzt jedes zweite Wochenende, und weil ich ihnen etwas Besseres als den Wohnwagen bieten will, habe ich ebenfalls ein kleines Haus gemietet. Vom Leben im Wohnwagen habe ich die Nase voll.

Ich habe wieder Kontakt zu meiner Mutter, und eines Tages möchte ich sie gerne hier nach Devon holen.

Kürzlich war ich in Norfolk, um mich meinen Ängsten zu stellen, und habe dabei entdeckt, dass ich besser damit umgehen konnte als erwartet. Ich habe auch die Gräber meiner Großeltern auf dem Friedhof von Great Massingham besucht und dabei festgestellt, dass meine Erinnerungen an den Zeitpunkt ihres Todes völlig falsch waren. Ich habe alte Freunde getroffen, und es ist mir gelungen, meine Kindheit zum ersten Mal mit den Augen meiner Mutter zu sehen. Ich konnte mir vorstellen, wie hart das Leben für sie gewesen sein muss und wie mutig sie war, mich zur damaligen Zeit und in dieser Umgebung als uneheliches Kind aufzuziehen. Mein Verhalten muss für sie rätselhaft und verletzend gewesen sein. Sie ist immer noch nicht bereit, mir zu sagen, wer mein Vater ist, doch wird sie dafür ihre Gründe haben. Eines Tages möchte ich Kyra, Beth, Jack und Sam mit ihrer Halbschwester Gemma bekannt machen, von deren Existenz sie während all dieser Jahre keine Ahnung hatten. Und ich möchte meine erwachsene Tochter ebenfalls kennen lernen.

Unterdessen plane ich langfristig, ein Grundstück zu kaufen, auf dem ich Platz für die Wölfe habe – ideal wären ungefähr 4000 Quadratmeter naturbelassener Wald pro Tier. Dort möchte ich ein Bildungs- und Forschungszentrum einrichten. Es ist mein Traum zu beweisen, dass frei in den Wäldern herumstreifende Wölfe gut für die Umwelt und deshalb auch gut für die Menschen sind. Ich würde Naturforscher einladen, die Fauna und Flora vor der Ankunft der Wölfe zu untersuchen, und sie dann drei oder vier Jahre später erneut in den Park bitten, um festzustellen, was sich wie geändert hat. Ich glaube, dabei würde sich herausstellen, dass die Beutetiere gesünder geworden sind und ihre Anzahl zugenommen hat. Die Anwesenheit von Raubtieren trägt dazu bei, dass die weiblichen Beutetiere mehr Nachwuchs hervorbringen und dass die Jungen kräftiger sind. Gleichzeitig sorgt die ständige Bewegung dafür, dass ein Gebiet nicht vollständig kahlgefressen wird, wie es heute so oft der Fall ist. Die Vegetation wird sich erholen und dann auch wieder Vögel und andere wild lebende Tiere anziehen.

Die Inuit erzählen eine Geschichte über die Zeit, als ihre Vorfahren begannen, Rentiere zu jagen und zu töten, von denen sie annahmen, dass sie auf wundersame Weise aus dem Meer gekommen waren. Die Population hielt sich zunächst gut, bis die Menschen allmählich zu viele Tiere töteten. Also beteten die Inuit um ein Wesen, das die Rentiere schützen und gesund erhalten würde, und diesmal kam der Wolf aus dem Meer. Nachdem er die alten, kranken und verletzten Rentiere erlegt hatte, blieben den Inuit starke und gesunde Herden – und sie waren größer als zuvor. Natürlich sind weder die Rentiere noch die Wölfe aus dem Meer gekommen. Bei den Rentieren handelte es sich wahrscheinlich um wandernde Herden, und die Raubtiere folgten einfach der Beute. Aber in den Augen der Inuit verfügte der Wolf nun über geheimnisvolle Kräfte.

Es gibt immer noch so viel zu erforschen. Bisher weiß niemand, was die Folgen wären, wenn man in Großbritannien Wölfe auswildern würde. In Schottland diskutiert man über einen Versuch, den drei- bis vierhunderttausend Tiere umfassenden Rotwildbestand mit Hilfe von Wölfen zu kontrollieren. Wenn wir beweisen können, dass die Wölfe mehr Leben schaffen, als sie zerstören – und davon bin ich überzeugt –, wäre es sinnlos, die Wölfe isoliert auszuwildern. Sie müssten im Rahmen eines sehr viel umfassenderen Programms zusammen mit anderen Raubtieren in die Freiheit entlassen werden. Auch die Frage der Ernährung muss noch genauer untersucht werden, um festzustellen, welche Auswirkungen verschiedene Nahrungsquellen auf diese Tiere haben, und dahinterzukommen, welche Nährstoffe die wilden Wölfe in Polen von den Viehbeständen der Bauern bekommen, die ihre natürlichen Beutetiere ihnen nicht bieten können. Außerdem müssten die Menschen darauf vorbereitet werden, dass in Zukunft wieder Wölfe durch die Wälder streifen. Das ist wahrscheinlich das größte Hindernis: die Angst der Menschen, die sich auf Mythen und Legenden gründet, welche ihnen jahrhundertelang eingetrichtert worden sind. Wenn ich mit einem Deutschen Schäferhund am Strand entlanggehe, dann haben die Leute sofort Angst, weil er wie ein Wolf aussieht. Habe ich dagegen einen Jack-Russel-Terrier bei mir, denkt jeder: Ach, wie niedlich! Tatsächlich ist es jedoch sehr viel wahrscheinlicher, dass der Jack Russel und nicht der Deutsche Schäferhund zubeißt.

Bei all meinen Vorträgen im Combe-Martin-Park habe ich versucht, die falschen Vorstellungen der Menschen über Wölfe zu korrigieren. Kinder müssen lernen, sich in ihrer Gegenwart richtig zu verhalten, ruhig zu bleiben, sich nicht umzudrehen und wegzulaufen, und ganz genauso sollten sie sich auch Hunden gegenüber verhalten. Ich habe einen Freund in Devon, Charlie Richardson, der eine Kreuzung zwischen Wolf und Deutschem Schäferhund züchtet, die man Saarloos nennt. Diese Hunde sehen aus wie Wölfe und haben auch ähnliche Eigenschaften, sind jedoch besser an den Umgang mit Menschen angepasst. Man könnte sie in verschiedenen Einrichtungen vorstellen, und die Kinder könnten an ihrem Beispiel etwas über Wölfe lernen.

Wir wissen, dass Wölfe eine Verbindung zu Menschen aufbauen können, wie es Menschen untereinander manchmal nicht möglich ist – so wie es Zarnesti bei dem behinderten Jungen geschafft hat, der vorher nie Emotionen zeigte. Ich habe im Laufe der Jahre mehrere ähnliche Szenen beobachtet. Eines Tages kam ein großer, untersetzter Mann zum Wolfsgehege in Sparkwell. Er hatte seine Frau und drei Kinder bei sich, aber man wäre nie auf die Idee gekommen, dass sie zusammengehörten. Der Mann stand ein gutes Stück von den anderen entfernt, und während ich mit der Familie plauderte, bemerkte ich, dass er und die Wölfin Dakota Kontakt miteinander aufgenommen hatten. Sie starrte ihn durch den Zaun an und spiegelte jede seiner Bewegungen. Wenn er sich vorbeugte, duckte sie sich in die Spielhaltung, und wenn er sich zur Seite bewegte, tat sie das auch – ich sah das zum ersten Mal bei einem Wolf. Wir alle hörten auf zu reden und beobachteten das Schauspiel. Ich wurde dann von jemandem gerufen und musste kurz weg, aber als ich zurückkehrte, umarmten sich die Familienmitglieder gerade unter Tränen. Ich erfuhr, dass der Mann Rugby-Spieler gewesen war, fit und sportlich, kürzlich jedoch eine Rückenverletzung erlitten hatte, die bedeutete, dass er nie wieder würde rennen können. Seine Karriere als Sportler war zu Ende, und es kam ihm so vor, als habe er damit seinen gesamten Lebensinhalt verloren. Er hatte unter massiven

Depressionen gelitten und sich von allem zurückgezogen, auch von seiner Familie. Da er Tiere immer geliebt hatte, war seine Familie auf die Idee gekommen, den Park mit ihm zu besuchen, weil sie hofften, dass sich seine Stimmung dadurch bessern würde. Was auch immer an diesem Nachmittag zwischen ihm und Dakota geschehen ist, die Wölfin hat ihn zurückgeholt. Unter Tränen entschuldigte er sich bei seiner Frau und den Kindern und klammerte sich an sie, als würde sein Leben davon abhängen.

Wir lernen auch allmählich, was schon lange vermutet wurde, dass Wölfe tatsächlich Krankheiten von Menschen erspüren können. Im Laufe der Jahre habe ich im Park Kurse durchgeführt, bei denen die Teilnehmer den Wölfen näher kommen konnten als gewöhnliche Besucher. Vor diesen Begegnungen fragte ich immer, ob jemand unter Beschwerden leidet oder ob eine Frau schwanger ist oder in welcher Phase ihres Monatszyklus sich die Frauen befinden, denn das alles kann Auswirkungen auf die Wölfe haben. Wenn einer der Helfer beim Betreten des Geheges erkältet oder verletzt ist, dann wissen die Wölfe das sofort, und ihr Verhalten wird herausfordernder. Andere Zentren, in denen die Besucher näheren Kontakt mit den Wölfen aufnehmen dürfen, berichten über ähnliche Erfahrungen. Menschen, die irgendeine Art von Schwäche zeigen, werden von den Wölfen unverzüglich ausgemacht.

Helen kam eines Tages mit einem Mann in mittleren Jahren zum Gehege, der vollkommen gesund aussah und dem auch alle üblichen Fragen gestellt worden waren. Als er nah an den Zaun heranging, versuchte einer der Wölfe, seine Hand durch den Draht zu zwicken und zu lecken, nicht aggressiv, aber irgendwie zwanghaft, als könne er nicht genug davon bekommen. Das war sehr ungewöhnlich, um nicht zu sagen anormal, und ich fragte Helen flüsternd: »Ist mit dem Kerl alles in Ordnung?« Er habe keine Probleme angegeben, erwiderte sie, und so schlug ich mir die Sache aus dem Kopf und dachte, der Wolf hätte vielleicht einfach einen merkwürdigen Tag. Am Ende blieb ich bei den Wölfen, während Helen den Mann wieder den Hügel hinaufbegleitete. Auf dem Weg wurde er immer kurzatmiger und begann zu keuchen und zu schnaufen. Sie fragte ihn, ob ihm etwas fehle, und er antwortete, er habe es vorher nicht erwähnt, weil es ihm unwichtig schien, doch er leide an einer Blutkrankheit, die ihn gelegentlich kurzatmig werden lasse. Diesen sechsten Sinn der Wölfe könnte man nutzen.

Zu meinem Traum gehört auch, dass ich den Nez Percé helfen möchte. Die US-Regierung glaubt nicht, dass sie ihr Land selbst verwalten können. Ich würde gerne einige Stammesmitglieder nach Großbritannien holen, damit sie dort zeigen können, dass sie sehr wohl dazu fähig sind, dass ihre Methoden, das Land in Schuss zu halten, funktionieren, damit sie vielleicht eines Tages etwas von dem zurückerhalten, was früher ihnen gehörte. Wir könnten Sommerlager veranstalten, um den Kindern – zukünftigen Generationen – zu zeigen, wie man das Land respektiert und nutzt, die Natur wertschätzt und mit Hilfe von Pflanzen, Steinen und Tieren verschmutzte Gewässer wieder in saubere verwandelt, aus denen man trinken kann. Ich denke, die Menschen sehnen sich immer stärker nach einem mehr bodenständigen Leben und sind auf der Suche nach natürlichen Mitteln, um den Planeten zu heilen. Ich würde gerne ein Teil dieser Bewegung sein.

Ein weiteres wichtiges Element wären Kurse zur Hundeerziehung, um den Leuten zu helfen, die Tiere, mit denen sie ihr Leben teilen, besser zu verstehen. Ein altes Sprichwort besagt, dass es keine schlechten Tiere gibt, sondern nur schlecht erzogene, und es erwächst viel Elend daraus, wenn man sich für den falschen Hund entscheidet und ihn nicht richtig versteht. Hunde sind nicht anders als Wölfe, und ich habe in den Rettungsstationen viele gefährliche Wölfe gesehen. Wenn man einen Wolf bekommt, der von Menschen schlecht aufgezogen wurde, dann hat man einen modernen Werwolf. Er sieht zwar aus wie ein Wolf, zeigt jedoch sämtliche Eigenschaften eines undisziplinierten, schlecht erzogenen Raufbolds.

Das ist mein Traum. Ich hoffe, Sie teilen ihn.

Es tut mir leid, dass so viele Wissenschaftler mit dem, was ich getan habe, nicht einverstanden sind. Ich halte ihre Furcht, dass ich durch meine Integration in ein wildes Rudel das Leben für Wölfe gefährlicher machen würde, für unbegründet. Während dieser zwei Jahre in Idaho ist immer wieder deutlich geworden, dass die Wölfe durch ihre Bekanntschaft mit mir nicht weniger wachsam waren. Sie sahen nicht automatisch alle Menschen als harmlos an, so wie sie auch nicht alle Wölfe als gutartig betrachteten. Den Welpen wurde beigebracht, nur den Geschöpfen zu trauen, die ein Teil der Familie waren. Sie fürchteten sich vor anderen Wölfen, und nicht weniger fürchteten sie sich vor Menschen. Was ich getan habe, hat dem Rudel meiner Meinung nach mehr Vorteile als Gefahren gebracht. Indem ich mit diesen Tieren in den Rocky Mountains gegessen, geschlafen und gelebt habe, konnte ich mehr über das Verhalten wilder Wölfe in Erfahrung bringen als mit den stärksten Ferngläsern. Ich hoffe, dass die Wissenschaftler und ich unsere Entdeckungen bündeln und unsere Kräfte vereinen können.

Die Wölfe, mit denen ich mein Leben geteilt habe, wären wahrscheinlich alle irgendwann auf Menschen getroffen, und deshalb mussten sie etwas über unsere Welt wissen. Ich würde nie versuchen, mich in ein wildes Rudel in der Arktis oder in den endlosen Weiten Russlands einzuschleusen, wo es keine Bauernhöfe oder Dörfer in der Nähe gibt, wo kein Vieh gezüchtet wird und deshalb auch keine Konflikte aufkommen können. Es gäbe keinen Grund und somit auch keine Rechtfertigung, dort einzugreifen. Diese Wölfe brauchen uns nicht, und wir brauchen sie nicht. Ich will dort für die Interessen dieser edlen Geschöpfe eintreten, deren Sprache sonst niemand zu verstehen scheint, wo ihre Welt mit der unseren zusammentrifft. Ich hoffe, dass wir Menschen, die wir unseren Weg in so vieler Hinsicht verloren haben, eines Tages fähig sein werden, von dem Tier zu lernen, das einst an unserer Seite lebte und das uns so viel von dem beigebracht hat, was wir früher über das Überleben, über Loyalität und über die Familie wussten, aber offenbar vergessen haben.

Dank

Meine indianische Familie glaubt, dass unser Atem heilig ist. Er verbindet uns mit dem Großen Geist, dem Schöpfer. Deshalb sind unsere Worte genauso heilig und sollten nicht leichtfertig gesprochen werden. Es ist wichtig, sie sorgfältig auszuwählen und weise zu verwenden.

Zu Ehren meiner indianischen Familie und der vielen Menschen, die zu diesem Buch beigetragen haben, hoffe ich, dass ich meine Worte weise gewählt habe.

Mein Dank gilt an erster Stelle Hilary und Katie bei Hilary Knight Management für ihre Unterstützung und Loyalität, die weit über das hinausgeht, was zu den Pflichten eines Agenten gehört.

Jane Turnbull und Daniel Conaway danke ich für ihre Unterstützung und Hilfe bei der Suche nach dem richtigen Verlag. Julia Pastore bei Harmony Books, Carole Tonkinson und Kate Latham bei HarperCollins: Danke, dass ihr so fest an dieses Buch geglaubt habt.

Den engagierten und selbstlosen Mitarbeitern von Wolf Pack Management: Roger Cooke, Linda Cowen, Jude Cross und Wendy Jamieson-Butler: Danke, meine Freunde, für eure endlose Unterstützung. Es war vielleicht nicht immer einfach, aber es war sicherlich der Mühe wert.

Ich danke Penny Junor für die Art und Weise, wie sie

meine innersten Gedanken zu Papier gebracht hat. Ich habe immer geglaubt, es sei praktisch unmöglich, mein Leben in Worte zu fassen und für andere nachvollziehbar zu machen, wie ich persönlich meine wunderbare Zeit mit den Wölfen empfunden habe. Du hast deinen guten Ruf als Autorin wirklich verdient.

Ich danke meiner Familie und meinen Freunden, die meine Kindheit gestaltet und mich zu dem Menschen gemacht haben, der ich heute bin. Großvater, ich hoffe, du schaust auf mich herab und bist so stolz auf mich, wie ich immer auf dich gewesen bin.

An meine Mutter: Es tut mir leid, dass ich so oft an dir gezweifelt habe. Ich bedaure das nicht nur, weil ich nicht wusste, wie schwer es für dich gewesen sein muss, einen zornigen und unversöhnlichen Jungen aufzuziehen, sondern auch wegen der Opfer, die du im Laufe der Jahre gebracht hast. Ich weiß, dass du nicht mit mir über meinen Vater sprechen kannst, aber ich hoffe, dass eure Liebe in der kurzen Zeit, die ihr miteinander verbracht habt, ein ganzes Leben wert war.

An meinen reisenden Vater: Ich habe dich nie kennen gelernt. Es kommt mir so vor, als wärst du eine reisende Seele, und ich weiß, dass meine Mutter dich geliebt hat, weil sie die Kraft hatte, ohne dich weiterzuleben. Danke für deine Weisheit.

An meine Familie: Meinen Kindern danke ich dafür, dass sie mein Leben vollständig machen. Während ich zusehe, wie ihr aufwachst und euren Platz in dieser Welt einnehmt, weiß ich, dass ihr dazu beitragen werdet, ihr wieder zum Gleichgewicht zu verhelfen. Ich danke euch für euer Lächeln an Weihnachtsfesten und Geburtstagen, die ihr ohne mich und oft mit selbst gebastelten Geschenken verbracht habt. Ich habe von euch nie Klagen gehört. Ihr seid mein Leben!

An meine Wolfsfamilie: Ich habe immer gesagt, jeder Tag mit euch beginnt und endet mit einem Wunder. Ich danke euch für eure geduldigen Unterweisungen und dafür, dass ihr eure Familiengeheimnisse mit mir geteilt habt. Ich hoffe, ich habe euch nie enttäuscht. Lasst mich teilhaben an eurer Weisheit, damit ich euren Nachkommen helfen kann, friedlich in dieser Welt zu leben.

Und schließlich an Helen: Danke für deine Kraft, mein Engel. Du hast immer an mich geglaubt und warst stark genug, mir zur Seite zu stehen. Ohne deinen Mut wäre ich niemals fähig gewesen, diesen Weg zu gehen. Es tut mir leid, wenn ich dich je enttäuscht haben sollte. Du und Little Man (Arran), ihr werdet immer in meinem Herzen und in den Herzen der Kinder sein.